DIE WELT IN LAFERS KÜCHE

DIE WELT IN LAFERS KÜCHE

70 internationale Klassiker und ihre kreativen Variationen.
Mit Schritt-für-Schritt-Anleitungen zum leichten Nachkochen.

Konzeption:
Johann Lafer und Michael Wissing (Fotografie)

Inhaltsverzeichnis

Vorwort

Kochen ist eine Leidenschaft, die von stetig neuen Ideen und Anregungen lebt – und wohl jeder, der diese Passion mit mir teilt, wird bestätigen: Nichts ist dabei bereichernder als der lebendige Gedankenaustausch, das gemeinsame Genießen und das begeisternde Fachsimpeln mit anderen. Eine meiner wertvollsten Inspirationsquellen für den buchstäblichen Blick über den eigenen Tellerrand ist das Reisen in ferne Länder; mit jedem Zugang zu einer anderen Kultur erschließt sich ein individueller Erfahrungsraum, geprägt von eigener Geschichte und Topografie, Lebensrhythmus und Lebensart. Wann immer ich unterwegs bin, nutze ich jede Gelegenheit, hinein in die Städte oder auch über Land zu fahren, um vor Ort über die Märkte zu schlendern und in Restaurants einzukehren, mit den Menschen ins Gespräch zu kommen und mir von ihnen erzählen zu lassen. Ich liebe es, mich auf eindringliche Aromen, Farben und Düfte, auf exotische Gewürze und Zubereitungsarten – und damit einhergehend – auf unbekannte Köstlichkeiten einzulassen. Und was kann es Schöneres geben, als mit allen Sinnen darin aufzugehen und möglichst viel davon als reichen Erfahrungsschatz für sich mitzunehmen. Auf diese Weise habe ich viele unvergessliche Momente erlebt und Freunde gewonnen, die mir bis heute geblieben sind. So heben sich die Grenzen auf und der Horizont erweitert sich. Ich schöpfe mit Freude aus diesem reichen Gedankenspeicher und entwickle mein Repertoire stetig weiter.

Mit diesem Buch habe ich meine Lieblingsrezepte aus aller Welt für Sie zusammengetragen, auf nationaltypische wie auf meine persönliche Weise interpretiert und facettenreich abgewandelt. Altbewährte Originale und bekannte Klassiker sind dabei ebenso vertreten wie aktuelle Trends.

Begleiten Sie mich auf einen Streifzug durch meine Küche, lassen Sie sich von internationalen Spezialitäten anregen und gehen Sie mit mir auf die Reise: Ich wünsche Ihnen viel Freude dabei!

Internationale Warenkunde & Grundrezepte

Gewürze & Würzsaucen

Pfeffer, Paprika & Co. sind als Grundwürze unverzichtbar. Wer aber seinen Gerichten ein unverwechselbares Aroma geben möchte, kann auf ausgewählte Spezialgewürze, Würzsaucen und -pasten nicht verzichten, die ihnen Schärfe oder einen Hauch Exotik verleihen.

Gewürze

Sie enthalten ätherische Öle, die schnell verfliegen. Kaufen Sie deshalb nur kleine Mengen und, wenn möglich, unzerkleinerte Ware, die Sie erst kurz vor der Verwendung frisch reiben, im Mörser zerstoßen oder in der Gewürzmühle fein mahlen.

Chiliflocken: Aus fruchtigen Chilischoten hergestellt, können sie mitgekocht oder als Streuwürze verwendet werden. Sie geben Grillmarinaden und Saucen, karibischen, mexikanischen und asiatischen Gerichten wie Kimchi (S. 252 f.) Schärfe.

Currypulver ist eine Mischung aus mindestens sieben, meist jedoch bis zu 20 verschiedenen Gewürzen. Daher schmeckt auch kein Currypulver wie das andere und jedes variiert in der Schärfe, die von mild bis feurig scharf reicht. Die ursprünglich ostasiatische Gewürzmischung passt sowohl zu Gemüse als auch zu Fisch, Fleisch (z. B. Lammpilaw S. 284 f.) oder Meeresfrüchtegerichten wie Nasi Goreng (S. 320 f.).

Ingwer: Die fruchtige und scharf-aromatische Wurzel passt zu Süßem ebenso wie zu Herzhaftem (z. B. Feuertopf S. 170 f.). Frischen Ingwer dünn schälen und nach Bedarf zerkleinern. Im Kühlschrank hält er sich 2–3 Wochen, seine Schärfe nimmt mit der Lagerung zu. Getrocknet und gemahlen kommt Ingwer auch als Gewürzpulver in den Handel.

Kardamom: Die getrockneten Samen werden ganz oder gemahlen verwendet. Sie schmecken sehr würzig mit einer leicht bitteren Note. Kardamom kann Gebäck, Wurst, Gemüse oder Süßspeisen aromatisieren wie die Crema catalana (S. 136 f.).

Koriander: Die zarten Blätter des Koriandergrüns schmecken intensiver als die Samen und leicht »seifig«. Korianderblätter frisch verwenden – sie vertragen weder Hitze noch das Trocknen. Die Samen vor dem Gebrauch zerstoßen, sie entfalten ihr nussig-würziges Aroma am besten durch Wärme und würzen vor allem Weihnachtsgebäck, Brote, gefüllte Teigfladen, Chutneys und süßsauer Eingelegtes.

Kreuzkümmel oder Kumin sieht dem Kümmel sehr ähnlich, sein Aroma ist jedoch würziger, scharf-bitter und entfaltet sich am besten durch leichtes Erwärmen in einer Pfanne ohne Fett. Er ist in Tandooris, Currys, Chutneys, Broten, aber auch in Bitter- und Magenlikören enthalten. Die indonesische und mexikanische Küche kommt kaum ohne ihn aus und im arabischen Raum verwendet man Kreuzkümmel für Falafel (S. 164 f.).

Kurkuma gibt es als Pulver oder als getrocknete Wurzel, selten frisch. Das aromatische, an Ingwer erinnernde Gewürz färbt Speisen gelb und ist eine der Hauptzutaten in Currypulver. In der indischen und afrikanischen Küche ist es Bestandteil von Suppen, Marinaden, Currys, Chutneys, Reis-, Fleisch- und Fischgerichten wie dem kreolischen Fischragout (S. 278 f.).

Safran färbt vor allem Gebäck, Teigwaren, Bouillabaisse und Paella (S. 338 f.) leuchtend gelb und verleiht ihnen sein zartherbes Aroma. Safranfäden am besten zwischen den Fingern zerreiben, im Mörser zerstoßen oder in wenig warmer Flüssigkeit auflösen. Safranpulver sparsam dosieren.

Schwarzkümmel: Die Samen schmecken erdig herb. Man findet sie vor allem in der arabischen Küche auf Brot, Gebäck, aber auch zum Würzen von Gemüse, Fisch und Fleisch.

Sesamsamen: Das nussige, leicht süßliche Aroma verfeinert Süß- und Backwaren (z. B. Hamburger S. 218 f.). Sesamsamen dunkel und trocken aufbewahren, sie verderben rasch und schmecken schnell muffig und ranzig. In Afrika und Asien gehört Sesambrei zu den Grundnahrungsmitteln. Darüber hinaus dienen Sesamsamen in vielen Ländern der Ölgewinnung.

Würzsaucen und Pasten

Austernsauce ist eine dunkelbraune und dickflüssige asiatische Würzsauce auf der Basis von fermentiertem Austernfleisch. Sie schmeckt süß-salzig und sollte sparsam dosiert werden, wie zum Beispiel im Rezept für Nasi Goreng (S. 320 f.).

Chilisaucen und -pasten: Dazu gehören beispielsweise Sambal oelek, Sambal manis, Harissa, süße Chilisaucen und Tabasco. Die Vielfalt reicht von mild-süßlich bis extrem scharf. Neben Chilischoten enthalten Sambals oftmals auch Zucker, Öl, Limettenblätter oder Erdnüsse. Das nordafrikanische Harissa wird in der Regel durch Knoblauch, Koriander, Minze, Kreuzkümmel und manchmal Tomatenmark angereichert. Die in den USA und in der Karibik beliebten Chilisaucen werden mit Zwiebeln, Knoblauch, Essig und Zucker verfeinert.

Currypasten stammen aus Thailand, werden aber auch in Indien, Indonesien, Malaysia und Vietnam verwendet. Ihre Schärfe reicht von fruchtig-scharf bis feurig-brennend, daher sollte man sie vorsichtig dosieren. Ihre Hauptbestandteile sind Chilis, Zwiebeln, Knoblauch, Koriander, Zitronengras und Garnelenpaste. Die sehr scharfe **Rote Currypaste** enthält außerdem Galgant, Kreuzkümmel und grüne Pfefferkörner. Sie passt gut zu Fleischgerichten, wie den Satéspießen (S. 392 f.). Scharfe **Grüne Currypaste** enthält neben Chilis & Co. Galgant, Limettenschale sowie Curryblätter und würzt vor allem Meeresfrüchte und Gemüse. **Gelbe Currypaste** gilt als die mildeste Variante. Hier werden die Basiszutaten durch Kurkuma, Kreuzkümmel, Zimt und Gewürznelken ergänzt.

Fischsaucen und -pasten: Sie sind vor allem in der ost- und südostasiatischen Küche verbreitet (z. B. thailändische Tom yam gung S. 436 f.). Durch Fermentation von eingesalzenem Fisch (gelegentlich auch Meeresfrüchten) entsteht Würzpaste oder -sauce, die das Eigenaroma von Speisen verstärkt. Ihr fischiger Geruch verliert sich beim Kochen.

Reisessig (hell, dunkel) hat nur 3 bis 4 % Säure und ist mild im Geschmack. Er wird aus Reiswein oder fermentiertem Reis hergestellt und dient in der Asiaküche zum Abschmecken, wie beispielsweise beim Schweinefleisch süßsauer (S. 400 f.).

Sojasauce ist eine Würzsauce auf Sojabasis, die man – früher als Salzersatz, heute als salziges Würzmittel – in der gesamten asiatischen Küche findet (z. B. Dimsum S. 144 f.). Helle Sojasaucen schmecken in der Regel milder als dunkle. Neben den dunklen, würzig-salzigen Sojasaucen gibt es auch süßliche.

Wasabi: Im Handel selten frisch als Knolle zum Reiben erhältlich, sondern als Pulver zum Anrühren oder als fertige Paste. Geschmacklich erinnert Wasabi stark an Meerrettich. Er passt zu Sushi, Fisch, Fleisch, Marinaden oder Dips und verleiht asiatischen Gerichten Schärfe (z. B. Vietnamesische Reisröllchen S. 458).

Kräuter, Hülsenfrüchte, Reis & Co.

Frische Kräuter geben Gerichten eine raffinierte Note. Linsen und Kichererbsen sind weltweit beliebt. Und fast jedes Land hat spannende Gerichte mit Nudeln, Reis und anderem Getreide zu bieten. Hier eine kleine Übersicht mit den wichtigsten Basics.

Kräuter

Die meisten Kräuter entfalten ihr Aroma am besten, wenn man sie frisch erntet und verwendet. Kräuter mit derberen Blättern wie Thymian, Rosmarin oder Oregano lassen sich gut trocknen. Getrocknete Kräuter sind aromatischer und können sparsamer dosiert werden. Saftig-zarte Kräuter wie Basilikum, Petersilie und Kerbel eignen sich nicht zum Trocknen, lassen sich aber als Pesto oder in Öl eingelegt konservieren.

Basilikum: Es gibt unzählige Sorten, darunter viele neue zum Ausprobieren, z. B. Thai-Basilikum, von dem es gleich drei Arten gibt: Horapa schmeckt süßlich mit Anis- und Minzaromen. Es wird nicht mitgekocht, sondern mit Stängel frisch gehackt verwendet. Manglak oder Zitronenbasilikum hat einen feinen limetten-ähnlichen Geruch und verträgt ebenfalls keine Hitze. Und Krapao weist eine pfeffrige Note auf, die sich am besten durch kurzes Erhitzen entwickelt.

Beifuß würzt deftige Gerichte und schmeckt am besten gegart. Er harmoniert gut mit Zwiebeln, Knoblauch und Pfeffer und passt perfekt zur Martinsgans (S. 302 f.) sowie zu Ente.

Kaffir-Limettenblätter haben ein intensiv würzig-zitroniges Aroma. Sie werden frisch oder getrocknet in Brühen, Suppen (z. B. Tom yam gung S. 436 f.), Currys, Eintöpfen oder auch Reisgerichten (z. B. Nasi Goreng S. 320 f.) mitgekocht und am Ende der Garzeit oft wieder entfernt. Getrocknete Blätter halten dunkel und kühl verpackt etwa 6 bis 8 Monate ihr Aroma. Frische Blätter lassen sich gut einfrieren.

Kerbel: Er zählt zu den ersten Frühlingskräutern, hat ein feinpfeffriges Aroma, das entfernt an Petersilie erinnert, und gehört unbedingt in die Kräutermischung für Frankfurter grüne Sauce (S. 188 f.). Die zarten Blätter kommen außerdem gehackt in Kräuterbutter, kalte Saucen und Dips.

Majoran: Dieses Kraut erkennen Sie an seinen leicht filzigen, hellgrau bedeckten Blättchen. Majoran wird vor allem in Thüringen angebaut. Es würzt neben Wurst vor allem Kartoffelgerichte (z. B. Himmel und Erd S. 226 f.) sowie Hülsenfrüchte. Kurz mitgekocht kommt sein Aroma am besten zur Geltung.

Minze ist sehr intensiv und hat ein leicht scharfes Aroma, das gut zu Pikantem (z. B. Lammpilaw S. 284 f.), aber auch zu Süßem passt. Frische Minze gibt es in Töpfen oder als Bund. Die vielen Beinamen der Minze deuten auf ihre jeweilige spezielle Aromanote oder ihren Duft hin – beispielsweise Zitronen-, Orangen-, Schokoladen- oder Apfelminze.

Oregano ist der mediterrane Verwandte des Majorans. Er schmeckt leicht süßlich, angenehm frisch und sollte kurz mitgegart werden wie bei der Moussaka (S. 314 f.).

Rosmarin: Mit seinem würzig-aromatischen Geruch und Geschmack ist er ein fester Bestandteil in der Mischung »Kräuter der Provence«. Rosmarin passt sehr gut zu Kartoffel-, Lamm- oder Rindfleischgerichten wie Ossobuco (S. 326 f.).

Thymian enthält wie Rosmarin viele ätherische Öle, schmeckt sehr intensiv und gehört in die »Kräuter der Provence«. Thymian würzt Fleisch, Wurst und Gemüse wie Ratatouille (S. 358 f.).

Zitronengras: Die äußeren harten Blätter eignen sich zum Auskochen in Brühen sowie zum Aromatisieren von Eintöpfen, Suppen und Marinaden. Für ein säuerlich-frisches Zitrusaroma die jungen zarten Blätter im Inneren fein schneiden und mitgaren (z. B. Tom yam gung S. 436 f.).

Getreide, Hülsenfrüchte und mehr

Couscous: Die Basis für Couscous, eine nordafrikanische Spezialität, ist Hartweizengrieß, gelegentlich auch Hirse. Über Dampf gegart wird er beispielsweise zu Tabouleh verarbeitet. Noch schneller geht es mit Instant-Couscous; der muss nur in heißem Wasser ausquellen.

Kichererbsen: Sie sind getrocknet oder als Konserve und vorgegart im Handel erhältlich. Getrocknete Kichererbsen mindestens 12 Stunden (am besten über Nacht) in kaltem Wasser einweichen und anschließend in frischem Wasser garen. Kichererbsen schmecken als Salat, Suppe oder Beilage. Stark zerkleinert sind sie die Hauptzutat für Falafel (S. 164 f.).

Linsen: Getrocknete Linsen gehören in vielen Länderküchen zu den Standardzutaten. Tellerlinsen sind mit bis zu 7 mm am größten und sollten vor dem Garen über Nacht eingeweicht werden. Rote Linsen kommen in der Regel geschält, gelbe Linsen zusätzlich halbiert in den Handel. Beide sind sehr schnell gar, zerkochen leicht und eignen sich daher auch für Pürees oder Suppen. Beluga-Linsen sind klein, rund und schwarz und bleiben beim Garen bissfest, ebenso wie grüne Le Puy-Linsen.

Glasnudeln: Die sehr dünnen Fadennudeln, hergestellt aus der Stärke der Mungbohne, werden in heißem Wasser weich, durchsichtig und glänzend. Sie sind eine beliebte Füllung in vietnamesischen Reisröllchen (S. 456 f.).

Mienudeln: Die auch als chinesische Eiernudeln bezeichneten spaghettiähnlichen Nudeln haben eine raue Oberfläche, an der Saucen besonders gut haften. Sie bereichern Asiagerichte.

Reis: Langkornreis (z. B. Basmati-, Duft-, Jasmin- und Patnareis) kocht eher körnig und verklebt nicht so stark. Auch parboiled Reis gehört dazu, bei dem durch ein spezielles Verfahren die Nährstoffe aus der äußeren Schicht in das Reiskorn gepresst werden. So bleiben die Nährstoffe beim Polieren des Reises erhalten. Zum Rundkornreis zählen die Risotto-Reissorten Arborio, Vialone und Carnaroli sowie Kleb-, Sushi- und Milchreis. Er enthält mehr Stärke und bindet daher stärker.

Reisnudeln: Spaghettiähnliche Nudeln aus Reismehl, die nach dem Garen weißlich und matt aussehen. Man verwendet sie vor allem für Suppen, als Beilage oder für Nudelgerichte wie dem Pad Thai (S. 332 f.). Die ebenfalls als Reisnudeln bezeichneten italienischen Risoni oder griechischen Kritharaki haben lediglich die Form eines Reiskorns, werden aber nicht aus Reis, sondern aus Hartweizengrieß hergestellt.

Reispapierblätter: Die Teigblätter werden aus Reismehl hergestellt, kommen meist getrocknet in den Handel und müssen vor der Verwendung befeuchtet werden. Sie können roh verzehrt werden, eignen sich aber auch zum Garen und umhüllen Frühlingsrollen oder vietnamesische Reisröllchen (S. 456 f.).

Sobanudeln oder Ramen sind japanische Buchweizennudeln. Sie haben eine braun-graue Farbe und werden traditionell in der Suppe serviert (z. B. Japanische Nudelsuppe S. 246 f.).

Fette, Öle & Spezialitäten aus aller Welt

Eine raffinierte und abwechslungsreiche Küche zeichnet sich durch Vielfalt aus. Daher lohnt sich ein Blick in die unterschiedlichen Länderküchen, um die beliebtesten Produkte und Spezialitäten zu entdecken und dann selbst auszuprobieren.

Besondere Fette und Öle

Butterschmalz oder Butterreinfett ist nahezu wasserfrei und eignet sich im Gegensatz zu Butter auch zum Braten und Frittieren. Sein feines Butteraroma bereichert kurzgebratenes Fleisch ebenso wie Schmalzgebäck (z. B. Krapfen bzw. Berliner). Butterschmalz eignet sich auch als Ersatz für andere Schmalzarten, etwa Ghee (z. B. Vindalho S. 462 f.).
Erdnussöl gibt es in zwei Varietäten: Kalt gepresstes Erdnussöl hat eine hellgelbe Farbe und schmeckt mild-nussig. Es sollte nicht stark erhitzt werden und wird vorwiegend in der kalten Küche für Salate, Dips etc. eingesetzt. Raffiniertes Erdnussöl wurde industriell bearbeitet, sodass es länger haltbar, nahezu geschmacksneutral und hocherhitzbar ist. Es ist ideal zum Kochen, Backen und Frittieren und sehr beliebt für asiatische Gerichte wie beispielsweise Pad Thai (S. 332 f.).
Ghee ist ein butterschmalzähnliches Fett, das in Afrika, Indien, Ägypten und im mittleren Osten aus Büffel-, Schafs- und Kuhmilch gewonnen wird. In Indien verwendet man den Begriff auch für Pflanzenfett (Vanaspati Ghee).
Kokosfett oder Kokosöl ist bei Zimmertemperatur weiß, stichfest und besitzt ein feines Kokosaroma. Als raffiniertes Kokosfett ist es geschmacksneutral, hoch erhitzbar und zum Backen, Braten und Frittieren geeignet.
Olivenöl: Es gibt verschiedene Qualitätsstufen. »Natives Olivenöl extra« ist kalt gepresst, aus erster Pressung und hat einen niedrigen Säuregehalt. Es eignet sich perfekt für die kalte Küche. »Natives Olivenöl« ist ebenfalls kalt gepresst, jedoch nicht aus erster Pressung und hat einen höheren Säuregehalt. »Raffiniertes Olivenöl« eignet sich zum Kochen, Braten und Frittieren.
Sesamöl: Helles Sesamöl ist blassgelb, weitgehend geruchs- und geschmacksneutral und in der asiatischen Küche zum Kochen und Braten beliebt. Dunkles Sesamöl wird aus gerösteten Samen gepresst. Dadurch bekommt es seine dunkle, bernsteinähnliche Farbe. Es riecht und schmeckt nussig und wird als Würzmittel (z. B. Dimsum S. 144 f.) eingesetzt.
Sojaöl wird aus der Sojabohne gewonnen und hat eine hell- bis bräunlich-gelbe Farbe. Es hat einen hohen Anteil an ungesättigten Fettsäuren und wird gerne für asiatische Gerichte verwendet, zum Beispiel auch für Nasi Goreng (S. 320 f.).

Spezialitäten aus aller Welt

Algen: Sie dienen vor allem in Südostasien als Nahrungsmittel, wo man sie roh als Salat oder gedünstet als Gemüse verzehrt. Getrocknete Rotalgenblätter sind die Hülle für Sushi.
Bambussprossen sind Schösslinge der Bambuspflanze und hierzulande fast nur als Konserven erhältlich. In China und Indien verzehrt man sie als Gemüse. Sie eignen sich auch als Suppeneinlage wie in der Japanischen Nudelsuppe (S. 246 f.).
Chilischoten haben viele Namen, etwa Jalapeños, Habañeros, Lampionchilis, Peperoncini, Thai-Chilis, Chili Ancho, Chili Chipotle, Chili Guajillo, Chili Assila, Piri Piri etc. Die Vielfalt zeigt sich in unterschiedlichen Farben, Größen und Schärfegraden. Grüne Chilis sind unreif und färben sich, je reifer sie werden, von gelb-orange über orange bis rot. Es gibt kleine runde, längliche, spitz zulaufende, dicke, dünne und große Chilischoten. Die Schärfe variiert je nach Sorte. Getrocknete Chilis sind schärfer als frische Schoten. Ihre Kerne und weißen Trennwände enthalten besonders viel Capsaicin – der Stoff, der die Schärfe letztendlich ausmacht.
Chorizo: Die grobe Paprikawurst aus Spanien oder Portugal wird aus Schweinefleisch hergestellt und mit zunehmender Reifung immer fester. Je nach verwendetem Paprikapulver schmeckt sie mild oder scharf. Sie eignet sich auch zum Kochen (z. B. Tortilla mit Chorizo S. 442 f.).
Fladenbrote kennt man fast überall auf der Welt. Die meisten werden als Beilage verzehrt, etwa zu Hummus (S. 234 f.). Zu den beliebtesten Fladenbroten zählt indisches Naan. Es wird aus gesäuertem Weizen- oder Hirseteig mit Hefe zubereitet und über offenem Feuer bzw. im Tandoor-Ofen gebacken. Chapatis, die man in Indien, Pakistan und Ostafrika kennt, stellt man mit einer Mehlmischung aus Weizen, Hirse und Gerste her. Die Fladen werden in einer Pfanne gebacken. Die Basis für knusprig frittiertes oder geröstetes Papadam (Indien) ist in der Regel Linsen- oder Kichererbsenmehl.
Kokosmilch: Sie ist gesüßt und ungesüßt erhältlich und macht Saucen, Suppen und Currys schön cremig. Geöffnete Konserven sollte man so schnell wie möglich verbrauchen. Kokoscreme ist eine dickflüssige Creme mit einem höheren Fett- und einem geringeren Wassergehalt als Kokosmilch.
Pak Choi schmeckt aromatisch und leicht senfartig. Der Verwandte des Chinakohls wird in Asien als Salat oder Gemüse zubereitet. Er eignet sich auch für ausgefallenere Gerichte, wie die Oxtailsoup mit Ochsenschwanz-Wan-Tans (S. 126 f.).
Palmzucker wird aus den Blütenständen verschiedener Palmen hergestellt. Der abtropfende Nektar wird eingekocht, bis er kristallisiert und in Form gegossen. Er ist nicht so süß wie Haushaltszucker und hat eine Karamellnote. Man setzt ihn für asiatische Gerichte ein, zum Beispiel für Vindalho (S. 462 f.).
Shiitake-Pilze oder Tongku-Pilze sind die wichtigsten Pilze in der chinesischen Küche, eignen sich aber auch für andere asiatische Gerichte (z. B. Tom yam gung S. 436). Man bekommt sie frisch oder getrocknet. Der Stiel der frischen Shiitake-Pilze ist sehr hart und wird entfernt. Die getrockneten Pilze sind sehr aromatisch und müssen zuvor eingeweicht werden.
Yufka- oder Filoteigblätter: Die dünnen Teigblätter ähneln Strudelteig. Sie bestehen aus Weizenmehl, Wasser und Salz, können aber auch Öl oder Hefe enthalten. Man verwendet sie für die Zubereitung von Börek oder Baklava (S. 36 f.), sie eignen sich aber natürlich auch für andere Arten von Teigtaschen, -säckchen und -röllchen.
Tofu: Bei der Herstellung lässt man die Eiweißbestandteile der Sojamilch gerinnen und schöpft, ähnlich wie bei der Käseherstellung, die geronnene Masse zum Abtropfen und Pressen ab. Tofu hat so gut wie keinen Eigengeschmack, kommt aber auch geräuchert, mit Gewürzen und Oliven versetzt oder eingelegt in den Handel. Er ist vielseitig einsetzbar, zum Beispiel im Feuertopf (S. 170 f.), und dient oft als Fleischersatz.

Töpfe, Pfannen, Formen & Küchenhelfer

Man braucht gar nicht viel, aber mit der richtigen Grundausstattung an Kochgeschirr und Küchenutensilien macht Kochen noch mehr Spaß! Da die Vielfalt an Materialien, Größen und Formen die Auswahl erschwert, kommt hier eine kleine Orientierungshilfe.

Grundausstattung Töpfe

Gute Töpfe und Pfannen sollten sich leicht reinigen lassen (die Pflegehinweise der Hersteller beachten) und auch nach längerem Gebrauch oder bei starker Hitze die Form behalten. Die Griffe sollten stabil und rutschfest sein und nicht heiß werden. Für Induktionsherde Töpfe mit Magnetboden auswählen.

Edelstahltöpfe sind pflegeleicht, rostfrei, säurebeständig und spülmaschinengeeignet. Beim Kauf auf einen dicken Sandwichboden achten, er speichert die Hitze gut.

Emaillierte Töpfe sind schwer, speichern die Hitze ebenfalls gut und haben die gleichen Eigenschaften wie Edelstahltöpfe. Im Handel gibt es die Töpfe in den verschiedensten Farben.

Gusseiserne Töpfe speichern Wärme sehr gut, brauchen aber lange, bis sie sich aufheizen und die Wärme über Boden und Rand gleichmäßig verteilt an das Gargut abgeben. Einen neuen Gusseisentopf sollte man vor dem ersten Gebrauch vorbehandeln, damit er Patina hat: Den Topf mit etwas Öl einreiben, erhitzen, abkühlen lassen und nochmals mit Öl einreiben.

Topfsets sind leicht stapelbar und deshalb platzsparend. Mit der folgenden Auswahl sind Sie gut gerüstet:

Großer hoher Topf (ca. 6 l Inhalt) für Fonds, Suppen, Eintöpfe, Nudeln und Saucen.

Mittelgroßer hoher Topf (ca. 4 l Inhalt) ist ideal zum Schmoren von großen Fleischstücken, zum Garen von Reis, Gemüse und Kartoffeln im Ganzen.

Kleiner flacher Topf (1,5–2 l Inhalt) zum Schmelzen von Butter, für kleine Mengen oder zum Aufwärmen.

Stielkasserolle (1–1,5 l Inhalt) zum Schwenken von Gargut, für Saucen und Cremes.

Grundausstattung Pfannen

Pfannen sind hohen Belastungen ausgesetzt, etwa beim Anbraten bei großer Hitze oder Ablöschen mit kalten Flüssigkeiten. Zur Grundausstattung gehört eine hoch erhitzbare und beschichtete Pfanne mit einem Durchmesser von 24 cm.

Beschichtete Pfannen: Sie dürfen nicht zu hoch (maximal 160°) erhitzt oder zerkratzt werden, weil sonst die Teflonbeschichtung beschädigt wird.

Edelstahlpfanne: Sie ist hoch erhitzbar und perfekt zum Anbraten von Fleisch.

Keramikversiegelte Pfannen: Sie haben ebenfalls eine gute Antihaft-Wirkung, sind je nach Hersteller bis 300° erhitzbar und kratzfester als teflonbeschichtete Pfannen.

Grundausstattung Messer

Bei hochwertigen Messern läuft die Klinge in einen Schaft aus, der in den Handgriff eingebettet ist. Die Klinge sollte aus hochwertigem Material bestehen, zum Beispiel Stahl oder Keramik. Achten Sie beim Kauf darauf, dass das Messer gut in der Hand liegt. Messer gehören nicht in die Spülmaschine, auch wenn sie laut Hersteller »spülmaschinengeeignet« sind, denn sie können Flugrost ansetzen und das Spülmittel greift die Klinge an. Besser ist, die Messer unter fließendem Wasser gut abzuspülen und mit einem Tuch abzutrocknen. Zum Aufbewahren die Messer geschützt und griffbereit am besten in einem Messerblock aufbewahren, alternativ eignet sich auch die Aufhängung an einem Magnetbrett oder einer Magnetleiste. Und: Regelmäßiges Nachschärfen erhöht ihre Lebensdauer. Lassen Sie etwa einmal im Jahr hochwertige Messer von einem Fachmann fachgerecht schleifen.

Filetiermesser mit langer schmaler, flexibler Klinge zum Filetieren und Häuten von Fisch, zum Entfernen von Sehnen an Fleischstücken oder zum Schälen von großen Früchten.

Koch- oder Fleischmesser in verschiedenen Längen schneiden perfekt Gemüse, Obst, Fleisch und Fisch.

Messer mit Wellenschliff und langer gerader Klinge zum Schneiden harter oder weicher Lebensmittel mit harter Schale, beispielsweise Brot oder harte Krusten.

Schäl- und Gemüsemesser mit kurzer, gerader Klinge sind hilfreich beim Putzen und Schälen von Gemüse sowie bei vielen anderen Vorbereitungsarbeiten.

Tourniermesser mit kurzer, gebogener Klinge passen sich jeder Rundung an. Obst und Gemüse lassen sich damit besonders dünn schälen oder in Form bringen.

Grundausstattung Küchenhelfer

Blitzhacker: Er zerkleinert blitzschnell Nüsse, Kräuter, Eiswürfel sowie kleinere Mengen Fisch und Fleisch.

Multi- oder Vierkantreibe: Sie hat entweder verschiedene auswechselbare Schneideinsätze oder mindestens vier verschiedene Seiten zum Reiben – für feine oder grobe Raspel, Mus und Scheiben. Es gibt sogar eine spezielle Reibe für den sogenannten Julienneschnitt (schmale Streifen).

Muskatreibe: Feinste Messer reiben die harte Muskatnuss in kleinen Mengen. Die Reibe gibt es auch mit einer Aufbewahrungsmöglichkeit für die Muskatnuss.

Passiertuch zum Abseihen von klaren Brühen oder Saucen. Passiertücher sind aus kochfester Baumwolle und in verschiedenen Größen erhältlich. Mull- oder Passiertuch werden zum Passieren in ein Sieb gelegt.

Plattiereisen aus Edelstahl klopfen Schnitzel und Rouladen flach, zerdrücken Nüsse und Kekse.

Schaumkelle: Mit feinem oder grobem Drahtgeflecht zum Herausheben von Knödeln und Frittiertem oder auch zum Abschäumen von Fonds und Konfitüre.

Schneidbretter sind beim Zerkleinern von Zutaten unentbehrlich und sollten möglichst spülmaschinengeeignet sein.

Siebe gibt es in verschiedenen Größen und Maschenweiten. Unabdingbar ist ein grobmaschiges Sieb zum Abtropfen von Nudeln, Reis, Salat, Obst und Gemüse sowie ein feinmaschiges zum Sieben von Mehl, Puderzucker und Kakaopulver.

Sparschäler: Entfernt Schalen von Obst und Gemüse.

Spitzsieb: Damit lassen sich Fonds, Saucen und andere Flüssigkeiten optimal passieren.

Nützliche Spezial-Utensilien

Wer auf seinen Reisen die jeweiligen Landesküchen studiert, wird dabei so manch spezielles Küchenutensil entdecken. Nicht jedes ist unbedingt notwendig. Wer aber oft und gerne authentisch kocht, wird das entsprechende Equipment schätzen.

Spezielle Töpfe

Bräter und Schmortopf sind vor allem in der deutschen und französischen Küche beliebt für Schmorgerichte mit Fleisch oder Gemüse sowie zum Garen von Geflügel, großen Fleischstücken mit und ohne Knochen oder ganzen Fischen.
Dampfgarer und Dämpftopf gibt es mit Sieb oder Dämpfeinsatz und Deckel sowie mit integriertem Thermometer zum schonenden Garen über Wasser- oder Aromadampf. Beide Varianten eignen sich für Gemüse, Fleisch, Fischfilet oder ganze Fische. Durch das schonende Garen behält Gemüse seine Farbe, Nährstoffe und Biss, Fisch und Fleisch bleiben saftig.
Feuer- oder Mongolentopf: Dieser spezielle Topf hat einen Kamin in der Mitte und wird traditionell mit Holzkohle beheizt, neue Modelle mit Brennpaste oder Strom. Man verwendet ihn für chinesisches Fondue.
Schnellkochtopf: Gut verschlossen und mit hohem Druck garen Kartoffeln, Hülsenfrüchte und Fleischgerichte in kürzerer Zeit als bei konventionellen Garmethoden. Vitamine und Mineralstoffe bleiben so weitgehend erhalten.
Tajine: Ursprünglich ein aus Nordafrika stammender, runder gebrannter Lehmtopf mit konischem bzw. halbkugelförmigem Deckel zum Garen von Schmorgerichten auf Holzkohlefeuer. Inzwischen gibt es den Topf im Handel aus verschiedenen Materialien und für Ceran-, Elektro- oder Gasherde.

Spezielle Pfannen

Grillpfanne: Sie hat Rillen im Pfannenboden, die das typische Grillmuster auf Gemüse, Fisch oder Fleisch bringen. Sie sollte einen dicken Boden haben und schwer sein, damit sie genügend Hitze zum kräftigen Anbraten speichern kann.
Paellapfanne: In Spanien gibt es riesengroße Paellapfannen – mit bis zu einem Meter Durchmesser. Haushaltsübliche Paellapfannen sind kleiner, haben einen schmalen Rand und zwei Griffe. Sie sind nicht für Induktionsherde geeignet.
Servierpfanne: Sie hat zwei hitzebeständige Griffe und ist ideal zum Fertiggaren von Fleisch und Tortillas sowie zum Warmhalten. Praktisch: Die Gerichte werden darin auch serviert.
Wok: In Asien sind Woks meist aus dünnem Metall mit einem langen Stiel zum Schwenken. Sie eignen sich jedoch nur für Gasherde. Bei uns findet man auch Woks aus Edelstahl oder Gusseisen. Sie haben einen glatten Boden und eignen sich für alle gängigen Herdarten. Mit Deckel und Siebeinsätzen eignen sie sich zum Kurzbraten, Dämpfen und Dünsten von klein geschnittenem Fleisch, Geflügel, Fisch, Tofu und Gemüse.

Küchenhelfer-Spezialisten

Bambuskorb oder Dämpfeinsatz: Zum Garen von Gemüse, Fisch, Fleisch und Dimsums über Dampf bevorzugt man in der asiatischen Küche Dämpfkörbe mit Deckel aus Bambusgeflecht, die in den Wok oder auch konventionellen Topf passen. Darüber hinaus gibt es im Handel auch zusammenklappbare Dämpfeinsätze aus Edelstahl oder Silikon.
Brülierer sind eine Art Bunsenbrenner für die Küche. Man verwendet die kleinen Gasbrenner zum Karamellisieren von Zucker zum Beispiel bei Crème brûlée oder Crema catalana sowie zum Abflämmen von Eischnee auf Baisertorten.
Crema-catalana-Förmchen: Das sind spezielle runde ofenfeste Schälchen mit niedrigem Rand. Sie sind typisch für Eiercremes mit Zuckerkruste, lassen sich darüber hinaus aber vielseitig einsetzen, etwa für Mini-Gratins, zum Servieren von Vorspeisen oder einfach auch für Reste.
Entfettungskanne: Die Kanne aus Glas besitzt einen sehr tief angesetzten Ausguss, sodass sich aufschwimmendes Fett und nach unten sinkende Sauce oder Suppe leicht trennen lassen.
Fonduesiebe sind kleine Drahtsiebe und gehören als Zubehör zum Feuertopf. Man füllt sie mit Fleisch, Fisch oder Gemüse und taucht sie zum Garen in die heiße Feuertopf-Brühe.
Garnier- oder Portionsringe: Die Edelstahlringe gibt es im Fachhandel in verschiedenen Größen. Mit ihrer Hilfe lassen sich Hackfleisch, Reis, Desserts und vieles mehr appetitlich und leicht in Form bringen.
Mörser: Das Set besteht aus einem Schälchen mit rundem Boden und einem Stößel. Ganze Gewürze lassen sich damit leicht zerstoßen und Kräuter zu Pesto zermahlen.
Stäbchen sind in der asiatischen Küche nicht nur Ersatz für Besteck, sondern auch ein Allzweckwerkzeug zum Wenden, Herausheben und Anrichten von Speisen.
Wokwender: Er ähnelt dem Pfannenwender, ist aber extrabreit und daher zum schnellen und ständigen Bewegen der Zutaten beim Pfannenrühren im Wok optimal.

Spezialmesser

Japanische Messer: Sie sind durch ihre spezielle Stahl-Zusammensetzung extrem scharf und haben eine sehr harte Klinge, die sich hervorragend schärfen lässt. Die Messer rosten leicht und sollten daher nach jedem Gebrauch sofort mit einem feuchten Tuch gereinigt, getrocknet und geölt werden. Vorsicht beim Schneiden sehr harter Lebensmittel – an der Klinge brechen leicht kleine Stellen aus. Zu den in Europa beliebtesten japanischen Messern gehören **Santoku** und **Deba.** Beide sind in verschiedenen Längen erhältlich. Das Santoku ist eine Art Allzweckmesser mit beidseitig geschliffener, breiter Klinge. Es schneidet Fisch, Fleisch und Gemüse gleichermaßen gut. Deba ist das traditionelle japanische Hack- und Zerlegemesser, das man verwendet, um ganze Fische, Fischgräten, Geflügelteile und Fleisch mit Knochen zu zerteilen. Die Klinge ist einseitig, etwa 2 cm vor der Schnittkante leicht abgeschrägt geschliffen.

Gemüsefond

Für 2 l: 2 Möhren | 2 Petersilienwurzeln | 3 Stangen Staudensellerie
2–3 Tomaten | 1 gelbe Paprikaschote | ¼ Knollensellerie | ½ Stange Lauch
20 g frischer Ingwer | 2–3 Stangen Zitronengras | 2 Knoblauchzehen | 1 Zwiebel
3 Stängel Liebstöckel | 1 EL Pfefferkörner | 1 Lorbeerblatt | 3–4 Gewürznelken
2 EL Meersalz | ca. 2 EL Sojasauce
Außerdem: Mörser | Mulltuch zum Passieren

1 Gemüse putzen, waschen, schälen und in grobe Stücke schneiden. Ingwer schälen. Das Zitronengras waschen, putzen, mit einem großen Küchenmesser zerquetschen und in Stücke schneiden. Ingwer und ungeschälten Knoblauch in Scheiben schneiden.

2 Die Zwiebel mit der Schale halbieren, die Schnittfläche langsam in einer Pfanne ohne Fett dunkelbraun rösten.

3 Liebstöckel waschen und trocken schütteln. Pfefferkörner im Mörser zerstoßen. Beides mit dem vorbereiteten Gemüse, Ingwer, Zitronengras, Knoblauch, Lorbeerblatt, Nelken und Salz in einen Topf geben.

4 Dann etwa 3 l kaltes Wasser dazugießen. Die gebräunten Zwiebelhälften dazugeben, alles aufkochen und bei kleiner Hitze etwa 1 Stunde köcheln lassen. Anschließend noch weitere 20 Minuten ziehen lassen.

5 Ein Sieb mit einem Mulltuch über einen Topf hängen. Den Gemüsefond mit einer Kelle nach und nach durch das Mulltuch gießen. Nach Belieben mit Sojasauce abschmecken.

6 Den Fond in heiß ausgespülte Einmachgläser, Gefrierbeutel oder Eiswürfelbereiter füllen. Bis zur weiteren Verwendung kalt stellen oder einfrieren. Gut verschlossen hält er sich im Kühlschrank 1–2 Wochen und im Tiefkühlfach 3–4 Monate.

TIPP Die Mühe für das Schnippeln und lange Köcheln lohnt sich in jedem Fall. Verwenden Sie zur Zubereitung Gemüse und Kräuter, die gerade Saison haben. Oder frieren Sie Frischgemüsereste nach und nach ein. Wenn die Gefrierbox voll ist, kochen Sie einen Fond daraus. Selbst gemachten Gemüsefond habe ich immer in 500-ml-Portionen oder in Eiswürfelgröße parat. Bei Bedarf sind diese Portionen die beste Basis für Suppen, Eintöpfe und zum Verfeinern von Saucen.

Geflügelfond

Für 2 l: 1 Suppenhuhn (1,5–2 kg) | 2 Möhren | ¼ Knollensellerie | 3 Stangen Staudensellerie | 1 Stange Lauch | 2 Stangen Zitronengras | 1 Zwiebel | 1 EL Pfefferkörner | 3–4 Stängel glatte Petersilie | 3 Gewürznelken | 2 EL Meersalz | 1–2 Lorbeerblätter | ca. 2 EL Sojasauce
Außerdem: Mörser | Mulltuch zum Passieren

1 Das Suppenhuhn gründlich waschen, abtropfen lassen und mit etwa 3 l kaltem Wasser in einen großen Topf geben und aufkochen.

2 Gemüse putzen, waschen, schälen und in Stücke schneiden. Zitronengras waschen, putzen, zerquetschen und in Stücke schneiden. Die Zwiebel mit Schale halbieren, die Schnittflächen in einer Pfanne ohne Fett rösten.

3 Die Hitze reduzieren und die Brühe bei kleiner Hitze 1 Stunde 30 Minuten köcheln lassen. Den aufsteigenden Schaum gelegentlich mit einer Schaumkelle abschöpfen.

4 Die Pfefferkörner im Mörser zerstoßen. Petersilie waschen und trocken schütteln. Beides mit gebräunten Zwiebelhälften, dem vorbereiteten Gemüse, Zitronengras, Nelken, Meersalz und Lorbeerblättern zur Brühe geben und alles 1 weitere Stunde köcheln lassen.

5 Ein Sieb mit einem Mulltuch über einen Topf hängen. Den Fond mit einer Kelle nach und nach durch das Mulltuch gießen. Den Fond nach Belieben mit Sojasauce abschmecken.

6 Den Geflügelfond in heiß ausgespülte Einmachgläser oder Gefrierbeutel füllen. Bis zur weiteren Verwendung kalt stellen oder einfrieren. Gut verschlossen hält sich der Fond im Kühlschrank 1–2 Wochen, im Tiefkühlfach 6–8 Monate.

TIPP Das Fleisch vom Knochen ablösen, häuten und als Suppeneinlage oder für einen **Geflügelsalat** verwenden. Dafür das Fleisch klein würfeln. 2 Schalotten und 1 Knoblauchzehe schälen und würfeln. 4 getrocknete Tomaten, 50 g grüne Oliven ohne Stein klein würfeln. 3 Stängel Basilikum waschen und trocken schütteln, die Blätter in Streifen schneiden. Für das Dressing 100 g Mayonnaise, 150 g Naturjoghurt, 1 TL mittelscharfer Senf und den Saft von ½ Zitrone verrühren. Fleisch, Schalotten, Knoblauch, getrocknete Tomaten, Oliven und Basilikum mit dem Dressing mischen. Den Salat mit Salz, Pfeffer, 1 Prise Zucker und einigen Spritzern Worcestersauce kräftig abschmecken und ziehen lassen.

Rinderfond

Für 2,5 l: 2 kg Rindermarkknochen (oder Kalbsknochen) | ½ Stange Lauch ¼ Knollensellerie | 2 Stangen Staudensellerie | 2 große Möhren | 1 große Zwiebel | 1 kg Suppenfleisch (Rindfleisch vom Bauch oder von der Wade) 15 weiße Pfefferkörner | 3 Stängel Liebstöckel | 2 Lorbeerblätter | 3 Gewürznelken | 2 EL Meersalz | ca. 2 EL Sojasauce
Außerdem: Mörser | Mulltuch zum Passieren

1 Das Rindermark aus den Knochen drücken (sie sollten nicht zu kalt sein, eventuell vom Metzger vorbereiten lassen). Das Rindermark in den Kühlschrank stellen und anderweitig verwenden, z. B. für Markklößchen.

2 Das Gemüse putzen, gründlich waschen, schälen und in grobe Stücke schneiden. Die Zwiebel mit der Schale halbieren, mit der Schnittfläche in einer Pfanne ohne Fett dunkelbraun rösten.

3 Knochen und Suppenfleisch in einem großen Topf mit kochendem Wasser etwa 5 Minuten blanchieren. Anschließend abgießen und unter kaltem Wasser abspülen.

4 Knochen und Fleisch in einen Topf geben und mit etwa 4 l kaltem Wasser auffüllen. Pfefferkörner im Mörser zerstoßen. Liebstöckel waschen und trocken schütteln. Beides mit gebräunter Zwiebel, Gemüse, Lorbeerblättern, Nelken und Meersalz dazugeben.

5 Alles aufkochen und bei kleiner Hitze 1 Stunde 30 Minuten köcheln lassen. Den aufsteigenden Schaum gelegentlich mit einer Schaumkelle abschöpfen.

6 Ein Sieb mit einem Mulltuch über einen Topf hängen. Den Fond nach und nach durch das Mulltuch gießen, aufkochen und mit Sojasauce würzen. Brühe in heiß ausgespülte Einmachgläser oder Gefrierbeutel füllen und kalt stellen oder einfrieren.

TIPP Das Fleisch als Suppeneinlage oder für **Fleischsalat** verwenden. Dafür das Rindfleisch in kleine Würfel schneiden. 1 rote Zwiebel klein würfeln. 1 gelbe Paprikaschote halbieren, putzen, waschen und die Hälften in kleine Würfel schneiden. 2 Frühlingszwiebeln putzen, waschen, klein hacken. 1 Bund Schnittlauch waschen, trocken schütteln und in Röllchen schneiden. Für das Dressing 2 EL Paprikapüree (z. B. Ajvar) mit 50 ml Rinderfond, 1 EL Tomatenmark, 3 EL Weißweinessig und 3 EL Olivenöl verrühren. Fleisch, Zwiebel, Paprikawürfel, Schnittlauch und Frühlingszwiebeln mit dem Dressing mischen. Den Salat mit Salz, Pfeffer und 1 Prise Zucker kräftig abschmecken und ziehen lassen.

Fischfond

Für 2 l: ca. 2 kg Fischgräten (z. B. von Seezungen, Zander, Steinbutt)
3 Stangen Staudensellerie | 1 kleine Fenchelknolle | 1 Stange Lauch
3 Schalotten | 2 EL Olivenöl | 1–2 Knoblauchzehen | 250 ml trockener Weißwein | 1 gestrichener EL weiße Pfefferkörner | ½ Bio-Zitrone | 2–3 Zweige Thymian | 2 Lorbeerblätter | 3–4 Gewürznelken | 2 EL Meersalz
Außerdem: Mörser | Mulltuch zum Passieren

1 Die Fischgräten in Stücke hacken und unter fließendem Wasser oder in einer Schüssel mit Wasser gründlich waschen. Das Wasser abgießen und die Fischgräten abtropfen lassen.

2 Das Gemüse putzen, gründlich waschen, schälen und in grobe Stücke schneiden. Die Schalotten schälen.

3 Das Öl in einem großen breiten Topf erhitzen, Gemüse, Schalotten und ungeschälten Knoblauch darin 3–4 Minuten andünsten. Die Gräten hinzufügen und etwa 2 Minuten mit andünsten.

4 Dann mit dem Wein ablöschen. Etwa 3 l kaltes Wasser dazugießen. Die Pfefferkörner im Mörser zerstoßen. Mit Zitronenhälfte, Thymian, Lorbeerblättern, Nelken und Meersalz dazugeben.

5 Alles aufkochen und bei kleiner Hitze etwa 45 Minuten köcheln lassen. Den aufsteigenden Schaum gelegentlich mit einer Schaumkelle abschöpfen.

6 Ein Sieb mit einem Mulltuch über einen Topf hängen. Den Fond mit einer Kelle nach und nach durch das Mulltuch gießen. Den Fond in heiß ausgespülte Einmachgläser oder Gefrierbeutel füllen und bis zur weiteren Verwendung kalt stellen oder einfrieren.

TIPP Für Fischfond wie auch für Geflügel- und Rinderfond gilt: Gut verschlossen halten sich alle drei Fonds im Kühlschrank 1–2 Wochen oder im Tiefkühlfach sogar bis zu 3–4 Monate. Wem das Selbermachen zu aufwendig ist, kann Fond aus dem Glas verwenden. Den gibt es in guter Qualität zu kaufen.

Beliebte Klassiker und Varianten

American Chickenwings & Spareribs

Wenn laue Sommerabende die Lust auf das Grillen wecken, ist es Zeit für Chickenwings, Spareribs & Co. Mit einer Einladung zum Barbecue versprechen Sie Ihren Gästen einen Hauch von Südstaatenflair; es wird großzügig aufgelegt und feine Saucen und Marinaden dürfen dabei natürlich nicht fehlen. Sie sind das Geheimnis aller knusprig-würzigen Verheißungen und ich lüfte es für Sie …

American Chickenwings & Spareribs

Für 4 Portionen: 12 Chickenwings | ca. 2 l + 100 ml Geflügelfond (Glas)
4 Schweinerippchen (à ca. 150 g) | 600 g Strauchtomaten | 1 große rote Zwiebel
2 Knoblauchzehen | 1 Chilischote | 2 EL Olivenöl | 2–3 EL brauner Zucker
2–3 EL Rotweinessig | 1 EL Tomatenmark | 2–3 Sternanise | 1–2 Stangen Zimt
50 g Honig | 1 Limette | Salz | schwarzer Pfeffer aus der Mühle | 1 TL Rauchsalz

1 Die Chickenwings waschen. 1 l Fond aufkochen, die Chickenwings darin bei kleiner Hitze in 25 Minuten garen. Die Chickenwings herausnehmen und abkühlen lassen. Den Fond anderweitig verwenden oder einfrieren.

2 Die Schweinerippchen waschen. 1 l Fond aufkochen, die Spareribs darin bei kleiner Hitze in 35–40 Minuten garen. Die Spareribs herausnehmen und abkühlen lassen. Den Fond anderweitig verwenden oder einfrieren.

3 Für die BBQ-Sauce die Tomaten waschen, abtrocknen und auf einen heißen Grill oder in eine heiße Grillpfanne legen, bis sie beginnen schwarz und weich zu werden.

4 Die Tomaten vorsichtig vom Grill oder aus der Grillpfanne nehmen, etwas abkühlen lassen, in ein Mulltuch oder sauberes Küchentuch geben und leicht ausdrücken.

9 Die restlichen 100 ml Geflügelfond dazugießen.

10 Die ausgedrückten Grilltomaten hinzufügen.

11 Mit Sternanisen und Zimtstangen würzen. Alles aufkochen und offen bei kleiner Hitze 10–15 Minuten köcheln lassen. Dabei gelegentlich umrühren.

12 Sternanise und Zimtstangen entfernen. Den Honig dazugeben und unterrühren.

»Die BBQ-Sauce ist so lecker, dass Sie während der Grillsaison gleich die doppelte Menge zubereiten sollten. Sie ist im Kühlschrank etwa 5 Tage haltbar – und hübsch verpackt auch als Mitbringsel eine schöne Idee.«

5 Zwiebel und Knoblauch schälen und fein würfeln. Die Chilischote längs halbieren, entkernen, waschen und ebenfalls klein würfeln.

6 Das Olivenöl in einem Topf erhitzen, Zwiebel, Knoblauch und Chili darin 1–2 Minuten andünsten.

7 Den Zucker darüberstreuen und karamellisieren lassen.

8 Dann mit dem Essig ablöschen und das Tomatenmark unterrühren.

13 Die BBQ-Sauce mit dem Pürierstab fein pürieren und durch ein Sieb in eine Schüssel streichen.

14 Den Saft der Limette auspressen. Die Sauce mit Salz, Pfeffer, Rauchsalz und Limettensaft würzig abschmecken.

15 Die Chickenwings und die Spareribs mit der BBQ-Sauce rundum dick einpinseln.

16 Beides auf einem heißen Grill oder in einer Grillpfanne von beiden Seiten jeweils 6–8 Minuten grillen.

BBQ-Schinken mit Honig und Rauchsalz

Für 4–6 Portionen: 2 Knoblauchzehen | 2 Zweige Rosmarin | 4–5 Zweige Thymian | 1 EL Kümmelsamen 2 kg gepökelter Schweineschinken mit Schwarte | Salz 750 ml Rinderfond (siehe Seite 22 oder Glas) 100 g Honig | 2 EL dunkle Sojasauce | 1 EL Paprikapüree (z. B. Ajvar) | 1 EL edelsüßes Paprikapulver 1–2 TL Rauchsalz (nach Geschmack)

1 Den Knoblauch schälen. Rosmarin und Thymian waschen und trocken schütteln, die Blättchen und Nadeln abzupfen. Knoblauch, Thymian, Rosmarin und Kümmelsamen mischen und fein hacken.
2 Den Schinken kalt abbrausen, mit Küchenpapier trocken tupfen. Die Seite mit der Schwarte im Abstand von etwa 1,5 cm rautenförmig einschneiden. Die Fleischseite mit der Knoblauch-Kümmel-Mischung einreiben. Den Schinken mit der Schwartenseite etwa 2 Stunden in kaltes Wasser legen, damit die Schwarte später schön knusprig wird. Dabei darauf achten, dass nur die Schwarte im Wasser liegt.
3 Den Backofengrill auf mittlere Stufe oder den Backofen auf 200° vorheizen. Die Schwarte mit Salz (vor allem zwischen den Einschnitten) einreiben. Den Schinken mit der Schwarte nach oben auf ein tiefes Backblech oder in einen Bräter legen. Den Fond dazugießen. Den Schinken auf dem Boden des Backofens etwa 1 Stunde grillen oder bei 200° (Umluft 180°) braten. Dabei auf die Farbe der Schwarte achten, sie darf nicht zu dunkel werden. Eventuell mit Alufolie oder Backpapier abdecken.
4 Inzwischen den Honig mit Sojasauce, Paprikamark, Paprikapulver und nach Geschmack mit Rauchsalz verrühren.
5 Den Backofengrill auf höchste Temperatur stellen. Den Schinken herausnehmen, rundum mit der Hälfte der Honigmischung bestreichen und auf einen Rost setzen.
6 Den Schinken auf dem Rost in den Backofen (unten) schieben und weitere 15 Minuten grillen oder bei 200° (Umluft 180°) braten, bis die Schwarte aufplatzt und knusprig wird. Dabei ein Blech unter den Rost schieben. Den Braten aus dem Backofen nehmen, mit der übrigen Honigmischung bestreichen und etwa 10 Minuten ruhen lassen. Dann in Scheiben schneiden und servieren.

INFO Für echtes **Rauchsalz** wird Meersalz meist über Hickory- oder Roterlenholz geräuchert. So entwickelt das Salz den typischen Rauchgeschmack und eine dunkle Färbung. Erhältlich ist es im Gewürzregal eines gut sortierten Supermarktes.

BBQ-Drumsticks mit Orangen-Whiskey-Sauce

Für 4 Portionen: 4 Orangen (davon 1 Bio-Orange) 2 rote Chilischoten | 100 g Zucker | 100 ml Whiskey (ersatzweise Orangensaft) | 1 EL Speisestärke ½ Limette | Salz | Cayennepfeffer | 16 Hähnchenunterkeulen (Drumsticks) | 25 g frischer Ingwer 2–3 Zweige Rosmarin | 4–5 Zweige Orangenthymian 4–5 Kardamomkapseln | 1 l Geflügelfond (Glas) 2 Stangen Zimt | 3–4 Gewürznelken | 2 Lorbeerblätter Außerdem: Mörser

1 Die Bio-Orange heiß waschen und trocken tupfen, die Schale mit einem Sparschäler dünn abschälen und in feine Streifen schneiden. Den Saft aller Orangen auspressen. Die Chilischoten längs halbieren, entkernen, waschen und fein hacken.

2 Den Zucker in einem Topf hellbraun karamellisieren lassen, dann mit dem Whiskey ablöschen. Orangensaft, Schalenstreifen und Chili hinzufügen und aufkochen. Alles offen bei mittlerer Hitze auf etwa 200 ml einkochen lassen. Zum Binden die Stärke mit 2 EL kaltem Wasser anrühren, unter die Sauce rühren und die Sauce einmal aufkochen. Den Saft der Limettenhälfte auspressen. Die Orangen-Whiskey-Sauce mit Salz, Cayennepfeffer und Limettensaft würzen und abkühlen lassen.

3 Die Hähnchenunterkeulen kalt abbrausen, mit Küchenpapier trocken tupfen. Den Ingwer schälen und in Scheiben schneiden. Rosmarin und Orangenthymian waschen und trocken schütteln. Die Kardamomkapseln leicht zerstoßen. Den Fond mit Zimtstangen, Nelken, Kardamom, Ingwer, Rosmarin, Orangenthymian und Lorbeerblättern in einem Topf aufkochen. Die Hähnchenunterkeulen dazugeben und in 25–30 Minuten garen. Die Keulen mit einer Schaumkelle aus der Brühe nehmen und abkühlen lassen. (Die Brühe passieren und anderweitig verwenden oder einfrieren.)

4 Den Backofengrill vorheizen. Die Hähnchenkeulen rundum gleichmäßig mit der Orangen-Whiskey-Sauce bestreichen und nebeneinander auf ein Backblech legen. Im Backofen (unten) in etwa 20 Minuten goldbraun grillen. Zwischendurch die Unterkeulen wenden und nach Belieben 2- bis 3-mal mit der übrigen Sauce bestreichen.

TIPP Dazu passt **Rucola-Melonen-Salat:** Dafür 1 Honigmelone schälen, entkernen und halbieren. Die Hälften in kleine Würfel schneiden. 80 g Rucola putzen, waschen und trocken schleudern. 50 g Pinienkerne in einer kleinen Pfanne ohne Fett rösten, dann abkühlen lassen. 1 rote Zwiebel schälen, halbieren und in feine Streifen schneiden. 2 EL Olivenöl in einer Pfanne erhitzen, die Zwiebel darin 1–2 Minuten andünsten, dann mit 2–3 EL Weißweinessig ablöschen. 2 EL Orangenmarmelade unterrühren. Die Melonenwürfelchen untermischen. Das Dressing mit Salz und Cayennepfeffer kräftig würzen. Rucola und nach Belieben noch 3 EL Olivenöl und die Pinienkerne mit dem Dressing mischen.

Baklava

Wer mich kennt, weiß, wie sehr ich mich für Zuckerwerk begeistern kann – und dieses Gebäck aus dem Vorderen Orient hat es wirklich in sich. Es könnte süßer kaum sein, denn der ausgebackene Blätterteig wird in Sirup getränkt. Ich habe mich an neuen Füllungen versucht und schwöre auf Mohn mit Cassis-Feigen!

Baklava

Für 4–6 Portionen: 250 g Butter | 120 g Pistazienkerne (ersatzweise Mandeln oder Walnusskerne) | 1 EL Vanillezucker | 2 Packungen Filoteig (à ca. 250 g, Kühltheke) | 250 g Zucker | 1 Zitrone
Außerdem: Butter für die Backform

1 Alle Zutaten abwiegen und bereitstellen. Die Butter in Stücke schneiden.

2 Die Pistazienkerne in einem Blitzhacker fein hacken.

3 Die gehackten Pistazienkerne in eine Schüssel geben und mit dem Vanillezucker mischen. 2 EL davon abnehmen und beiseitestellen.

4 Die Butterstückchen in einem kleinen Topf zerlassen.

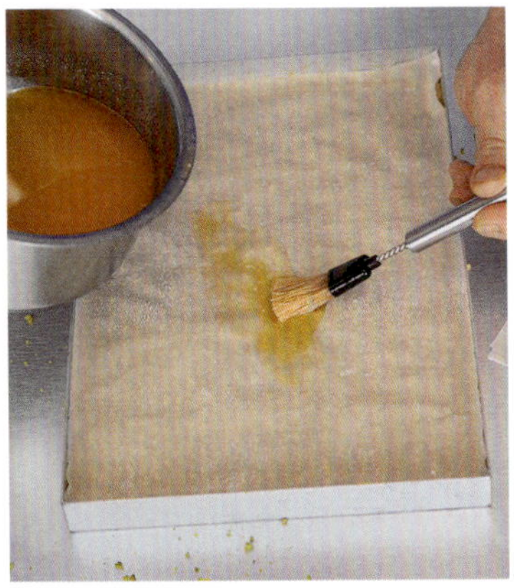

9 Das oberste Teigblatt ebenfalls mit Butter bestreichen.

10 Die Baklava mit einem scharfen Messer in etwa 3 x 5 cm große Rechtecke schneiden.

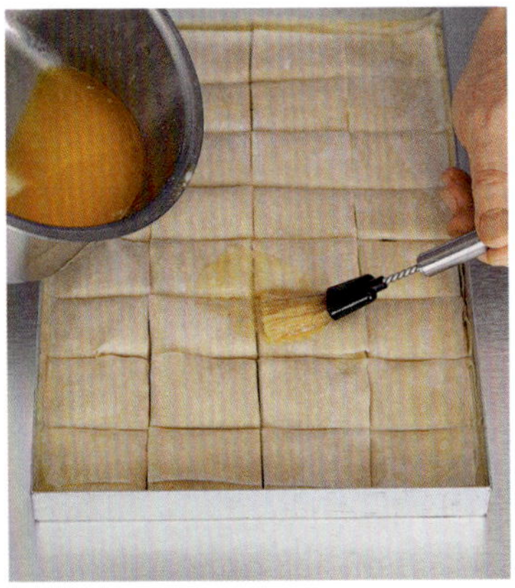

11 Die restliche Butter darauf verteilen. Die Baklava bei Zimmertemperatur etwa 30 Minuten ruhen lassen.

12 Den Backofen auf 200° vorheizen. Baklava im Backofen (unten, Umfluft 180°) 25–30 Minuten backen.

»Achten Sie beim Kauf der Pistazienkerne auf die Qualität. Sie sollten schön grün leuchten und keinesfalls graugrün aussehen. Kaufen Sie die Pistazien am besten an der Nussbar oder in durchsichtigen Tütchen abgefüllt.«

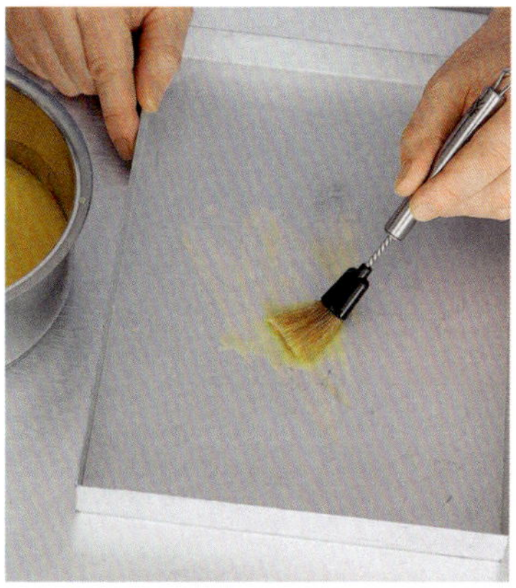

5 Eine rechteckige Backform (ca. 20 x 30 cm) mit Butter einfetten. Die Teigblätter jeweils in etwa 20 x 30 cm große Rechtecke schneiden.

6 Etwa 12 Teigblätter in die Backform legen, dabei jedes Teigblatt gleichmäßig mit flüssiger Butter bestreichen.

7 Die Pistazienmischung gleichmäßig darauf verteilen.

8 Die restlichen 12 Teigblätter darauflegen, dabei jedes Teigblatt mit flüssiger Butter bestreichen.

13 Inzwischen für den Sirup Zucker und 150 ml Wasser in einen Topf geben.

14 Den Saft der Zitrone auspressen und dazugeben. Die Mischung offen bei mittlerer Hitze 4–5 Minuten kochen lassen.

15 Die Baklava aus dem Ofen nehmen, etwa 5 Minuten ruhen lassen und mit Sirup beträufeln. Dann die Baklava vollständig abkühlen lassen.

16 Die übrige Pistazienmischung auf den Rechtecken verteilen.

Mohn-Baklava mit Cassis-Feigen

Für 1 Auflaufform (ca. 28 cm Ø): 100 g gemahlener Mohn | 1–2 EL Vanillezucker | 200 g Butter | 2 Packungen Filoteig (à ca. 250 g, Kühltheke) | 1 Vanilleschote | 250 g Zucker | 100 ml Rotwein | 200 ml schwarzer Johannisbeersaft | 2 Stangen Zimt | 2 Zitronen | 1 EL Speisestärke | 2–3 EL Johannisbeerlikör (z. B. Cassis) | 8 frische Feigen
Außerdem: 30 g Butter für die Form

1 Mohn und Vanillezucker in einer Schüssel mischen. 2 EL davon abnehmen und beiseitestellen. Die Butter in einem kleinen Topf zerlassen. Die Auflaufform mit Butter einfetten.
2 Die Teigblätter in der Größe der Form zuschneiden. Etwa 10 Teigblätter in die Auflaufform legen, dabei jedes Blatt mit flüssiger Butter bestreichen. Die Mohnmischung gleichmäßig darauf verteilen. Die restlichen 10 Teigblätter darauflegen, dabei wieder jedes Teigblatt mit flüssiger Butter bestreichen.
3 Die Baklava mit einem scharfen Messer in gleichgroße Rauten schneiden. Die restliche Butter darauf verteilen. Die Baklava bei Zimmertemperatur etwa 30 Minuten ruhen lassen.
4 Inzwischen für die Cassis-Feigen die Vanilleschote längs aufschneiden. 75 g Zucker in einer Pfanne hellbraun karamellisieren lassen, dann mit Rotwein ablöschen. Johannisbeersaft, Zimtstangen und Vanilleschote hinzufügen und offen 8–10 Minuten einkochen lassen. Den Saft von ½ Zitrone auspressen. Die Stärke mit 2–3 EL kaltem Wasser anrühren. Zitronensaft und Likör unter den Sud rühren. Die angerührte Stärke unter den Sud rühren und den Sud aufkochen. Die Feigen schälen, halbieren und in den heißen Sud legen. Die Cassis-Feigen abkühlen lassen.
5 Den Backofen auf 200° vorheizen. Die Baklava im Backofen (unten, Umluft 180°) 25–30 Minuten backen.
6 Für den Sirup den Saft der übrigen Zitronen auspressen. Den restlichen Zucker mit 100 ml Wasser und Zitronensaft in einem Topf 4–5 Minuten kochen lassen. Die Baklava aus dem Ofen nehmen, etwa 5 Minuten ruhen lassen und mit dem Sirup beträufeln. Dann die Baklava vollständig abkühlen lassen. Die übrige Mohnmischung auf den Rauten verteilen. Die Mohn-Baklava mit den Cassis-Feigen servieren.

TIPP Wer möchte, ersetzt Rotwein und Likör durch Johannisbeer- oder Holunderbeersaft. Verwenden Sie möglichst keinen Johannisbeernektar, denn er ist mit Wasser verdünnt. Kaufen Sie lieber Direktsaft, der ist intensiver und aromatischer.

VARIANTE

Für **Nuss-Baklava** mit Ahornsirup den Mohn durch 100 g Nussmischung (z. B. Haselnusskerne, Walnusskerne, Pekannüsse) ersetzen. Die Nussmischung im Blitzhacker oder in der Küchenmaschine fein mahlen und mit 1–2 EL Vanillezucker mischen. 2 EL davon abnehmen und beiseitestellen. Die Baklava wie im Rezept beschrieben zubereiten. Für den Sirup 75 ml Wasser mit dem Saft von 1 Limette, 100 g Zucker und 75 ml Ahornsirup 4–5 Minuten kochen lassen. Dann die Baklava wie in Schritt 6 beschrieben fertigstellen.

Blinis

Diese luftigen Mini-Pfannkuchen aus Buchweizenmehl sind ein Geschenk aus der russischen Küche. Hierzulande haben sie als beliebte Kaviar-Häppchen Einzug gehalten, sind aber auch in vielen anderen Kombinationen sehr zu empfehlen. Mit Gemüse wie Blumenkohl, Kartoffeln oder Brokkoli lässt sich eine ganz andere Basis schaffen und der Teig unglaublich facettenreich variieren.

Blinis

Für 4 Portionen: ½ Würfel frische Hefe (ca. 21 g) | 1 EL Zucker | 3 Eier
100 g Buchweizenmehl | 50 g Weizenmehl | Salz | ca. 50 g Butterschmalz zum Ausbacken

1 Alle Zutaten für den Teig abwiegen und bereitstellen.

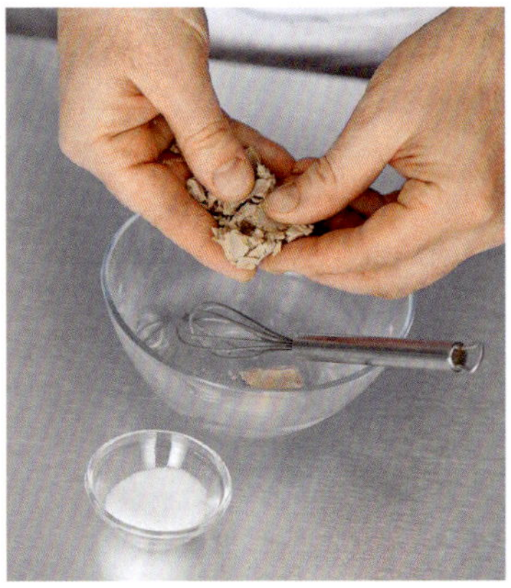

2 Die Hefe in eine Schüssel mit 125 ml lauwarmem Wasser bröckeln.

3 Den Zucker dazugeben und mit einem Schneebesen verrühren, bis die Hefe gelöst ist.

4 Eier, Buchweizen- und Weizenmehl und 1 Prise Salz in eine separate Schüssel geben und mit einem Schneebesen glatt verrühren.

5 Die aufgelöste Hefe dazugießen und weiterrühren, bis der Teig glatt ist.

6 Den Teig zugedeckt an einem warmen Ort etwa 45 Minuten gehen lassen, bis sich sein Volumen verdoppelt hat.

7 Zum Ausbacken der Blinis etwas Butterschmalz in einer Pfanne erhitzen. Den Teig esslöffelweise in Häufchen hineinsetzen und in 1–2 Minuten goldbraun braten.

8 Die Blinis mit einer Palette wenden und auf der zweiten Seite ebenfalls goldbraun ausbacken. Die Blinis am besten sofort frisch servieren.

»Die zarten und luftigen Hefeplätzchen sollten Sie unbedingt frisch gebacken und warm genießen. Wieso also nicht einmal an einem Abend auf dem heißen Stein oder einem Raclette mit Grillplatte für eine große Runde servieren? Die Beilagen stellt sich dann jeder selbst zusammen.«

Brokkoli-Blinis mit Ricottacreme und Speck

**Für 4–6 Portionen: 250 g Brokkoli | Salz | 2 Eier
30 g geriebener Parmesan | 10 g frische Hefe
100 g Mehl | Pfeffer aus der Mühle | Muskatnuss
50 g in Öl eingelegte getrocknete Tomaten
1 EL Tomatenmark | 1–2 EL Paprikapüree (z. B. Ajvar)
125 g Ricotta | 2–3 Stängel Petersilie | 1 Prise Zucker
4 Scheiben Frühstücksspeck | 2–3 EL Pinienkerne
Außerdem: Frischhaltefolie | Butterschmalz zum Backen**

1 Den Brokkoli putzen, waschen und in kleine Röschen teilen. Die Brokkoliröschen in kochendem Salzwasser in etwa 8 Minuten weich garen. Den Brokkoli mit einer Schaumkelle herausnehmen, abtropfen lassen und anschließend im Mixer fein pürieren.
2 Für den Teig die Eier trennen. Eigelbe und Parmesan zum Brokkolipüree geben und mit einem Schneebesen verrühren. 75 ml lauwarmes Wasser in eine Schüssel geben, die Hefe dazubröckeln und glatt verrühren. Die Hefe und das Mehl unter die Brokkoli-Eigelb-Mischung rühren.
3 Die Eiweiße und 1 Prise Salz mit den Quirlen des Handrührgeräts steif schlagen. Den Eischnee behutsam unter den Teig heben. Den Teig mit Salz, Pfeffer und frisch geriebener Muskatnuss würzen und mit Frischhaltefolie zugedeckt etwa 30 Minuten gehen lassen.
4 Inzwischen die getrockneten Tomaten abtropfen lassen und klein würfeln. Mit Tomatenmark, Paprikapüree und Ricotta in einem Mixer oder mit einem Pürierstab fein pürieren. Die Petersilie waschen, trocken schütteln, fein hacken und untermischen. Die Ricottacreme mit Salz, Pfeffer und Zucker würzen.
5 Die Speckscheiben in einer beschichteten Pfanne braten, bis sie goldbraun und knusprig sind. Anschließend herausnehmen und auf Küchenpapier abtropfen lassen. Die Pinienkerne in einer kleinen Pfanne ohne Fett goldbraun rösten, dann abkühlen lassen.
6 Zum Ausbacken der Blinis etwas Butterschmalz in einer beschichteten Pfanne erhitzen. Den Teig esslöffelweise in Häufchen hineinsetzen und bei mittlerer Hitze in 1–2 Minuten goldbraun braten. Die Blinis mit einer Palette wenden und auf der zweiten Seite goldbraun ausbacken.
7 Die noch lauwarmen Blinis anrichten und jeweils mit Ricottacreme, Pinienkernen und Speck garnieren.

Blumenkohl-Blinis mit Kaviar

**Für 4–6 Portionen: 250 g Blumenkohl | Salz | 2 Eier
10 g frische Hefe | 100 g Mehl | Pfeffer aus der Mühle
Muskatnuss | 1 Bio-Limette | ca. 200 g Crème fraîche
Außerdem: Frischhaltefolie | Butterschmalz zum Backen
ca. 100 g Osietra-Kaviar (ersatzweise Forellen- oder Saiblingskaviar) | Dillspitzen (nach Belieben)**

1 Den Blumenkohl putzen, waschen und in kleine Röschen teilen. Die Blumenkohlröschen in kochendem Salzwasser in etwa 8 Minuten weich garen. Den Blumenkohl mit einer Schaumkelle herausnehmen, abtropfen lassen und anschließend im Mixer fein pürieren.
2 Für den Teig die Eier trennen. Die Eigelbe zum Blumenkohlpüree geben und mit einem Schneebesen verrühren. 75 ml lauwarmes Wasser in eine Schüssel geben, die Hefe dazubröckeln und glatt verrühren. Die Hefe und das Mehl unter die Blumenkohl-Eigelb-Mischung rühren.
3 Die Eiweiße und 1 Prise Salz mit den Quirlen des Handrührgeräts steif schlagen. Den Eischnee behutsam unter den Teig heben. Den Teig mit Salz, Pfeffer und frisch geriebener Muskatnuss würzen und mit Frischhaltefolie zugedeckt etwa 30 Minuten gehen lassen.
4 Inzwischen die Limette heiß waschen und abtrocknen, die Schale fein abreiben und den Saft auspressen. Die Crème fraîche mit Limettensaft und Limettenschale verrühren. Mit Salz und Pfeffer würzen.
5 Zum Ausbacken der Blinis etwas Butterschmalz in einer beschichteten Pfanne erhitzen. Den Teig esslöffelweise in Häufchen hineinsetzen und bei mittlerer Hitze in 1–2 Minuten goldbraun braten. Die Blinis mit einer Palette wenden und auf der zweiten Seite ebenfalls goldbraun ausbacken.
6 Die noch lauwarmen Blinis anrichten und jeweils mit 1 Löffel Crème fraîche und Kaviar anrichten. Nach Belieben die Blinis mit Dillspitzen garniert servieren.

Kartoffel-Meerrettich-Blinis mit Lachs

Für 4–6 Portionen: 3 Äpfel (z. B. Elstar) | ½ Zitrone
Zucker | 100 ml Weißwein | 50 g Butter
ca. 175 g mehligkochende Kartoffeln | 1 Stück
frischer Meerrettich (ca. 30 g) | 2 Eier | 75 g Mehl
10 g frische Hefe | Salz | Pfeffer aus der Mühle
Muskatnuss | 50 g gemischter Salat (z. B. Rucola,
Pflücksalat, junger Spinat, Mangold)
1–2 EL Apfelessig | 2–3 EL Sonnenblumen- oder Rapsöl
250 g Räucherlachs in Scheiben
Außerdem: Frischhaltefolie | Butterschmalz zum Backen

1 Für die Apfelcreme die Äpfel schälen, vierteln, entkernen und grob würfeln. Den Saft der Zitronenhälfte auspressen. Die Apfelstücke mit 50 g Zucker, Wein, Butter und Zitronensaft in einen Topf geben und offen bei mittlerer Hitze etwa 20 Minuten köcheln lassen. Dabei gelegentlich umrühren. Das Kompott mit einem Pürierstab fein pürieren, in eine Schüssel geben und im Kühlschrank vollständig abkühlen lassen.
2 Inzwischen für den Teig die Kartoffeln waschen und mit Schale in 20–25 Minuten weich garen. Die Kartoffeln herausnehmen, pellen und mit einer Gabel fein zerdrücken.
3 Den Meerrettich schälen und fein reiben. Die Eier trennen. Eigelbe, Meerrettich und Mehl zu den zerdrückten Kartoffeln geben. 75 ml lauwarmes Wasser in eine Schüssel geben, die Hefe dazubröckeln und glatt verrühren. Die Hefe zur Kartoffelmischung geben und alles gründlich mischen.
4 Die Eiweiße und 1 Prise Salz mit den Quirlen des Handrührgeräts steif schlagen. Den Eischnee behutsam unter den Teig heben. Den Teig mit Salz, Pfeffer und frisch geriebener Muskatnuss würzen und mit Frischhaltefolie zugedeckt etwa 30 Minuten gehen lassen.
5 Inzwischen den Salat putzen, waschen und trocken schleudern. Für das Dressing Apfelessig, Öl sowie je 1 Prise Salz und Zucker verrühren und die Salatblätter darin wenden.
6 Zum Ausbacken der Blinis etwas Butterschmalz in einer beschichteten Pfanne erhitzen. Den Teig esslöffelweise in Häufchen hineinsetzen und bei mittlerer Hitze in 1–2 Minuten goldbraun braten. Die Blinis mit einer Palette wenden und auf der zweiten Seite goldbraun ausbacken.
7 Die noch lauwarmen Blinis mit Apfelcreme und Salat anrichten und mit den Räucherlachsscheiben belegen.

Bœuf Bourguignon

Für mich einer der schönsten Klassiker,
der aus einfachen Zutaten ein echtes Festessen
hervorbringt: Den Franzosen sei dafür gedankt!
Das Rindfleisch und der Burgunder sollten jedoch
mit Bedacht gewählt werden und von bester Qualität
sein. Beim Speck unbedingt darauf achten,
dass er nicht so intensiv geräuchert ist, damit er
nicht zu kräftig herausragt.

Bœuf Bourguignon

Für 4 Portionen: 1 Zwiebel | 1 kg Rindfleisch (aus Schulter oder Unterschale) 500 ml trockener Rotwein (z. B. Burgunder) | 3–4 EL Weinbrand | 3–4 Zweige Thymian 1 EL Wacholderbeeren | 2 Lorbeerblätter | 1 Bund Suppengrün | 50 g Butterschmalz Salz | Pfeffer aus der Mühle | 2 EL Tomatenmark | 1 EL Mehl | 400 ml Rinderfond (siehe Seite 22 oder Glas) | 1–2 EL Speisestärke | 400 g kleine Champignons 150 g durchwachsener Speck | 200 g Perlzwiebeln | 1 EL Zucker
Außerdem: Mörser

1 Die Zwiebel schälen und in kleine Würfel schneiden.

2 Das Rindfleisch in etwa 5 cm große Würfel schneiden.

3 Das Rindfleisch und die Zwiebelwürfel in eine große Schüssel geben. Rotwein und Weinbrand darübergießen.

4 Den Thymian waschen und trocken schütteln. Die Wacholderbeeren im Mörser leicht zerdrücken. Beides mit den Lorbeerblättern zum Fleisch geben. Das Fleisch zugedeckt etwa 6 Stunden im Kühlschrank marinieren lassen.

9 Dann das Tomatenmark dazugeben und kurz mitrösten. Das Gemüse mit Mehl bestäuben und kurz mitrösten.

10 Die beiseitegestellte Marinade dazugeben. Den Rinderfond unter Rühren dazugießen und die Sauce aufkochen. Das Rindfleisch in die Sauce geben.

11 Das Fleisch zugedeckt bei kleiner Hitze etwa 3 Stunden schmoren lassen.

12 Das Fleisch aus der Sauce nehmen und beiseitestellen.

»Der Knüller an diesem Gericht ist die Sauce und die steht und fällt mit dem Rotwein sowie der Brühe. Der Wein sollte vollmundig, fruchtig und die Brühe selbst gemacht sein. Das Rezept für einen feinen Rinderfond finden Sie auf Seite 22.«

5 Das Fleisch aus der Marinade nehmen und auf Küchenpapier abtropfen lassen. Marinade und Zwiebel durch ein Sieb in eine Schüssel abgießen und beiseitestellen.

6 Das Suppengrün waschen, putzen, eventuell schälen und grob würfeln. Die Gemüsewürfel zu den abgetropften Zwiebelwürfeln geben.

7 Die Hälfte von dem Butterschmalz in einem Bräter erhitzen, das Fleisch darin rundherum kräftig anbraten. Die Fleischwürfel salzen und pfeffern, dann aus dem Bräter nehmen und beiseitestellen.

8 Gemüse samt Zwiebel in denselben Bräter geben, beides darin 1–2 Minuten rösten.

13 Die Sauce durch ein feines Sieb in einen Topf passieren, dabei etwas Gemüse mit durchdrücken. Die Sauce offen um ein Drittel einkochen lassen. Stärke mit 2–3 EL kaltem Wasser anrühren. Zum Binden die Stärke unterrühren. Mit Salz und Pfeffer würzen.

14 Die Champignons putzen, trocken abreiben und halbieren. Den Speck in Streifen schneiden. Die Perlzwiebeln schälen und halbieren (siehe Tipp Seite 406).

15 Übriges Butterschmalz zerlassen, den Speck darin kurz anbraten. Die Perlzwiebeln dazugeben, mit Salz und Pfeffer würzen. Den Zucker dazugeben und leicht karamellisieren lassen. Alles zugedeckt etwa 10 Minuten schmoren lassen.

16 Die Pilze hinzufügen und kurz mitbraten. Das Fleisch wieder in die Sauce geben und erwärmen. Auf vorgewärmten Tellern anrichten. Pilze, Zwiebeln und Speck darauf verteilen. Dazu passen Polenta, Baguette oder Salzkartoffeln und ein gemischter Blattsalat.

Hirschragout »Bourguignon«

Für 4–6 Portionen: 2 Zwiebeln | 1,5 kg Hirschfleisch (aus Schulter oder Unterschale) | 500 ml trockener Rotwein (z. B. Burgunder) | 75 ml Weinbrand 3–4 Zweige Thymian | 3 Zweige Rosmarin 2 EL Wacholderbeeren | 2 Lorbeerblätter | 2 Möhren ¼ Knollensellerie | 1 kleine Stange Lauch | 2 Knoblauchzehen | 50 g Butterschmalz | Salz | Pfeffer aus der Mühle 2 EL Tomatenmark | 1 EL Mehl | 400 ml Wildfond (Glas) 2 Birnen | 50 g Butter | 1–2 EL Zucker | 50 g getrocknete Cranberrys | 1–2 EL Speisestärke
Außerdem: Mörser

1 Die Zwiebeln schälen und würfeln. Das Hirschfleisch kalt abbrausen, mit Küchenpapier trocken tupfen und in etwa 5 cm große Würfel schneiden. Hirschfleisch und Zwiebeln in eine große Schüssel geben. Rotwein und Weinbrand darübergießen. Thymian und Rosmarin waschen und trocken schütteln. Die Wacholderbeeren im Mörser leicht zerdrücken. Kräuter, Wacholderbeeren und Lorbeerblätter zum Fleisch geben. Das Fleisch abgedeckt im Kühlschrank etwa 6 Stunden marinieren lassen.
2 Möhren und Sellerie putzen, schälen und würfeln. Den Lauch putzen, waschen und klein schneiden. Den Knoblauch schälen und hacken. Das Fleisch aus der Marinade nehmen und auf Küchenpapier abtropfen lassen. Marinade und Zwiebeln durch ein Sieb in eine Schüssel abgießen und beiseitestellen.
3 Das Butterschmalz in einem großen Bräter erhitzen, das Fleisch darin rundherum kräftig anbraten. Die Fleischwürfel salzen und pfeffern, dann aus dem Bräter nehmen und beiseitestellen. Gemüse, abgetropfte Zwiebeln und Knoblauch in denselben Bräter geben und etwa 6 Minuten anrösten. Dann das Tomatenmark dazugeben und kurz mitrösten. Das Gemüse mit Mehl bestäuben und kurz mitrösten. Die beiseitegestellte Marinade dazugeben. Den Fond unter Rühren dazugießen und die Sauce aufkochen lassen. Das Hirschfleisch in die Sauce geben. Das Fleisch zugedeckt bei kleiner bis mittlerer Hitze etwa 3 Stunden schmoren lassen.
4 Inzwischen die Birnen waschen, halbieren und entkernen. Die Hälften in Spalten scheiden. Die Butter in einer Pfanne zerlassen und die Birnenspalten darin 2–3 Minuten anbraten. Den Zucker darüberstreuen und leicht karamellisieren lassen.
5 Das Fleisch aus der Sauce nehmen. Die Sauce durch ein feines Sieb in einen Topf passieren. Sauce und Cranberrys aufkochen, dann die Sauce offen um etwa ein Drittel einkochen lassen. Zum Binden die Stärke mit 2–3 EL kaltem Wasser anrühren, unter die Sauce rühren und die Sauce aufkochen. Mit Salz und Pfeffer würzen. Das Fleisch in der Sauce erwärmen und auf vorgewärmten Tellern anrichten. Die Birnenspalten darauf verteilen. Dazu passen Spätzle.

TIPP Spätzle selbst gemacht: Dafür 500 g Mehl in eine Schüssel sieben und in die Mitte eine Mulde drücken. 150 ml kaltes Wasser, 5 Eier, 3 Eigelb und 1 TL Salz in die Mulde geben und alles von der Mitte aus mit einem Holzlöffel verrühren. Den Spätzleteig mit frisch geriebener Muskatnuss würzen. Den Teig so lange kräftig schlagen, bis er große Blasen wirft. Den Teig portionsweise durch eine Spätzlepresse oder direkt von einem Brett in kochendes Salzwasser drücken oder schaben und darin garen, bis die Spätzle an der Oberfläche schwimmen. Die Spätzle mit einer Schaumkelle herausnehmen, in Eiswasser abschrecken und abtropfen lassen. 30 g Butter in einer beschichteten Pfanne zerlassen, die Spätzle darin kurz braten. Mit 2 EL frisch gehackter Petersilie bestreuen.

Bollito misto

Wenn ein Eintopf diese Bezeichnung verdient, dann dieser. Hier kommen verschiedene Fleischeinlagen von seltener Bandbreite zusammen und das drückt auch der Name aus: Bollito misto steht für »Gemischtes Gekochtes« und im Piemont gehört die »Salsa verde« dazu. Am besten planen Sie dafür ein paar Gäste ein, denn was auf die Teller kommt, ist reichlich …

Bollito misto

Für 6 Portionen: 400 g Markknochen ohne Mark | Salz | 1 Gemüsezwiebel | 800 g Rinderschulter | 700 g gepökelte Kalbszunge (beim Metzger vorbestellen) | ½ TL schwarze Pfefferkörner | 3 Lorbeerblätter | 3 Zweige Thymian | 1 Zweig Rosmarin | 3 Gewürznelken | ½ Hähnchen (küchenfertig, ca. 600 g) | 2 Zwiebeln | 3–4 Möhren | 3–4 Stangen Staudensellerie | 1 kleiner Zampone (gefüllter Schweinefuß; ca. 600 g; beim Metzger vorbestellen)
Salsa: 1 Bund glatte Petersilie | 1 Bund Basilikum | 2 Schalotten | 2 Knoblauchzehen | 2 Scheiben Weißbrot | 2 EL Kapern | 2–3 kleine Gewürzgurken | Salz | Pfeffer aus der Mühle | 2 EL Aceto balsamico bianco | 150 ml Olivenöl
Außerdem: Mörser | Alufolie

1 Die Knochen unter fließend kaltem Wasser gründlich waschen und in einen großen Topf mit 4–5 l kaltem Wasser geben. Das Wasser kräftig salzen. Die Zwiebel mit der Schale halbieren, die Schnittflächen langsam in einer Pfanne ohne Fett dunkelbraun rösten.

2 Das Rindfleisch in den Topf mit Wasser geben.

3 Die Zunge hinzufügen. Das Wasser aufkochen.

4 Die Pfefferkörner im Mörser zerstoßen. Mit Lorbeerblättern, Thymian, Rosmarin, Nelken und gebräunten Zwiebelhälften dazugeben. Fleisch und Zunge bei kleiner Hitze etwa 2 Stunden köcheln lassen.

9 Den Zampone (Schweinefuß) ebenfalls dazugeben und mitgaren.

10 Inzwischen die Zutaten für die Salsa verde bereitstellen.

11 Petersilie und Basilikum waschen und trocken schütteln. 2 Stängel Petersilie beiseitelegen. Die übrigen Petersilienblätter und Basilikumblätter abzupfen. Schalotten und Knoblauch schälen und würfeln.

12 Das Weißbrot entrinden und in Stücke schneiden. Petersilie, Basilikum, Schalotten, Knoblauch, Kapern, Gewürzgurken und Weißbrot in einem hohen Rührbecher mit einem Pürierstab fein pürieren. Die Mischung mit Salz und Pfeffer würzen. Den Essig unterrühren.

»Dieser Eintopf ist ein Hochgenuss. Auch wenn Sie gegenüber Kalbszunge und Schweinefuß im ersten Moment vielleicht skeptisch sind: Ein Versuch lohnt sich! Denn Aroma und Würze dieser Suppe sind unvergleichlich. Zampone ist eine Spezialität aus Modena, ein hohl ausgelöster und gefüllter Schweinefuß. Am besten Sie bestellen ihn beim Metzger oder italienischen Feinkosthändler vor.«

5 Dabei den aufsteigenden Schaum mit einer Schaumkelle immer wieder abschöpfen.

6 Nach etwa 2 Stunden Garzeit die Hähnchenhälfte dazugeben und alles noch etwa 1 Stunde garen. (Falls das Hähnchen nicht mehr in den Topf passt, garen Sie es in einem zweiten Topf, in dem Sie später auch den Zampone erwärmen.)

7 Inzwischen die Zwiebeln schälen und in Spalten schneiden. Die Möhren putzen und schälen. Den Staudensellerie waschen und putzen. Möhren und Staudensellerie in etwa 5 cm große Stücke schneiden.

8 Etwa 25 Minuten vor Ende der Garzeit das Gemüse zum Fleisch geben und mitgaren. Bei Bedarf noch etwas Wasser dazugießen, sodass alles gut mit Wasser bedeckt ist.

13 Das Öl in dünnem Strahl untermixen. Fleisch, Zunge und Hähnchen herausnehmen. Rindfleisch in Alufolie 10 Minuten ruhen lassen. Die Zunge häuten. Rindfleisch, Zunge und Zampone in Scheiben schneiden. Hähnchen in Stücke teilen. Übrige Petersilie hacken.

TIPP Zum Servieren das Fleisch und Gemüse auf einer vorgewärmten Platte anrichten. Einen Teil der Brühe darübergießen. Bollito misto mit Petersilie bestreuen und mit der Salsa servieren. Dazu passen Salzkartoffeln oder frisches italienisches Weißbrot.

Bollito-misto-Salat

Für 4–6 Portionen: 100 g braune Berglinsen | 75 g rote Linsen | 4–5 junge Möhren | 1 dünne Stange Lauch 2 Stangen Staudensellerie | Salz | 1 Prise Zucker 6–8 kleine Kartoffeln | 8 Radieschen | 50 g gemischter Salat (z. B. Feld-, Spinat- und Friséesalat) | 2 Schalotten 6 EL Traubenkernöl | 2 EL Apfel-Aceto-Balsamico 1–2 EL Quittengelee | 75 ml warmer Rinderfond (siehe Seite 22 oder Glas) | 2 Stängel glatte Petersilie 250 g gekochtes Rindfleisch | 250 g gekochtes Hähnchenfleisch | 250 g gekochte gepökelte Kalbszunge 250 g gekochter Zampone (siehe Grundrezept Seite 56)

1 Die braunen Linsen in kochendem Wasser bei mittlerer Hitze in etwa 20 Minuten bissfest garen. Die roten Linsen in kochendem Wasser bei mittlerer Hitze in 15–20 Minuten garen. Beides in ein Sieb abgießen, kalt abschrecken und abtropfen lassen.
2 Die Möhren putzen, schälen und längs in dünne Scheiben schneiden oder hobeln. Den Lauch putzen, waschen und nur das Weiße und Hellgrüne in dünne Ringe schneiden. Den Staudensellerie putzen, mit Grün waschen und ebenfalls in dünne Scheiben schneiden. Das Grün abzupfen und beiseitelegen.
3 Wasser, Salz und Zucker in einem Topf aufkochen, das Gemüse darin in etwa 4 Minuten bissfest kochen. Das Gemüse in ein Sieb abgießen und abtropfen lassen. Die Kartoffeln waschen und in kochendem Salzwasser in etwa 20 Minuten weich garen. Anschließend etwas abkühlen lassen, pellen und in Scheiben schneiden. Die Radieschen putzen, waschen und in Scheiben schneiden oder hobeln. Den Salat putzen, waschen und trocken schleudern.
4 Für das Dressing die Schalotten schälen und fein würfeln. 1 EL Öl in einer Pfanne erhitzen, die Schalotten darin glasig dünsten, dann mit Essig ablöschen. Die Pfanne beiseitestellen, das Quittengelee unterrühren. Das Dressing in eine Schüssel geben, den Fond dazugießen und das restliche Öl unterschlagen. Die lauwarmen Kartoffel- und Möhrenscheiben, Staudensellerie-, Lauch- und Radieschenscheiben sowie die Linsen unter das Dressing mischen. Den Salat durchziehen lassen.
5 Inzwischen die Petersilie waschen und trockenschütteln, die Blätter abzupfen, das kalte Rindfleisch in etwa 1 cm große Würfel schneiden, das Hühnchenfleisch vom Knochen lösen und zerzupfen. Beides mit dem Linsen-Gemüse-Salat vermischen. Zunge und Zampone mit einem scharfen Messer (oder mit einer Aufschnittmaschine) in dünne Scheiben schneiden. Salatblätter, Fleisch und Gemüse-Linsen-Salat auf einer Platte anrichten. Den Salat mit Staudenselleriegrün und Petersilienblättern garnieren und servieren.

TIPP Bereiten Sie von der Bollito misto (Grundrezept siehe Seite 56) die doppelte Menge zu, dann haben Sie das Fleisch für den Salat auf Vorrat da. Dafür das gekochte Fleisch mit der heißen Brühe in große Schraubgläser füllen, diese gut verschließen und bis zur Verwendung in den Kühlschrank stellen.

Borschtsch

In Anbetracht dieser köstlichen russischen Suppe erinnere ich mich sehr gerne an meine Zeit bei Eckart Witzigmann zurück: Wann immer Borschtsch auf der Speisekarte stand, habe ich insgeheim gehofft, dass die Gäste zurückhaltend sind und für uns in der Küche noch ein Teller übrig bleibt. Wer etwas Schärfe vermisst, erzielt mit einem Klecks Meerrettich obenauf den gewünschten Effekt.

Borschtsch

Für 4–6 Portionen: 500 g Rinderbrust | Salz | Pfeffer aus der Mühle
1 Zwiebel | 150 g Rote Bete | 200 g Tomaten | 250 g Weißkohl
100 g gekochter Schinken | 20 g Butter | 2 EL Rotweinessig | Zucker
1 l Rinderfond (siehe Seite 22 oder Glas) | 4 Stängel Petersilie
2 Lorbeerblätter | 4–5 EL saure Sahne | 4 kleine Dillzweige zum Garnieren
Außerdem: Eiswasser

1 Die Rinderbrust in einen großen Topf legen, mit Salz und Pfeffer würzen.

2 Das Fleisch mit kaltem Wasser knapp bedecken. Das Wasser aufkochen und das Fleisch zugedeckt bei kleiner Hitze in etwa 1 Stunde garen.

3 Die Zwiebel schälen und in feine Würfel schneiden.

4 Die Rote Bete schälen (Einmalhandschuhe verwenden) und in dünne Scheiben schneiden. Die Scheiben in etwa 3 mm dicke Streifen schneiden.

9 Den Schinken zuerst in Streifen, dann die Streifen in etwa 1 cm große Würfel schneiden.

10 Das Fleisch aus der Brühe nehmen und kurz abkühlen lassen, dann ebenfalls in etwa 1 cm große Würfel schneiden.

11 Die Butter in einem großen Topf erhitzen, die Zwiebel darin unter Rühren glasig dünsten. Rote-Bete-Streifen und Tomatenwürfel dazugeben und 1–2 Minuten mitdünsten.

12 Essig, 1 TL Zucker, Salz und 125 ml Fond dazugeben. Alles zugedeckt bei kleiner Hitze etwa 30 Minuten köcheln lassen.

»Diese deftige Wintersuppe schmeckt aufgewärmt fast noch besser. Kochen Sie gleich einen großen Topf davon, damit immer was da ist, wenn Sie Lust darauf haben oder die Zeit mal knapp ist.«

5 Die Tomaten auf der runden Seite mit einem spitzen Küchenmesser kreuzweise einritzen. Die Tomaten in kochendem Wasser 20–30 Sekunden blanchieren, mit einer Schaumkelle herausnehmen und in Eiswasser abschrecken.

6 Die blanchierten Tomaten häuten, vierteln und entkernen.

7 Die Tomatenviertel in kleine Würfel schneiden.

8 Den Kohl vom Strunk befreien und in Streifen schneiden.

13 Restlichen Fond und Kohlstreifen in einem Topf aufkochen und mit Salz würzen. Petersilie waschen und trocken schütteln. Mit Lorbeerblättern und Fleischwürfeln dazugeben.

14 Den Schinken ebenfalls hinzufügen. Die Suppe zugedeckt bei kleiner Hitze etwa 25 Minuten köcheln lassen.

15 Die Petersilienstängel und Lorbeerblätter entfernen.

16 Die Rote-Bete-Mischung unter die Suppe rühren. Die Suppe mit Pfeffer und 1 Prise Zucker abschmecken und anrichten. Den Borschtsch mit je 1 EL saurer Sahne und 1 kleinen Dillzweig garnieren.

Borschtsch mit Zander

Für 4–6 Portionen: 600 g Zanderfilet (mit Haut und ohne Gräten) | 1 Zwiebel | 150 g Rote Bete | 200 g Tomaten 20 g Butter | 2 EL Rotweinessig | Zucker | Salz 750 ml Fischfond (siehe Seite 23 oder Glas) 250 g Spitzkohl | 100 g durchwachsener Speck 2 Lorbeerblätter | frisch gemahlener Pfeffer 4–5 EL saure Sahne (nach Belieben) | kleine Dillzweige (nach Belieben)
Außerdem: Eiswasser

1 Das Zanderfilet abbrausen, mit Küchenpapier trocken tupfen und in etwa 2 cm breite Streifen schneiden.
2 Die Zwiebel schälen und fein würfeln. Die Rote Bete schälen (Einweghandschuhe verwenden) und in dünne Scheiben und die Scheiben in etwa 3 mm dicke Streifen schneiden.
3 Die Tomaten auf der runden Seite mit einem spitzen Messer kreuzweise einritzen. Die Tomaten in kochendem Wasser 20–30 Sekunden blanchieren, mit einer Schaumkelle herausnehmen und in Eiswasser abschrecken. Die Tomaten häuten, vierteln, entkernen und in kleine Würfel schneiden.
4 In einem großen Topf die Butter erhitzen. Die Zwiebelwürfel darin unter Rühren glasig dünsten. Rote Bete-Streifen, Tomatenwürfel, Essig, 1 Prise Zucker, 1 TL Salz und 125 ml Fond hinzufügen. Alles aufkochen und zugedeckt bei kleiner Hitze etwa 30 Minuten köcheln lassen.
5 Inzwischen den Spitzkohl putzen, waschen und in Streifen schneiden. Den Speck klein würfeln und in einem Topf auslassen, bis er knusprig und goldbraun ist. Die Spitzkohlstreifen dazugeben und darin 1–2 Minuten andünsten. Den restlichen Fond dazugießen und mit etwas Salz würzen. Zanderstreifen und Lorbeerblätter dazugeben und alles aufkochen. Alles zugedeckt bei kleiner Hitze etwa 10 Minuten köcheln lassen. Die Rote-Bete-Mischung unter die Suppe rühren.
6 Die Suppe mit Pfeffer und nach Belieben mit 1 Prise Zucker abschmecken und in Suppentellern anrichten. Nach Belieben mit je 1 EL saurer Sahne und mit Dill garnieren.

TIPP Statt Zander eignen sich für die Zubereitung auch andere Süßwasserfische sehr gut, zum Beispiel Waller- oder Lachsfilet. Aber auch Karpfen und Aal lassen sich für dieses Gericht verwenden.

Bouillabaisse

Eine satte Portion an gesundem Gemüse sowie eine seltene Vielfalt verschiedener Fische und Meeresfrüchte entführen uns direkt an die blaue Küste: Bei jedem Besuch an der Côte d'Azur ist die Bouillabaisse für mich ein Muss, das gepflegtes Savoir-Faire und gewachsenes Savoire-Vivre vereint. Dazu ein leichter Weißwein oder ein fruchtig-herber Rosé – und mit etwas Glück auch zu Hause ein malerischer Sonnenuntergang …

Bouillabaisse

Für 4 Portionen: 1 Zwiebel | 2–3 Knoblauchzehen | 1 kleine Stange Lauch | ½ Fenchel
2 große Tomaten | 3–4 EL Olivenöl | ½ Bio-Orange | 500 ml Fischfond (siehe Seite 23 oder Glas) | 250 ml Krustentierfond (siehe Leipziger Allerlei Seite 290, ersatzweise 40 g Krebsbutter) | 200 ml trockener Weißwein | 2 TL Tomatenmark | 3–4 Zweige Thymian
2 Lorbeerblätter | 15 Safranfäden | Salz | Pfeffer aus der Mühle | 8–10 kleine Kartoffeln
1,5 kg gemischte Fischfilets (z. B. Drachenkopf, Seeteufel, Rotbarbe, Meeraal, Wittling, Knurrhahn, Wolfsbarsch oder Petersfisch) | 8–12 Riesengarnelen ohne Schale und Darm

1 Zwiebel und Knoblauch schälen. Zwiebel halbieren und in Streifen schneiden. Knoblauch in Scheiben schneiden. Lauch putzen, waschen und in Ringe schneiden. Fenchel putzen, halbieren, vom mittleren Strunk befreien, waschen und in Streifen schneiden.

2 Die Tomaten waschen und die Stielansätze entfernen. Die Tomaten vierteln, entkernen und grob würfeln.

3 Die restlichen Zutaten für die Suppe abwiegen, abmessen und bereitstellen.

4 Das Olivenöl in einem großen breiten Topf erhitzen, Zwiebel und Knoblauch darin etwa 1 Minute dünsten.

9 Thymian, Lorbeerblätter und Safran dazugeben. Die Suppe salzen, pfeffern und aufkochen, dann zugedeckt bei kleiner Hitze etwa 25 Minuten köcheln lassen. Die Kartoffeln waschen und in Salzwasser in etwa 20 Minuten weich garen.

10 Inzwischen die Fischfilets kalt abbrausen, mit Küchenpapier trocken tupfen und in 3–4 cm große Stücke schneiden.

11 Die Kartoffeln abgießen, pellen und halbieren.

12 Lorbeerblätter und Thymian entfernen. Den Bouillabaisse-Sud mit einem Pürierstab fein pürieren.

Bouillabaisse

Für 4 Portionen: 1 Zwiebel | 2–3 Knoblauchzehen | 1 kleine Stange Lauch | ½ Fenchel 2 große Tomaten | 3–4 EL Olivenöl | ½ Bio-Orange | 500 ml Fischfond (siehe Seite 23 oder Glas) | 250 ml Krustentierfond (siehe Leipziger Allerlei Seite 290, ersatzweise 40 g Krebsbutter) | 200 ml trockener Weißwein | 2 TL Tomatenmark | 3–4 Zweige Thymian 2 Lorbeerblätter | 15 Safranfäden | Salz | Pfeffer aus der Mühle | 8–10 kleine Kartoffeln 1,5 kg gemischte Fischfilets (z. B. Drachenkopf, Seeteufel, Rotbarbe, Meeraal, Wittling, Knurrhahn, Wolfsbarsch oder Petersfisch) | 8–12 Riesengarnelen ohne Schale und Darm

1 Zwiebel und Knoblauch schälen. Zwiebel halbieren und in Streifen schneiden. Knoblauch in Scheiben schneiden. Lauch putzen, waschen und in Ringe schneiden. Fenchel putzen, halbieren, vom mittleren Strunk befreien, waschen und in Streifen schneiden.

2 Die Tomaten waschen und die Stielansätze entfernen. Die Tomaten vierteln, entkernen und grob würfeln.

3 Die restlichen Zutaten für die Suppe abwiegen, abmessen und bereitstellen.

4 Das Olivenöl in einem großen breiten Topf erhitzen, Zwiebel und Knoblauch darin etwa 1 Minute dünsten.

9 Thymian, Lorbeerblätter und Safran dazugeben. Die Suppe salzen, pfeffern und aufkochen, dann zugedeckt bei kleiner Hitze etwa 25 Minuten köcheln lassen. Die Kartoffeln waschen und in Salzwasser in etwa 20 Minuten weich garen.

10 Inzwischen die Fischfilets kalt abbrausen, mit Küchenpapier trocken tupfen und in 3–4 cm große Stücke schneiden.

11 Die Kartoffeln abgießen, pellen und halbieren.

12 Lorbeerblätter und Thymian entfernen. Den Bouillabaisse-Sud mit einem Pürierstab fein pürieren.

»Dieses traditionelle Fischgericht können Sie mit unterschiedlichen Meeresfrüchten veredeln. Gut geeignet sind zum Beispiel Hummerstücke oder halbierte Schwänze vom Kaisergranat. Außerdem können Sie noch ausgelöste Jakobsmuscheln oder andere Muschelsorten in der Suppe mitgaren. Anstelle der Rouille können Sie auch eine Knoblauch-Mayonnaise dazu servieren.«

5 Die Fenchelstreifen dazugeben und etwa 2 Minuten mitdünsten. Die Orangenhälfte heiß waschen, abtrocknen und die Schale abreiben.

6 Tomatenwürfel, Lauchringe und Orangenschale unterrühren und 1–2 Minuten mitdünsten.

7 Den Fischfond unter Rühren nach und nach dazugießen.

8 Krustentierfond (oder Krebsbutter in 250 ml heißem Wasser auflösen), Wein und Tomatenmark verrühren und hinzufügen. Thymianzweige waschen und trocken schütteln.

13 Das Püree durch ein feines Sieb in eine flache Schmorpfanne streichen und kräftig mit Salz und Pfeffer abschmecken.

14 Die Fischstücke und Riesengarnelen dazugeben.

15 Die Kartoffelhälften ebenfalls dazugeben und alles zugedeckt bei mittlerer bis kleiner Hitze etwa 12 Minuten ziehen (nicht kochen) lassen. Die Fischstücke, Garnelen und Kartoffeln anrichten. Die Suppe darüberschöpfen.

TIPP Traditionell isst man zur Bouillabaisse geröstete Brotscheiben mit **Rouille:** Dafür 2 Knoblauchzehen schälen. 1 kleine rote Chilischote längs halbieren, entkernen und waschen. Knoblauch und Chilischote mit 200 ml mildem Olivenöl fein pürieren. 1 TL Safranfäden in 2 TL heißem Wasser auflösen. Safran und 2 Eigelb in einem hohen Rührbecher verrühren. Das Knoblauch-Chili-Öl mit einem Pürierstab nach und nach untermixen, bis die Rouille eine Konsistenz wie Mayonnaise hat. Die Rouille mit Salz und einigen Spritzern Zitronensaft kräftig abschmecken.

Steirische Bouillabaisse mit Süßwasserfischen

**Für 4 Portionen: 16–20 Flusskrebse | Salz | 2 Möhren
¼ Knollensellerie | 1 Stange Lauch | 1 Zwiebel
1 Knoblauchzehe | 2 Fleischtomaten | 3 EL Rapsöl
1 EL Tomatenmark | 250 ml steirischer Weißwein
500 ml Fischfond (siehe Seite 23 oder Glas)
800 g gemischte Fischfilets (mit Haut und ohne Gräten, z. B. Zander, Saibling, Forelle, Waller, Lachsforelle)
½ TL Safranfäden | Cayennepfeffer | 2–3 Stängel Dill
50 g frischer Meerrettich**

1 Die Flusskrebse in sprudelnd kochendem Salzwasser in etwa 4 Minuten garen. Den Backofen auf 200° vorheizen. Die Flusskrebse mit einer Schaumkelle herausnehmen und in kaltem Wasser abschrecken. Die Schwänze ausbrechen, dabei den Kopf vom Schwanz drehen, die Scheren abtrennen. Die Schalen mit der Küchenschere aufschneiden, das Fleisch herauslösen. Krebskarkassen und Krebsnasen säubern, mit den Schalen zerkleinern und auf ein Blech legen. Im Ofen (Mitte, Umluft 180°) etwa 10 Minuten trocknen lassen.
2 Inzwischen Möhren und Sellerie putzen und schälen. Den Lauch putzen und waschen. Die Hälfte des Gemüses für die Einlage beiseitelegen, den Rest würfeln. Zwiebel und Knoblauch schälen und ebenfalls würfeln. Die Tomaten waschen und die Stielansätze entfernen. Die Tomaten in Würfel schneiden.
3 2 EL Öl in einem breiten Topf erhitzen, getrocknete Krebsschalen, Gemüsewürfel, Zwiebel und Knoblauch darin unter Rühren etwa 6 Minuten anrösten. Das Tomatenmark unterrühren und kurz mitrösten. Die Tomatenwürfel unterrühren. Wein und Fond dazugießen und aufkochen, dann zugedeckt bei mittlerer Hitze etwa 1 Stunde köcheln lassen. Danach alles durch ein feines Sieb passieren und den Sud auffangen.
4 Inzwischen die Fischfilets kalt abbrausen, mit Küchenpapier trocken tupfen und in mundgerechte Stücke schneiden. Das beiseitegestellte Gemüse zuerst in dünne Scheiben, dann in etwa 2 cm große Rauten schneiden.
5 Das übrige Öl in einem breiten flachen Topf erhitzen, die Gemüserauten darin etwa 1 Minute andünsten. Den Safran dazugeben. Den aufgefangenen Sud dazugießen und aufkochen. Die Fischstücke hineingeben und darin zugedeckt bei kleiner Hitze in 8–10 Minuten garen. Die Flusskrebsschwänze hinzufügen und etwa 2 Minuten mitgaren.
6 Die Suppe mit Salz und Cayennepfeffer würzen. Den Dill waschen und trocken schütteln, die Dillspitzen abzupfen. Den Meerrettich schälen und fein reiben. Gemüse, Fisch und Krebse in tiefen Tellern anrichten, den Sud darüberschöpfen. Mit Dill und Meerrettich bestreut servieren.

TIPP Dazu passt **Kürbiskern-Aioli:** Dafür 50 g Kürbiskerne in einer Pfanne ohne Fett rösten, dann abkühlen lassen und fein hacken. 2 Knoblauchzehen schälen. Kürbiskerne und Knoblauch mit etwa 100 ml neutralem Pflanzenöl (z. B. Sonnenblumenöl) zu einer feinen Paste pürieren. 75 ml steirisches Kürbiskernöl unterrühren. 2 Eigelb und 1 TL mittelscharfen Senf in einen hohen Rührbecher geben. Die Knoblauch-Öl-Mischung mit einem Pürierstab nach und nach untermixen, bis die Aioli eine Konsistenz wie Mayonnaise hat. Mit Salz und etwas Zitronensaft kräftig abschmecken.

Burritos

No solo de pan vive el hombre: Der Mensch lebt nicht vom Brot allein! Dieser freche Snack gelangt selbst gemacht zu ganz neuer Größe, die jeden Gedanken an Fast Food von sich weist. Die Füllung – liebevoll in einem Tortillafladen verpackt – birgt einen wandlungsfähigen Überraschungseffekt: Wählen Sie Aufstrich und Einlage nach Ihrem Gusto und kreieren Sie Ihren Lieblings-Burrito.

Burritos

Für 4 Portionen: 1 Zwiebel | 2 Knoblauchzehen | 1–2 rote Chilischoten
2 EL Olivenöl | 400 g Rinderhackfleisch | 1 EL Tomatenmark
250 g passierte Tomaten | 1–2 TL brauner Zucker | Salz | Pfeffer aus der Mühle
4 Tomaten | 2 Köpfe Romanasalat | 8 Tortillateigfladen | 2 reife Avocados
(z. B. Sorte Hass) | 1 Zitrone | ½ Bund Koriandergrün

1 Zwiebel und Knoblauch schälen und fein würfeln. Die Chilischoten waschen, putzen, längs halbieren und die Hälften fein hacken. Je nach gewünschter Schärfe die Kerne entfernen.

2 Das Olivenöl in einem breiten Topf erhitzen. Zwiebel, Knoblauch und Chili darin andünsten. Das Hackfleisch dazugeben und unter gelegentlichem Rühren krümelig braten, bis es Farbe annimmt.

3 Das Tomatenmark dazugeben, unterrühren und 2–3 Minuten mitbraten.

4 Die passierten Tomaten hinzufügen. Alles bei kleiner bis mittlerer Hitze etwa 10 Minuten köcheln lassen. Dabei gelegentlich umrühren.

9 Die Tortillateigfladen im Backofen (Mitte, Umluft 80°) in 4–5 Minuten erwärmen.

10 Die Avocados halbieren und die Steine entfernen.

11 Die Avocadohälften schälen und in schmale Spalten schneiden. Den Saft der Zitrone auspressen.

12 Die Avocadospalten mit Zitronensaft beträufeln, damit sie nicht braun werden.

»Wer es lieber vegetarisch mag, nimmt einfach statt Rinderhackfleisch Bulgur für die Füllung. Dafür den Bulgur einweichen, wie auf der Packung beschrieben zubereiten und auf die Teigfladen streichen.«

5 Die Hackfleischsauce zuerst mit Zucker würzen.

6 Dann die Sauce kräftig mit Salz und Pfeffer abschmecken.

7 Den Backofen auf 100° vorheizen. Die Tomaten waschen und in dünne Scheiben schneiden. Dabei die Stielansätze entfernen.

8 Den Salat putzen, waschen und trocken schleudern. Die Salatblätter halbieren.

13 Die Teigfladen aus dem Backofen nehmen. Die Hackfleischsauce dünn auf die Fladen streichen.

14 Tomaten, Salat und Avocadospalten in der Mitte der Teigfladen länglich verteilen.

15 Das Koriandergrün waschen und trocken schütteln. Die Blätter klein zupfen und die Fladen damit bestreuen. Die Fladen einrollen.

Burritos mit Ananas-Tomaten-Salsa

**Für 4 Portionen: 1 Baby-Ananas | 1 Zwiebel
2 Knoblauchzehen | 1–2 rote Chilischoten
2 EL Olivenöl | 1 EL brauner Zucker | 1 EL Tomatenmark
2 EL Aceto balsamico bianco | 250 g passierte Tomaten
Salz | Pfeffer aus der Mühle | 4 Strauchtomaten
8 Tortillateigfladen | 4 Stängel Basilikum | 250 g Putenschinken in dünnen Scheiben**

1 Die Ananas schälen, vierteln und den harten Strunk entfernen. Die Viertel klein würfeln. Zwiebel und Knoblauch schälen und fein würfeln. Die Chilischote längs halbieren, entkernen, waschen und fein hacken.
2 Für die Salsa das Öl in einem breiten Topf erhitzen, Ananas, Zwiebel, Knoblauch und Chili darin 2–3 Minuten andünsten. Den Zucker darüberstreuen und karamellisieren lassen. Das Tomatenmark unterrühren, dann mit Essig ablöschen. Die passierten Tomaten hinzufügen. Die Salsa bei kleiner bis mittlerer Hitze etwa 10 Minuten köcheln lassen. Dabei gelegentlich umrühren. Die Salsa kräftig mit Salz und Pfeffer würzen. Den Backofen auf 100° vorheizen.
3 Inzwischen die Tomaten auf der runden Seite kreuzweise einritzen und die Stielansätze entfernen. Die Tomaten in kochendem Wasser in 20–30 Sekunden blanchieren, dann herausnehmen und kalt abschrecken. Die Tomaten häuten, vierteln, entkernen und in kleine Würfel schneiden. Anschließend unter die warme Ananassalsa mischen und die Salsa abkühlen lassen.
4 Die Tortillateigfladen auf ein Backblech legen und im Backofen (Mitte, Umluft 80°) in 4–5 Minuten erwärmen. Das Basilikum waschen und trocken schütteln, die Blätter zerzupfen. Die Ananas-Tomaten-Salsa auf die Fladen streichen. Die Schinkenscheiben halbieren und in der Mitte der Teigfladen länglich verteilen. Mit Basilikum bestreuen und die Fladen einrollen.

Burritos mit Krabbencreme, Spargel und Gurken

**Für 4 Portionen: 2 Eigelb | 1 TL Senf | 200 ml Sonnenblumenöl | 1 EL Weißweinessig | 1 TL Currypulver | Salz
Pfeffer aus der Mühle | 1 Prise Zucker | 150 g ausgelöstes Königskrabbenfleisch (ersatzweise kleine Nordseekrabben, siehe Info Seite 214) | 100 g Crème fraîche
1 Salatgurke | 10–12 dünne Stangen weißer Spargel
8 Tortillateigfladen | 4 Stängel Dill**

1 Eigelbe und Senf in einer großen Rührschüssel mit einem Schneebesen verrühren. Die Hälfte des Öls erst tröpfchenweise unterschlagen. Dann den Rest in einem dünnen Strahl dazugeben und zu einer dick-cremigen Mayonnaise aufschlagen. Essig und Currypulver unterrühren. Die Creme mit Salz, Pfeffer und Zucker würzen. Das Krabbenfleisch fein zerzupfen. Krabbenfleisch und Crème fraîche unter die Creme mischen. Die Creme kalt stellen.
2 Die Gurke schälen, längs halbieren und mit einem Teelöffel entkernen. Die Gurkenhälften in etwa 8 cm lange Stifte schneiden. Den Spargel schälen und die holzigen Enden abschneiden. Den Spargel in kochendem Salzwasser in 5–6 Minuten garen, dann herausnehmen und kalt abschrecken. Den Backofen auf 100° vorheizen. Die Spargelstangen erst längs halbieren, dann die Hälften quer halbieren.
3 Die Tortillateigfladen auf ein Backblech legen und im Backofen (Mitte, Umluft 80°) in 4–5 Minuten erwärmen. Den Dill waschen und trocken schütteln, die Dillspitzen abzupfen. Die Krabbencreme auf die Fladen streichen. In der Mitte der Teigfladen Gurken und Spargel länglich verteilen. Mit Dillspitzen bestreuen und die Fladen einrollen.

oben: Burritos mit Ananas-Tomaten-Salsa | unten: Burritos mit Krabbencreme, Spargel und Gurken

Cassata Siciliana

Prunkstück sizilianischer Feinbäckerei – stets reich geschmückt im Festtagsornat – und eines der üppigsten Naschwerke Italiens: Dort gehört die Cassata zu Hochzeiten und Taufen wie auch an Ostern einfach dazu. Sie trägt ihre Zierde mit Stolz und glänzt mit großartigem Auftritt …

Cassata Siciliana

Für 6–8 Portionen: 5 Eier | 250 g Zucker | 1 Prise Salz | 100 g Mehl | 50 g Speisestärke
250 g Marzipanrohmasse | 3–4 Tropfen grüne Lebensmittelfarbe | 2 Blatt weiße Gelatine
1 Vanilleschote | 500 g Ricotta | 125 g Zartbitter-Schokolade | 250 g kandierte Früchte
(z. B. Kirschen, Orangen, Zitrone, Kiwi, Birne, Ananas) | 6 EL Maraschino | 60 g Pistazienkerne | ½ Zitrone | 200 g Puderzucker
Außerdem: Backpapier | Mehl zum Arbeiten | Öl für die Form | Frischhaltefolie | Mulltuch
1 Papierspritztüte

1 Für den Biskuit Eier, 125 g Zucker und Salz in eine Schüssel geben und mit den Quirlen des Handrührgeräts in etwa 5 Minuten schaumig-steif schlagen.

2 Den Backofen auf 180° vorheizen. Ein Backblech mit Backpapier auslegen. Mehl und Stärke in ein feines Sieb geben, über die Eier-Zucker-Masse sieben und unterheben.

3 Den Teig gleichmäßig auf das Backblech streichen und im Backofen (unten, Umluft 160°) in 12–15 Minuten goldbraun backen. Den Biskuit herausnehmen und auf ein mit Mehl bestäubtes Küchentuch stürzen. Das Backpapier vorsichtig abziehen.

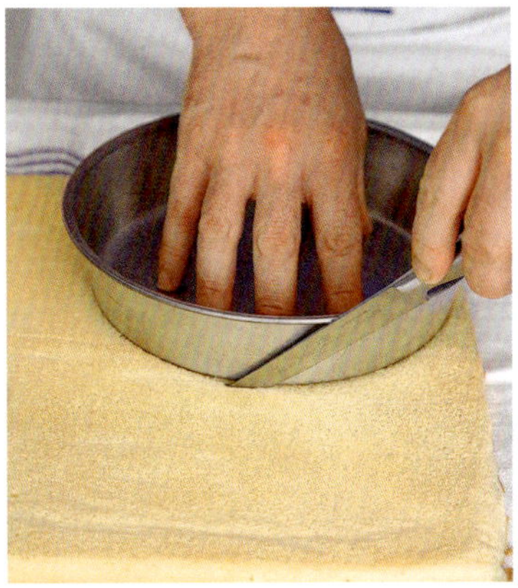

4 Aus dem Biskuit mithilfe einer Form (ca. 20 cm Ø) zwei Kreise ausschneiden. Dann zwei etwa 5 cm breite und 30 cm lange Biskuitstreifen schneiden.

9 Einen der Biskuitkreise darauflegen. Den Rand der Form mit den beiden Biskuitstreifen auslegen.

10 Die Gelatine ausdrücken und im heißen Sirup auflösen. Die Mischung etwas abkühlen lassen. 150 g kandierte Früchte klein würfeln. Den Rest ganz lassen. Die übrige Schokolade auf einer Reibe raspeln.

11 Den Ricotta mit der Gelatine-Sirup-Mischung in eine Schüssel geben.

12 Die gewürfelten kandierten Früchte und die geraspelte Schokolade dazugeben und unterheben.

»Zum Einfärben die Marzipanrohmasse auf einer kalten, mit Puderzucker bestäubten Arbeitsfläche flach drücken. Die grüne Lebensmittelfarbe darauf verteilen und rasch kneten, sodass sich die Farbe gut verteilt. Dabei immer wieder etwas Puderzucker darübersieben und nicht zu lange kneten, sonst wird das Marzipan »brandig« und klebrig.«

5 Eine runde Form (ca. 20 cm Ø) einfetten. Marzipanrohmasse mit grüner Lebensmittelfarbe verkneten. Dann zwischen zwei Lagen Frischhaltefolie größer als die Form ausrollen. Obere Folie abziehen. Marzipan mit der Folienseite in die Form legen. Ränder abschneiden.

6 Gelatine in kaltem Wasser etwa 5 Minuten einweichen. Für den Sirup die Vanilleschote längs aufschneiden, das Mark herauskratzen. Mark und Schote mit übrigem Zucker und 100 ml Wasser in einem Topf offen bei mittlerer Hitze etwa 8 Minuten einkochen lassen.

7 Den Ricotta in ein Mulltuch geben und über einer Schüssel ausdrücken (er sollte nicht zu feucht sein).

8 50 g Schokolade klein hacken und in einer Schüssel über dem heißen Wasserbad schmelzen lassen. Das Marzipan dünn mit flüssiger Schokolade bestreichen.

13 Die Biskuitböden mit 4 EL Maraschino beträufeln.

14 Die Ricottacreme auf den Biskuit geben und mit einer Palette glatt streichen.

15 Den zweiten Biskuitboden auf die Ricottacreme legen und mit dem restlichen Maraschino beträufeln. Abgedeckt etwa 2 Stunden in den Kühlschrank stellen. Die Cassata auf eine Platte stürzen. Pistazienkerne fein hacken.

16 Den Saft der Zitronenhälfte auspressen. Puderzucker mit Zitronensaft verrühren. Den Zuckerguss in eine Papierspritztüte geben. Die Cassata mit Zuckerguss und ganzen kandierten Früchten garnieren. Unteren Rand und Oberfläche mit Pistazien bestreuen.

Geeiste Zitrusfrüchte-Cassata

Für 6 Portionen:
Biskuit: 3 Eier | 75 g Zucker | 1 Prise Salz | 75 g Mehl 20 g Speisestärke | 4 EL Orangenlikör (ersatzweise Orangensaft)
Füllung: 2 Eier | 1 Vanilleschote | 200 g Ricotta 50 g Zartbitter-Schokolade | 30 g Orangeat | 30 g Zitronat 1 Prise Salz | 75 g Zucker
Salat: 2 Zitronen (davon 1 Bio-Zitrone) | 2 Orangen (davon 1 Bio-Orange) | 1 Grapefruit | 2 Limetten | 200 ml frisch gepresster Orangensaft | 75 g Zucker | 1 TL Speisestärke
Außerdem: Backpapier | Mehl zum Arbeiten | 1 runder Ausstecher (ca. 6 cm Ø) | Spritzbeutel mit Lochtülle 30 g Pistazienkerne | Puderzucker zum Bestäuben

1 Den Backofen auf 180° vorheizen. Ein Backblech mit Backpapier auslegen. Für den Biskuit Eier, 75 g Zucker und Salz mit den Quirlen des Handrührgeräts in etwa 5 Minuten schaumigsteif schlagen. Mehl und Stärke über die Eier-Zucker-Masse sieben und unterheben. Den Teig gleichmäßig auf das Backblech streichen und im Backofen (unten, Umluft 160°) in 12–15 Minuten goldbraun backen. Den Biskuit herausnehmen und auf ein mit Mehl bestäubtes Küchentuch stürzen. Das Backpapier vorsichtig abziehen.
2 Aus dem Biskuit 12 Kreise (à ca. 6 cm Ø) ausstechen. Die Hälfte der Biskuitkreise mit der Hälfte des Likörs beträufeln. Um jeden Biskuitkreis einen etwa 6 cm breiten und 20 cm langen Streifen Backpapier legen und mit Klebefilm fixieren.
3 Für die Füllung die Eier trennen. Die Vanilleschote längs aufschneiden, das Mark herauskratzen. Eigelbe mit Vanillemark und Ricotta verrühren. Die Schokolade fein raspeln. Orangeat und Zitronat klein hacken. Schokolade, Orangeat und Zitronat unter die Ricottamasse rühren. Eiweiße und Salz mit den Quirlen des Handrührgeräts steif schlagen. Dabei nach und nach 75 g Zucker einrieseln lassen. Den Eischnee behutsam unter die Ricottamasse heben. Die Ricottamasse in einen Spritzbeutel mit Lochtülle geben und auf die Biskuitkreise mit dem Papierrand spritzen. Die restlichen Biskuittaler darauflegen und mit dem übrigen Likör beträufeln. Abgedeckt etwa 3 Stunden in das Tiefkühlfach geben.
4 Inzwischen für den Zitrusfrüchtesalat Bio-Zitrone und Bio-Orange heiß waschen und abtrocknen, die Schale jeweils dünn abschälen und in feine Streifen schneiden. Alle Zitrusfrüchte mit einem scharfen Messer so schälen, dass das Weiße mit entfernt wird. Die Fruchtfilets zwischen den Trennwänden herausschneiden. Orangensaft, Zucker und fein geschnittene Schalenstreifen aufkochen, dann offen bei mittlerer Hitze um die Hälfte einkochen lassen. Die Stärke mit wenig kaltem Wasser anrühren. Die Stärke unter den Sud rühren und den Sud aufkochen. Die Fruchtfilets untermischen und abkühlen lassen.
5 Die Pistazienkerne fein hacken. Die Törtchen aus dem Tiefkühlfach nehmen, auf Teller setzen und die Papierstreifen entfernen. Den Zitrusfrüchtesalat darauf verteilen. Cassata mit Pistazien bestreuen und mit Puderzucker bestäuben.

TIPP Stabiler wird der Backpapierring, wenn Sie ihn mit einem Folienstreifen verstärken. Dafür eignet sich am besten die durchsichtige Seite eines Schnellhefters. Diese in 6 x 20 cm große Streifen schneiden und mit Backpapier umwickeln. Die stabilisierten Streifen können Sie mehrmals verwenden.

Caesar Salad

Staunen Sie ruhig, wie viel in diesem Salat steckt, der häufig serviert, aber meist weit unter Wert und – mit Verlaub – recht lieblos interpretiert wird. Es sei denn, Sie begegnen ihm in New York. Richtig verstanden vereint er die Charaktere der Protagonisten perfekt. Und das Dressing ist schlichtweg genial: Sardellenfilets sorgen darin für subtile Raffinesse; sie sollten nur dezent herausschmecken.

Caesar Salad

Für 4 Portionen: 8 kleine Eiertomaten | 4 Knoblauchzehen | 3 Zweige Thymian
3 Zweige Rosmarin | 75 ml Olivenöl | Salz | weißer Pfeffer aus der Mühle | ½ Zitrone
3 Sardellenfilets (in Öl) | 1 TL scharfer Senf | 1 Eigelb | 2 EL Weißweinessig
125 ml Sonnenblumenöl | 30 g frisch geriebener Parmesan | 50–75 ml Gemüsefond (Glas) | 5 Scheiben Weißbrot | 4 Eier | 2 Köpfe Romanasalat (ca. 500 g) | 50 g Butterschmalz | 30 g Parmesan am Stück

1 Für die geschmorten Tomaten den Backofen auf 120° vorheizen. Die Tomaten waschen, vierteln und die Viertel auf ein Backblech geben.

2 Den Knoblauch schälen. 3 Zehen hacken und über die Tomaten streuen. Die Kräuterzweige waschen, trocken schütteln und auf den Tomatenvierteln verteilen.

3 Alles mit Olivenöl beträufeln, mit Salz und Pfeffer würzen.

4 Die Tomaten im Backofen (Mitte, Umluft 100°) 1 Stunde 30 Minuten schmoren lassen.

9 Den Saft der Zitronenhälfte auspressen. Das Dressing mit Salz, Pfeffer und Zitronensaft abschmecken.

10 Den geriebenen Parmesan untermixen. Sollte das Dressing zu dick sein, 50–75 ml kalten Gemüsefond unterrühren.

11 Für die Croûtons das Weißbrot in etwa 1,5 cm große Würfel schneiden. Die Eier in 8 Minuten hart kochen. Danach abgießen, kalt abschrecken und abkühlen lassen.

12 Den Romanasalat putzen, in grobe Streifen schneiden, waschen und trocken schleudern. Die Salatstreifen in eine große Schale geben.

»Wer möchte, kann diese Vorspeise mit Parmesan-Chips garnieren. Dafür einfach 50 g Parmesan frisch reiben und mit 1 Teelöffel Mehl mischen. Diese Mischung in kleinen Portionen auf ein mit Backpapier ausgelegtes Backblech geben und im vorgeheizten Backofen (Mitte) bei 200° (Umluft 180°) in 2–3 Minuten goldbraun backen.«

5 Zitronenhälfte, Sardellenfilets, Senf, Eigelb, Essig, Sonnenblumenöl, Salz, Pfeffer und geriebenen Parmesan für das Dressing bereitstellen.

6 Die Sardellenfilets abtropfen lassen. Den restlichen Knoblauch und die Sardellenfilets grob zerkleinern.

7 Beides mit Senf, Eigelb und Essig in einen hohen Rührbecher geben und mit dem Pürierstab fein aufmixen.

8 Während des Mixens das Sonnenblumenöl langsam in einem dünnen Strahl dazugießen und weitermixen, bis eine homogene, cremige Konsistenz entstanden ist.

13 Die Eier pellen, halbieren und die Hälften in Drittel schneiden.

14 Das Butterschmalz in einer Pfanne erhitzen, die Brotwürfel darin unter Wenden rundum goldbraun braten.

15 Die Brotwürfel auf Küchenpapier abtropfen lassen. Den Salat mit dem Dressing mischen und auf einer Platte anrichten. Croûtons, Tomaten und Eier auf dem Salat verteilen. Mit Parmesan in Spänen bestreut servieren.

Parmesan-Mousse mit Bittersalat und Wachtelei

Für 4 Portionen: 4 Blatt weiße Gelatine | 100 g Parmesan 200 ml Milch | Salz | Cayennepfeffer | 250 ml Sahne 1 mittelgroßer Chicorée | 1 Treviso (oder Radicchio) 50 g Rucola | 40 g Walnusskerne | 100 g blaue Trauben 100 g helle Trauben | 6 Wachteleier | 3 EL Traubenkernöl schwarzer Pfeffer aus der Mühle | 2 EL Aceto balsamico bianco | 3 EL Honig

1 Die Gelatine in kaltem Wasser etwa 5 Minuten einweichen. Den Parmesan fein reiben. Die Milch in einen Topf geben und aufkochen, den geriebenen Parmesan darin unter Rühren schmelzen lassen. Dann den Topf vom Herd nehmen, die Gelatine ausdrücken und in der heißen Parmesan-Milch auflösen. Die Parmesan-Milch mit Salz und Cayennepfeffer kräftig würzen und 30 Minuten in den Kühlschrank stellen, bis sie beginnt zu gelieren.
2 Inzwischen die Sahne steif schlagen und behutsam unter die gelierende Parmesan-Milch heben. Die Mousse in eine Schüssel geben und abgedeckt etwa 3 Stunden in den Kühlschrank stellen.
3 Vor dem Servieren den Chicorée putzen und halbieren, den mittleren Strunk entfernen. Die Chicoréehälften in Blätter zerlegen. Treviso und Rucola putzen. Chicorée, Treviso und Rucola waschen und in einer Salatschleuder trocken schleudern. Die Walnusskerne grob hacken und in einer Pfanne ohne Fett goldbraun rösten. Die Trauben waschen und in kleine Rispen teilen.
4 Die Wachteleier in kochendem Wasser in etwa 3 Minuten garen. Die Wachteleier herausnehmen, kalt abschrecken, pellen und halbieren.
5 Das Traubenkernöl erhitzen. Die Trauben darin 2–3 Minuten dünsten, mit Salz und Pfeffer würzen und mit Essig beträufeln. Honig und geröstete Nüsse hinzufügen und die Trauben in dem entstandenen Sirup glasieren.
6 Die Salatblätter, Trauben und Walnüsse auf Tellern anrichten. Den Honigsirup darüberträufeln.
7 Von der Parmesan-Mousse mit zwei Esslöffeln Nocken abstechen, dabei die Löffel in heißes Wasser tauchen. Die Nocken auf dem Salat verteilen. Jeweils 3 Wachteleihälften um die Mousse legen.

INFO Wie alle Radicchio-Sorten schmeckt auch »Radicchio Rossi di Treviso« bitter und würzig. Diese italienische Spezialität aus der Region im Veneto wird häufig gebraten oder zu Risotto serviert. Durch seine längliche Form mit dicken, glatten Blattrippen lässt sich der Salat leicht zerteilen.

Cevapcici mit Djuvec-Reis

Ein Gruß vom Balkan, der mit anregender Würze für sich spricht. Frischer Knoblauch setzt dabei die Akzente, die Hackfleisch und Reis von fadem Dasein und jeglicher Langeweile befreien. Diese Kombination mag über die Jahre etwas aus der Mode gekommen sein, doch ich denke, die Wiederentdeckung lohnt sich. Aber: Hände weg von der simplen Konserve.

Cevapcici mit Djuvec-Reis

Für 4 Portionen:
Reis: 100 g TK-Erbsen | 1 Zwiebel | 1 Knoblauchzehe | 1 rote Paprikaschote
2–3 EL Olivenöl | 200 g Langkornreis | Salz | 100 g Paprikapüree (z. B. Ajvar)
Pfeffer aus der Mühle
Cevapcici: 3–4 Stängel glatte Petersilie | 1 Knoblauchzehe | 500 g Rinderhackfleisch
1 Ei | Salz | 1 EL rosenscharfes Paprikapulver | Pfeffer aus der Mühle | 2 EL Olivenöl

1 Alle Zutaten für den Reis abwiegen und bereitstellen. Die Erbsen auftauen lassen.

2 Für den Reis Zwiebel und Knoblauch schälen und in feine Würfel schneiden.

3 Die Paprikaschote halbieren, entkernen, waschen und in kleine Würfel schneiden.

4 Das Olivenöl in einem breiten Topf erhitzen, Zwiebel und Knoblauch darin 1–2 Minuten andünsten. Die Paprikawürfel dazugeben und bei mittlerer Hitze 3–4 Minuten mitdünsten.

8 Den Reis zugedeckt bei mittlerer Hitze in etwa 15 Minuten garen.

9 Inzwischen die Zutaten für die Cevapcici bereitstellen.

10 Die Petersilie waschen und trocken schütteln, die Blätter abzupfen und fein hacken. Den Knoblauch schälen und ebenfalls hacken.

11 Das Hackfleisch in eine Schüssel geben. Ei, Petersilie und Knoblauch hinzufügen. Alles kräftig mit Salz, Paprikapulver und Pfeffer würzen und gut vermischen.

»An den kleinen Hackfleischwürstchen haben Kinder auch beim Grillen viel Freude. Kommt dabei der Knoblauch darin nicht ganz so gut an, können Sie die Röllchen auch mit frischen Kräutern würzen. Und den Reis als Salat zubereiten und dazu servieren.«

5 Den Reis hinzufügen und mit andünsten, bis er glasig ist.

6 Anschließend 400 ml Wasser unter Rühren dazugießen.

7 Den Reis mit Salz würzen und das Paprikapüree unter Rühren dazugeben.

TIPP Paprikapüree oder Ajvar ist eine beliebte Würzpaste aus roten Paprikaschoten. Das pikante Püree gibt es in Gläsern in türkischen Lebensmittelgeschäften. Ajvar schmeckt in Dips, Saucen, Suppen, Currys oder auf Brot.

12 Die Fleischmasse mit nassen Händen zu kleinen, etwa 8 cm langen Röllchen formen.

13 Die Erbsen unter den Reis rühren und etwa 5 Minuten mitgaren. Den Reis kräftig mit Salz und Pfeffer abschmecken.

14 Das Olivenöl in einer Pfanne erhitzen, die Cevapcici darin bei mittlerer Hitze von allen Seiten in 6–8 Minuten braten (oder auf einem heißen Holzkohlen- oder Gasgrill). Mit Djuvec-Reis anrichten. Dazu passt ein Gurken-Knoblauch-Quark.

Garnelen-Cevapcici mit Mangoreissalat

Für 4 Portionen: 150 g Basmatireis | Salz | 1 rote Chilischote | 4 Stängel Koriandergrün | 1 Knoblauchzehe 20 g frischer Ingwer | 800 g große Riesengarnelen 3 EL helle Sojasauce | 1 TL Currypulver | 150 g Sojasprossen | 4 Frühlingszwiebeln | 1 Mango | 2–3 EL Reisessig | 2 EL Mirin | 2 EL Sesamöl | 5 EL Erdnussöl Pfeffer aus der Mühle | 1 Bio-Limette (nach Belieben)

1 Den Reis in 400 ml kochendem Salzwasser in etwa 10 Minuten bissfest garen, dann abgießen und kalt abbrausen.
2 Die Chilischote längs halbieren, entkernen, waschen und fein hacken. Das Koriandergrün waschen und trocken schütteln, die Blätter abzupfen und ebenfalls fein hacken. Knoblauch und Ingwer schälen und fein reiben.
3 Die Riesengarnelen kalt abbrausen. Den Kopf durch Drehen abtrennen und die Schwänze schälen. Die Garnelenschwänze am Rücken entlang einschneiden und den Darm entfernen. Die Garnelenschwänze waschen, trocken tupfen und fein hacken oder durch die feine Scheibe des Fleischwolfs drehen.
4 Die gehackten Garnelenschwänze mit 1 EL Sojasauce, 1 Prise Salz, Currypulver, Ingwer, Knoblauch, Chili und Koriandergrün vermischen.
5 Für den Salat die Sojasprossen waschen und abtropfen lassen. Die Frühlingszwiebeln putzen, waschen und in feine Ringe schneiden. Die Mango schälen, das Fruchtfleisch vom Stein schneiden und würfeln.
6 Den Reisessig mit 2 EL Sojasauce, Mirin, Sesamöl und 2 EL Erdnussöl verrühren. Das Dressing locker mit Reis, Sprossen, Frühlingszwiebeln und Mango mischen. Den Salat mit Salz und Pfeffer abschmecken. Nach Belieben die Limette heiß waschen, abtrocknen und in Spalten schneiden.
7 Aus der Garnelenmasse mit angefeuchteten Händen kleine etwa 6 cm lange Röllchen formen. 3 EL Erdnussöl in einer Pfanne erhitzen, die Garnelenröllchen darin bei mittlerer Hitze auf allen Seiten 6–8 Minuten braten, bis sie gar sind. Die Garnelen-Cevapcici mit dem Mangoreissalat anrichten. Mit Limettenspalten servieren.

INFO Mirin, süßer Reiswein, wird aus Vollkorn-Klebreis, Koji, einem Hefepilz, Wasser und Alkohol hergestellt und ist in der japanischen Küche ein wichtiges Würzmittel. Echter Mirin hat den Zusatz »hon«. Mirin verhindert beispielsweise, dass Speisen beim Garen zerfallen und gibt ihnen einen schönen Glanz.

Ceviche

Servieren Sie Fisch auf südamerikanische Art, dabei wird das zarte Meeresgetier fein mariniert und gewissermaßen »kalt gegart«, denn das Eiweiß wird auf natürliche Weise mit Zitrone gebunden. Ceviche ist mein absoluter Favorit, wenn es darum geht, Gäste im Sommer mit unerwarteten maritimen Genüssen zu überraschen.

Ceviche

Für ca. 4 Portionen: 600 g weißes festes Fischfilet (ohne Haut und Gräten, z. B. Heilbuttfilet, Zanderfilet) | 2 Knoblauchzehen | Salz | Pfeffer aus der Mühle
1 große rote Zwiebel | 5 Limetten | 1 Bund Koriandergrün | 1 rote Chilischote
3–4 EL Olivenöl
Außerdem: Frischhaltefolie

1 Das Fischfilet kalt abbrausen, mit Küchenpapier trocken tupfen und in etwa 2 x 2 cm große Stücke schneiden.

2 Die Fischfiletstücke in eine flache Schale geben. Den Knoblauch schälen und über die Fischstücke reiben.

3 Den Fisch mit Salz und Pfeffer kräftig würzen.

4 Alles gut vermischen und etwa 10 Minuten ziehen lassen.

9 Den Limettensaft über den Fischfiletstücken und Zwiebelringen verteilen, bis alles knapp bedeckt ist.

10 Die Fischmischung mit Frischhaltefolie abdecken und im Kühlschrank etwa 30 Minuten ziehen lassen. Die Mischung zwischendurch umrühren, damit die Fischstücke gleichmäßig mariniert werden.

11 Das Koriandergrün kurz vor dem Servieren waschen und trocken schütteln, die Blätter abzupfen und grob hacken.

12 Die Chilischote längs halbieren, entkernen, waschen und fein hacken.

»Diese Köstlichkeit erinnert mich an meine Reise nach Mexiko, wo es diese Spezialität immer mit dem besten frischen Fisch gab. Die Zubereitungsmethode ist für Süßwasserfische, Filettranchen oder kleine Stückchen gleichermaßen geeignet und eine schöne Ergänzung zu Blattsalaten.«

5 Inzwischen die Zwiebel schälen und in dünne Ringe schneiden oder hobeln.

6 Die Zwiebelringe etwa 1 Minute in kaltes Wasser legen. Dann in ein Sieb abgießen und abtropfen lassen.

7 Die Zwiebelringe auf den Fischfiletstücken verteilen.

8 Anschließend den Saft der Limetten auspressen.

13 Koriandergrün und Chili zum Fisch geben.

14 Das Ceviche mit dem Olivenöl beträufeln.

15 Die marinierten Fischstücke mit Koriander, Chili und Olivenöl vermischen. Das Ceviche schmeckt frisch am besten. Im Kühlschrank hält es sich maximal 2 Tage frisch.

Ceviche mit Jakobsmuscheln, Ananas und Gurke

Für 6 Portionen: 3 Limetten (davon 1 Bio-Limette)
8–10 frische Jakobsmuscheln | 1 Baby-Ananas
1 mittelgroße Salatgurke | 1 kleine rote Chilischote
3–4 Stängel Basilikum | 4 EL Olivenöl | 2 EL Honig
Salz | Pfeffer aus der Mühle

1 Die Bio-Limette heiß waschen und abtrocknen, die Schale fein abreiben. Den Saft von allen Limetten auspressen. Das Fleisch der Jakobsmuscheln aus den Schalen brechen. Das weiße Muskelfleisch von den Innereien befreien, kalt abbrausen und mit Küchenpapier trocken tupfen. Die Jakobsmuscheln in etwa 1 cm große Würfel schneiden.
2 Die Jakobsmuscheln mit Limettenschale und Limettensaft mischen, in den Kühlschrank stellen und etwa 30 Minuten marinieren lassen.
3 Von 6 Muschelschalen die untere gewölbte Seite aufheben und gründlich säubern.
4 Inzwischen die Ananas schälen, vierteln und den harten Strunk entfernen. Die Viertel in Würfel schneiden. Die Gurke schälen, längs halbieren und die Hälften mit einem Löffel entkernen. Die Gurkenhälften ebenfalls klein würfeln. Die Chilischote längs halbieren, entkernen, waschen und sehr fein würfeln.
5 Das Basilikum waschen und trocken schütteln, die Blätter abzupfen. Die Basilikumblätter mit Olivenöl und Honig in einem Mixer fein pürieren. Das Basilikumöl mit Gurkenwürfeln, Chili, Ananaswürfeln und den marinierten Jakobsmuscheln mischen. Das Ceviche mit Salz und Pfeffer würzen, in den gesäuberten Muschelschalen anrichten und servieren.

Ceviche mit Schwertfisch und Fenchel-Grapefruit-Salat

Für 6 Portionen: 400 g Schwertfischfilet am Stück
1 Granatapfel | 1 Grapefruit | 1 Fenchel | 7 EL Olivenöl
Meersalz | schwarzer Pfeffer aus der Mühle | 4 Limetten
(davon 1 Bio-Limette) | 1 Frühlingszwiebel
50 ml Grenadinesirup

1 Das Schwertfischfilet kalt abbrausen, mit Küchenpapier trocken tupfen und etwa 1 Stunde ins Tiefkühlfach legen.
2 Inzwischen den Granatapfel aufbrechen und die Kerne mit einer Gabel herauslösen. Die Grapefruit großzügig schälen, so dass das Weiße mit entfernt wird. Die Grapefruitfilets mit einem Messer zwischen den Trennhäuten herausschneiden. Den Fenchel waschen, putzen, halbieren und den harten Strunk entfernen. Die Hälften in dünne Streifen schneiden oder hobeln. Fenchelstreifen mit Grapefruitfilets, Granatapfelkernen und 3 EL Öl mischen, salzen und pfeffern.
3 Die Bio-Limette heiß waschen und abtrocknen, die Schale fein abreiben. Den Saft von allen Limetten auspressen und mit der Limettenschale verrühren. Das angefrorene Schwertfischfilet mit einem scharfen Messer (oder mit einer Aufschnittmaschine) in etwa 3 mm dicke Scheiben schneiden und nebeneinander auf eine Platte legen. Den Fisch mit Limettensaft beträufeln und etwa 15 Minuten marinieren lassen. Die Frühlingszwiebel putzen, waschen und in feine Ringe schneiden.
4 Die marinierten Fischscheiben auf Teller legen. Den Fenchel-Grapefruit-Salat in die Mitte geben. Den Grenadinesirup mit dem restlichen Öl und 2 EL Limettenmarinade verrühren und darübergeben. Ceviche mit Meersalz und Pfeffer würzen, mit Frühlingszwiebel bestreut servieren.

oben: Ceviche mit Jakobsmuscheln, Ananas und Gurke | unten: Ceviche mit Schwertfisch und Fenchel-Grapefruit-Salat

Chili con carne

Ein statthaftes Chili spielt das feurige Temperament der knallroten Schoten vortrefflich aus. Wichtig ist ein ausgewogener Mix aus getrockneten Bohnen, Paprika, Zwiebeln, Fleisch – und vor allem Schärfe. Wer fruchtig-pikante Anklänge gern hat, sollte unbedingt die Variante mit Ananas und Mango probieren, aber auch dann nicht mit Würze sparen.

Chili con carne

Für 4–6 Portionen: 250 g getrocknete rote Kidneybohnen | 3 rote Paprikaschoten | 1 gelbe Paprikaschote | 1 grüne Paprikaschote | 1 kg Rindfleisch (Schulter) | 250 g Zwiebeln | 3 Knoblauchzehen | 2–3 rote Chilischoten | 3 EL Olivenöl | 50 g Butter | 1 EL Tomatenmark | 3 EL Tomatenketchup | 300 g passierte Tomaten | 1–2 TL brauner Zucker | 2 Lorbeerblätter | 1 l Rinderfond (siehe Seite 22 oder Glas) | 100 g Maiskörner (Dose) | Salz | weißer Pfeffer aus der Mühle

1 Die Kidneybohnen in kaltem Wasser über Nacht einweichen.

2 Am nächsten Tag den Ofen auf 220° vorheizen. Je 1 rote, gelbe und grüne Paprikaschote auf einem Blech im Ofen (oben, Umluft 200°) 15–20 Minuten backen, bis die Haut Blasen wirft. In einem Gefrierbeutel oder unter einem feuchten Tuch abkühlen lassen.

3 Inzwischen die Backofentemperatur auf 200° senken. Das Rindfleisch erst in Scheiben, dann in kleine Würfel schneiden.

4 Zwiebeln und Knoblauch schälen und würfeln.

9 Das Tomatenmark hinzufügen und unterrühren. Ketchup, passierte Tomaten, Zucker und Lorbeerblätter untermischen.

10 Den Rinderfond unter Rühren dazugießen.

11 Das Fleisch zugedeckt im Backofen (unten, Umluft 180°) in etwa 1 Stunde garen.

12 Inzwischen die gerösteten Paprikaschoten häuten und halbieren. Stielansätze, Samen und Trennwände entfernen. Die Paprikahälften klein würfeln und beiseitestellen.

»Fertig gegarte Kidneybohnen aus der Dose sind eine zeitsparende Alternative. Perfekt schmeckt ein Chili jedoch erst, wenn es lange vor sich hin geschmort hat – wie bei einem feinen italienischen Sugo.«

5 Die Chilischoten längs halbieren, entkernen, waschen und sehr fein hacken.

6 Olivenöl und die Hälfte der Butter in einem Schmortopf erhitzen. Das Fleisch darin rundherum anbraten.

7 Die restliche Butter dazugeben, Zwiebeln und Knoblauch darin glasig dünsten.

8 Anschließend die fein gewürfelten Chilis dazugeben.

13 Die übrigen roten Paprikaschoten halbieren, putzen, waschen, würfeln und mit einem Pürierstab fein pürieren. Das Püree durch ein Sieb streichen, den Saft auffangen und beiseitestellen.

14 Die Kidneybohnen abgießen und unter die Fleischmischung rühren. Alles auf dem Herd offen bei mittlerer Hitze etwa 45 Minuten weitergaren, bis die Bohnen weich sind. Die Maiskörner abtropfen lassen.

15 Etwa 15 Minuten vor Ende der Garzeit den Paprikasaft dazugießen.

16 Die Maiskörner und Paprikastücke unter das Chili rühren. Alles kräftig mit Salz und Pfeffer abschmecken.

Chili con pollo mit Mango und Ananas

Für 4–6 Portionen: 150 g getrocknete weiße Bohnen | 100 g getrocknete Kidneybohnen | 1 Poularde (ca. 1,3 kg) | 2–3 rote Chilischoten | 200 g Zwiebeln | 2 Knoblauchzehen | 2–3 Zweige Thymian | 2–3 EL Olivenöl | 50 g Butter | 1–2 EL Tomatenmark | 50 g Tomatenketchup | 400 g passierte Tomaten | 1–2 TL brauner Zucker | 500 ml Geflügelfond (Glas) | 1 Baby-Ananas | 1 Mango | 2 rote Paprikaschoten | 2–3 Stängel Basilikum (nach Belieben) | Salz | weißer Pfeffer aus der Mühle

1 Die Bohnen getrennt in kaltes Wasser geben und über Nacht einweichen.
2 Am nächsten Tag die Bohnen abgießen und abtropfen lassen. Die Poularde kalt abbrausen, mit Küchenpapier trocken tupfen. Die Keulen abtrennen. Die Brüste von der Karkasse (Knochen) schneiden. Von Brust und Keulen die Haut entfernen. Das Fleisch der Keulen vom Knochen schneiden. Das Fleisch in kleine Würfel schneiden.
3 Die Chilischoten längs halbieren, entkernen, waschen und sehr fein hacken. Zwiebeln und Knoblauch schälen. Die Zwiebeln klein würfeln. Den Thymian waschen und trocken schütteln. Öl und 25 g Butter in einem Schmortopf erhitzen, die Poulardenwürfel darin rundherum etwa 3 Minuten anbraten, herausnehmen und beiseitestellen.
4 Die restliche Butter in demselben Topf zerlassen, die Zwiebeln darin goldbraun anbraten. Den Knoblauch dazureiben und kurz mitbraten. Das Tomatenmark unterrühren. Ketchup, passierte Tomaten, Chilis, Zucker, Thymian, weiße Bohnen und Kidneybohnen dazugeben und untermischen. Den Fond dazugießen. Alles offen bei kleiner Hitze 45–60 Minuten köcheln lassen. Dabei gelegentlich umrühren.
5 Inzwischen die Ananas schälen, vierteln und den harten Strunk entfernen. Die Viertel würfeln. Die Mango schälen, das Fruchtfleisch am Stein entlang abschneiden und ebenfalls in Würfel schneiden.
6 Die Paprikaschoten halbieren, putzen, waschen, würfeln und im Mixer sehr fein pürieren. Das Püree durch ein Sieb streichen, den Saft auffangen und beiseitestellen.
7 Fleischwürfel, Ananas und Paprikasaft unter die Bohnenmischung rühren. Alles offen bei mittlerer Hitze etwa 20 Minuten köcheln lassen. Nach Belieben das Basilikum waschen und trocken schütteln, die Blätter hacken. Die Mangowürfel unter das Chili mischen. Das Chili kräftig mit Salz und Pfeffer würzen. Mit Basilikum bestreuen.

Clafoutis

Dieser lockere Ofenzauber ist nicht nur für Süßmäulchen
eine große Versuchung: Ob als Kuchen oder als Nachspeise – die
saftigen Früchte lassen sich nach Belieben variieren und gewinnen
geschmacklich an Intensität, wenn sie zuvor in Likör oder Edelgeist baden.
Ich bereite Clafoutis auch gern in kleinen Förmchen zu,
damit jeder seine Portion ganz für sich hat.

Clafoutis

Für 1 flache Auflaufform (ca. 22 cm Ø): 800 g kleine schwarze Kirschen | 1 Vanilleschote | 4 Eier | 120 g Mehl | 100 g Zucker | 1 Bio-Zitrone | 1 TL Zimtpulver | 50 g Butter | 100 ml Milch | 1 Prise Salz | Butter und Mehl für die Form | Puderzucker zum Bestäuben

1 Alle Zutaten abwiegen, abmessen und bereitstellen.

2 Die Kirschen waschen und die Stiele abzupfen. Die Kirschen mit einem Entsteiner entsteinen.

3 Die Auflaufform mit Butter gut einfetten.

4 Die Form gleichmäßig mit Mehl ausstreuen. Das überschüssige Mehl entfernen.

9 Eiweiße und Salz mit den Quirlen des Handrührgeräts steif schlagen. Dabei den restlichen Zucker nach und nach einrieseln lassen.

10 Den Eischnee behutsam unter den Teig heben.

11 Den Teig in die vorbereitete Form geben.

12 Die Kirschen gleichmäßig darauf verteilen. Die Clafoutis etwa 30 Minuten im Backofen (Mitte, Umluft 180°) backen. Anschließend aus dem Ofen nehmen, mit Puderzucker bestäuben und am besten warm servieren.

5 Den Backofen auf 200° vorheizen. Die Vanilleschote längs aufschneiden und das Mark mit dem Messerrücken herauskratzen.

6 Die Eier trennen. Die Eiweiße und Eigelbe jeweils in eine Schüssel geben. Die Eiweiße kalt stellen.

7 Mehl, die Hälfte des Zuckers und Vanillemark zu den Eigelben in der Schüssel geben. Die Zitrone heiß waschen und abtrocknen, die Schale fein abreiben und mit dem Zimtpulver in die Schüssel geben.

8 Die Butter zerlassen. Mit Milch in die Schüssel gießen und mit einem Schneebesen verrühren.

»Sie können den Puderzucker zum Bestäuben auch beliebig aromatisieren, zum Beispiel mit Vanille, Zimtpulver oder Lavendelblüten.«

Aprikosen-Clafoutis mit Mandeln

Für 1 Auflaufform (ca. 20 cm Ø) oder 4 Auflaufförmchen (à 6–8 cm Ø): 600 g Aprikosen | 2–3 Zweige Rosmarin 50 g Butter | 1 Bio-Zitrone | 4 Eier | 75 ml Milch 120 g Mehl | 2–3 EL Mandellikör (z. B. Amaretto) | Salz 100 g Zucker | 50 g Mandelblättchen Außerdem: Butter und Mehl für die Form | Puderzucker zum Bestäuben

1 Die Aprikosen waschen, halbieren und entsteinen. Die Aprikosenhälften in grobe Würfel schneiden. Den Rosmarin waschen und trocken schütteln, die Nadeln abzupfen und fein hacken.
2 Die Auflaufform oder ofenfesten Förmchen mit Butter einfetten und gleichmäßig mit Mehl ausstäuben. Das überschüssige Mehl entfernen.
3 Den Backofen auf 200° vorheizen. Die Butter in einem kleinen Topf zerlassen. Die Zitrone heiß waschen, abtrocknen und die Schale fein abreiben. Die Eier trennen. Die Milch erwärmen.
4 Für den Teig Eigelbe, Mehl, Rosmarin und Zitronenschale in eine Rührschüssel geben. Zerlassene Butter, Mandellikör und lauwarme Milch dazugießen. Alle Zutaten glatt verrühren.
5 Die Eiweiße und 1 Prise Salz mit den Quirlen des Handrührgeräts steif schlagen. Dabei nach und nach den Zucker einrieseln lassen. Den Eischnee behutsam unter den Teig heben.
6 Den Teig in die Auflaufform oder Förmchen geben. Die Aprikosenwürfel gleichmäßig darauf verteilen. Die Clafoutis mit Mandelblättchen bestreuen und im Backofen (Mitte, Umluft 180°) etwa 25 Minuten backen. Die Clafoutis aus dem Backofen nehmen, mit Puderzucker bestäuben und am besten warm servieren.

TIPP Der Mandellikör gibt der Clafoutis ein angenehmes Mandelaroma. Wer lieber auf Alkohol verzichten möchte, nimmt stattdessen 1–2 EL Mandelsirup oder 2–3 EL Milch. Den Mandelsirup gibt's im Getränkeregal im Supermarkt oder im Internetshop (siehe Seite 473).

Himbeer-Pistazien-Clafoutis

Für 1 flache Auflaufform (ca. 20 cm Ø): 500 g Himbeeren 60 g ungesalzene, geschälte Pistazienkerne | 1 Bio-Zitrone 50 g Butter | 4 Eier | 120 g Mehl | 3–4 EL Pistaziensirup (Fertigprodukt aus dem Getränkeregal; siehe Tipp) 1 Prise Salz | 50 g Zucker Außerdem: Butter und Mehl für die Form | Puderzucker zum Bestäuben

1 Die Form mit Butter einfetten und gleichmäßig mit Mehl ausstreuen. Das überschüssige Mehl entfernen. Die Himbeeren verlesen. Die Pistazien im Blitzhacker fein mahlen. Die Zitrone heiß waschen und abtrocknen, die Schale fein abreiben. Die Butter in einem kleinen Topf zerlassen. Den Backofen auf 200° vorheizen.
2 Die Eier trennen. Eigelbe, Mehl, Pistaziensirup, Zitronenschale und zerlassene Butter in eine Rührschüssel geben und mit einem Schneebesen glatt verrühren.
3 Eiweiße und Salz mit den Quirlen des Handrührgeräts steif schlagen. Dabei nach und nach den Zucker einrieseln lassen. Eischnee und die Hälfte der Pistazien unter den Teig heben.
4 Den Teig in die vorbereitete Form geben. Die Himbeeren gleichmäßig darauf verteilen. Die restlichen Pistazien darüberstreuen. Die Clafoutis im Backofen (Mitte, Umluft 180°) etwa 20 Minuten backen. Eventuell die Oberfläche mit Backpapier oder Alufolie abdecken, damit sie nicht zu dunkel wird. Anschließend die Clafoutis herausnehmen, mit Puderzucker bestäuben und am besten noch warm servieren.

VARIANTEN Clafoutis lässt sich auch mit anderen Beeren der Saison und Kernen zubereiten, zum Beispiel mit Johannisbeeren und Cashewnusskernen, Brombeeren und Pinienkernen oder Heidelbeeren und Pekannüssen. Anstelle von frischen Beeren einfach TK-Beeren auf einem Blech oder in einer flachen Schale auftauen und abtropfen lassen und wie im Rezept beschrieben verwenden.

TIPP Als Ersatz für Pistaziensirup können Sie auch 2–3 EL Mandelsirup (der ist besser erhältlich) mit 2 EL geschälten Pistazienkernen fein pürieren.

Aprikosen-Clafoutis mit Mandeln

Himbeer-Pistazien-Clafoutis

Exotische Frucht-Clafoutis mit Kokos

Für 4–6 Auflaufförmchen (à ca. 12 cm Ø): 1 Mango | 1 Papaya | 1 Banane | 1 Baby-Ananas | 2 Passionsfrüchte | 50 g Butter | 4 Eier | 100 g Mehl | 3 EL Kokospulver (Asienladen) | 3 EL Kokoslikör (nach Belieben) | 50 ml Kokosmilch (Dose) | 1 Prise Salz | 80 g Zucker | 50 g Kokosraspel
Außerdem: Butter und Mehl für die Form | Puderzucker zum Bestäuben

1 Mango, Papaya, Banane und Ananas schälen. Das Fruchtfleisch der Mango in Scheiben vom Stein schneiden. Dann die Mangoscheiben, Papaya, Banane und Ananas in Würfel schneiden. Die Passionsfrüchte halbieren, das Fruchtmark mit einem Löffel herauslösen und mit den Obstwürfeln mischen.
2 Die Förmchen mit Butter einfetten und mit Mehl ausstreuen. Das überschüssige Mehl entfernen. Den Backofen auf 200° vorheizen. Die Butter in einem kleinen Topf zerlassen.
3 Die Eier trennen. Eigelbe, Mehl, Kokospulver, zerlassene Butter, nach Belieben den Likör und Kokosmilch in eine Rührschüssel geben und mit einem Schneebesen glatt verrühren.
4 Eiweiße und Salz mit den Quirlen des Handrührgeräts steif schlagen. Dabei nach und nach den Zucker einrieseln lassen. Den Eischnee unter den Teig heben.
5 Den Teig in die Förmchen geben, die Obstmischung gleichmäßig darauf verteilen. Die Kokosraspel darüberstreuen. Die Clafoutis im Backofen (Mitte, Umluft 180°) etwa 20 Minuten backen. Anschließend die Clafoutis herausnehmen, mit Puderzucker bestäuben und am besten noch warm servieren.

TIPPS Wer möchte, kann anstelle von Papaya und Passionsfrüchten andere exotische Früchte verwenden. Gut schmeckt die Clafoutis auch mit Kiwis, Kaktusfeigen, Pitahaya, Sternfürchten oder Granatapfelkernen. Und den Kokoslikör können Sie durch Rumaroma aus dem Backregal oder Kokossirup ersetzen.

Clam Chowder

Eine der weniger bekannten kulinarischen Offenbarungen, auf die Sie sich unbedingt einmal einlassen sollten – wann immer frische Venusmuscheln zu haben sind. Woher die Schöpfung stammt, ist nicht sicher geklärt, obgleich die sämige Suppe heute meist der neuen Welt zugeordnet wird. Sollen andere darüber streiten, ich empfehle indes einen kühlen Weißwein und frisches Baguette dazu.

Clam Chowder

Für 4 Portionen: ca. 1,5 kg große Venusmuscheln | 500 ml Gemüsefond (siehe Seite 20 oder Glas) | 100 g Speck am Stück | 2 Stangen Staudensellerie 500 g vorwiegend festkochende Kartoffeln | 3 Schalotten | 2 Maiskolben 2–3 TL Mehl | 150 ml Weißwein | 250 ml Sahne | 2 Lorbeerblätter | 4–5 Zweige Thymian | 50 g Butter | Meersalz | Pfeffer aus der Mühle

1 Die Muscheln in einer Schüssel oder in einem Sieb unter fließend kaltem Wasser gründlich säubern. Geöffnete Exemplare wegwerfen.

2 Gemüsefond in einem großen Topf aufkochen, Muscheln dazugeben und darin zugedeckt in etwa 6 Minuten garen.

3 Den Speck erst in Scheiben, dann in etwa 1 cm breite Streifen schneiden. Den Staudensellerie putzen und die Fäden abziehen. Die Selleriestangen waschen und in etwa 2 cm große Stücke schneiden.

4 Die Kartoffeln waschen, schälen und in etwa 1,5 cm große Würfel schneiden.

9 In der Zwischenzeit die Maiskörner mit einem Messer vom Kolben schneiden.

10 Den gebratenen Speck mit einer Schaumkelle aus dem Topf nehmen und auf Küchenpapier abtropfen lassen.

11 Die Schalotten im heißen Speckfett glasig dünsten, Selleriestücke dazugeben und bei kleiner Hitze etwa 4 Minuten mitdünsten.

12 Schalotten und Staudensellerie mit dem Mehl bestäuben und das Mehl 1–2 Minuten anschwitzen.

»Kaufen Sie Muscheln beim Fischhändler Ihres Vertrauens und bereiten Sie die Muscheln noch am selben Tag zu. Wichtig: Geöffnete Muscheln vor dem Garen aussortieren und geschlossene Muscheln nach dem Garen wegwerfen. Sie sind ungenießbar.«

5 Die Muscheln in ein feines Sieb abgießen, den Sud dabei auffangen. Geschlossene Exemplare aussortieren und wegwerfen.

6 Anschließend das Muschelfleisch aus den Schalen lösen.

7 Die Schalotten schälen und in feine Würfel schneiden.

8 Die Speckstreifen in einen großen Topf geben und langsam bei mittlerer Hitze goldbraun ausbraten.

13 Mit dem Wein ablöschen, dann Muschelsud und Sahne dazugießen und unterrühren.

14 Die Lorbeerblätter, Thymianzweige und Kartoffeln hinzufügen.

15 Alles zugedeckt bei kleiner Hitze in etwa 10 Minuten garen.

16 Mais und Muschelfleisch untermischen und zugedeckt weitere 6–8 Minuten köcheln lassen. Den Topf vom Herd ziehen. Die Butter unter den Chowder rühren, salzen und pfeffern. Den Chowder mit Speckwürfeln servieren.

Clam Chowder

Gratiniertes Muschelragout

Für 4 Portionen: 1,5 kg Miesmuscheln (ersatzweise Venus- oder Kammmuscheln) | 1 Zwiebel | 2 Knoblauchzehen | 4–5 Zweige Thymian | 2 EL Olivenöl | 2 Lorbeerblätter | 250 ml Weißwein | 1 Möhre | 200 g vorwiegend festkochende Kartoffeln | ½ Stange Lauch | 200 g große Muschelnudeln | Salz | 75 g durchwachsener Speck 20 g Butterschmalz | 2–3 TL Mehl | 150 ml Sahne 100 g Maiskörner (Dose) | 50 g geriebener Parmesan 50 g Butter | Dillspitzen (nach Belieben)

1 Die Muscheln in einer Schüssel in reichlich Wasser oder in einem Sieb unter fließend kaltem Wasser gründlich säubern. Geöffnete Exemplare wegwerfen.
2 Zwiebel und Knoblauch schälen und fein würfeln. Den Thymian waschen und trocken schütteln. Das Öl in einem großen Topf erhitzen, Thymianzweige und Lorbeerblätter darin kurz anschwitzen. Die Miesmuscheln hinzufügen und 1–2 Minuten andünsten, dann mit dem Wein ablöschen. Die Muscheln zugedeckt in etwa 5 Minuten garen. Die Muscheln in ein feines Sieb abgießen, dabei den Sud auffangen. Geschlossene Muscheln aussortieren und wegwerfen. Das Muschelfleisch aus den Schalen lösen.
3 Die Möhre putzen und schälen. Die Kartoffeln schälen. Den Lauch putzen und gründlich waschen. Möhre, Kartoffeln und Lauch in sehr kleine Würfel schneiden.
4 Die Muschelnudeln in reichlich kochendem Salzwasser nach Packungsangabe bissfest garen. Inzwischen für die Füllung den Speck klein würfeln. Das Butterschmalz in einem Topf zerlassen, die Speckwürfel darin bei mittlerer Hitze goldbraun ausbraten. Den Speck mit einer Schaumkelle aus dem Topf nehmen und auf Küchenpapier abtropfen lassen. Die Nudeln abgießen und abtropfen lassen.
5 Die Gemüse- und Kartoffelwürfelchen in das Speckfett geben und unter Rühren bei kleiner Hitze etwa 4 Minuten andünsten. Das Gemüse mit Mehl bestäuben und kurz mitdünsten. Muschelsud und Sahne unterrühren und aufkochen. Die Maiskörner abtropfen lassen.
6 Den Backofen auf 180° vorheizen. Das Muschelfleisch und die Maiskörner unter die Sauce rühren. Die Muschelnudeln mit dem Muschelragout füllen, in eine runde (ca. 30 cm Ø) oder ovale Auflaufform setzen und mit Parmesan bestreuen. Die Butter in Stückchen daraufgeben. Im Backofen (Mitte, Umluft 180°) etwa 20 Minuten gratinieren. Nach Belieben mit Dillspitzen bestreut servieren.

Clear Oxtailsoup

Die klare Ochsenschwanzsuppe kommt etwas leichter daher als die sämige mehlgebundene Variante und gilt in England als Nationalgericht. Ich schätze sie beide sehr, weil sie den ganzen Körper mit Wärme erfüllen und Kraft spenden. Die Entscheidung ist mir nicht leicht gefallen, allerdings erscheint mir diese hier noch spannender, was die Abwandlungsmöglichkeiten des Rezepts angeht.

Clear Oxtailsoup

Für 6–8 Portionen: ca. 1 kg Ochsenschwanz (beim Metzger vorbestellen) | 50 g Butterschmalz | Salz | Pfeffer aus der Mühle | 500 g Gemüse (z. B. Knollensellerie, Möhren, Lauch, Zwiebeln) | 1 EL Tomatenmark | 250 ml Rotwein | 2 TL weiße Pfefferkörner | 2 Möhren
2 Stangen Staudensellerie | 2–3 Zweige Thymian | 2–3 Stängel glatte Petersilie | 2–3 Stängel Koriandergrün | 400 g Rindfleisch (aus der Wade, vom Metzger durch den Fleischwolf drehen lassen) | 2 Lorbeerblätter | 4 Gewürznelken | 3–4 Eiweiß
Außerdem: Mörser | Mulltuch zum Passieren

1 Den Ochsenschwanz mit einem Messer an den Gelenken durchtrennen. Das Butterschmalz in einem großen Bräter erhitzen, die Schwanzstücke darin anbraten.

2 Die Stücke unter Wenden so lange braten, bis sie gebräunt sind. Die Schwanzstücke kräftig mit Salz und Pfeffer würzen.

3 Das Gemüse waschen, putzen oder schälen und in grobe Würfel schneiden.

4 Die Gemüsewürfel zum Ochsenschwanz geben und etwa 10 Minuten mitbraten.

9 Anschließend die Ochsenschwanzstücke mit einer Schaumkelle herausnehmen.

10 Das Fleisch etwas abkühlen lassen und von den Knochen ablösen. Das Fleisch klein würfeln und beiseitestellen.

11 Die Brühe durch ein Sieb in einen Topf abgießen und abkühlen lassen. Die Pfefferkörner im Mörser zerstoßen.

12 Möhren putzen und schälen. Staudensellerie waschen und putzen. Beides klein würfeln. Kräuter waschen, trocken schütteln und hacken. Gemüse, Kräuter, durchgedrehtes Rindfleisch, Lorbeerblätter, Nelken und Pfeffer in eine große Schüssel geben.

»Die Zubereitung ist etwas aufwendig. Deshalb lohnt es sich, gleich eine größere Portion zuzubereiten und einzufrieren. Die Suppe hält sich im Tiefkühlfach problemlos mehrere Monate, ohne Geschmack zu verlieren.«

5 Das Tomatenmark unterrühren und 3–4 Minuten mitrösten.

6 Anschließend mit dem Rotwein unter Rühren ablöschen.

7 Dann 2,5 l kaltes Wasser dazugießen.

8 Alles aufkochen und zugedeckt bei kleiner Hitze etwa 3 Stunden köcheln lassen.

13 Die Eiweiße dazugeben und alles gut durchmischen. Die Fleischmasse zur kalten Ochsenschwanzbrühe geben und untermischen.

14 Alles unter gelegentlichem Rühren langsam aufkochen, dann bei kleiner Hitze etwa 45 Minuten köcheln lassen. Dabei nicht mehr umrühren.

15 Ein Sieb mit einem sauberen Mulltuch auslegen. Die Suppe durch das Tuch in einen Topf abgießen, aufkochen und offen um etwa ein Drittel einkochen lassen. Mit Salz würzen.

TIPP 300 g Gemüse (z. B. Möhre, Lauch, Sellerie) für die Einlage waschen, putzen oder schälen, klein würfeln und 1–2 Minuten in der Suppe garen. Das Fleisch in tiefe Tassen geben. Die Suppe mit dem Gemüse darüberschöpfen und servieren.

Oxtailsoup mit Ochsenschwanz-Wan-Tan

Für 6 Portionen: 400 g Gemüse (z. B. Knollensellerie, Möhren, Lauch, Zwiebeln) | ca. 1 kg Ochsenschwanz (beim Metzger vorbestellen) | 50 g Butterschmalz | Salz Pfeffer aus der Mühle | 1 EL Tomatenmark | 250 ml Rotwein | 400 g Rindfleisch (aus der Wade, vom Metzger durch den Fleischwolf drehen lassen) | 3–4 Eiweiß 18 runde TK-Nudelblätter für Wan Tan (Asienladen) 2–3 EL Hoisinsauce (Asienladen) | 1 Eigelb | 1 kleine rote Chilischote | 20 g frischer Ingwer | 2 Frühlingszwiebeln 3–4 kleine Pak Choi (Asienladen, ersatzweise ½ Mangold) 8 Mini-Maiskolben | 3 EL ungeröstetes Sesamöl Sojasauce (nach Belieben)
Außerdem: Mulltuch zum Passieren

1 Das Gemüse putzen oder schälen, waschen und in walnussgroße Stücke schneiden. Den Ochsenschwanz waschen, trocken tupfen und in Stücke schneiden.
2 Das Butterschmalz in einem großen breiten Topf erhitzen, die Gemüsewürfel und Ochsenschwanzstücke darin 1–2 Minuten anrösten. Mit Salz und Pfeffer würzen. Das Tomatenmark unterrühren und kurz mitrösten, mit dem Rotwein ablöschen. 2 l Wasser dazugießen, alles aufkochen und zugedeckt bei kleiner Hitze etwa 3 Stunden köcheln lassen, bis die Ochsenschwanzstücke gar sind.
3 Die Ochsenschwanzstücke aus der Brühe nehmen, das Fleisch vom Knochen lösen. Die Brühe durch ein Sieb gießen, auffangen und abkühlen lassen.
4 Die abgekühlte Brühe mit Hackfleisch und Eiweißen klären und passieren, wie in Step 12 bis 15 im Grundrezept (siehe Seite 125) beschrieben.
5 Inzwischen die Teigblätter auftauen lassen. Das Ochsenschwanzfleisch fein würfeln und mit der Hoisinsauce mischen. Das Eigelb verquirlen. Je 1 EL Fleischmasse auf jedes Teigblatt geben, den Teig rundherum dünn mit Eigelb bestreichen. Die Teigblätter zusammenklappen und die Ränder fest andrücken. Die Wan Tan bis zur Verwendung kalt stellen.
6 Die Chilischote längs halbieren, entkernen, waschen und in feine Streifen schneiden. Den Ingwer schälen und ebenfalls in feine Streifen schneiden. Die Frühlingszwiebeln putzen, waschen und schräg in feine Ringe schneiden. Pak Choi putzen, waschen und vierteln. Die Mini-Maiskolben längs halbieren.
7 1 EL Sesamöl erhitzen, Chili- und Ingwerstreifen darin 1–2 Minuten andünsten. Die geklärte Suppe dazugeben und einmal aufkochen. Die Teigtaschen dazugeben und bei kleiner Hitze etwa 4 Minuten ziehen lassen. Dann Maiskölbchen und Pak Choi hinzufügen und 3–4 Minuten mitgaren.
8 Wan Tan, Pak Choi und Maiskölbchen herausnehmen und in tiefen Tellern anrichten. Die heiße Brühe nach Belieben mit Sojasauce abschmecken und darüberschöpfen. Mit Frühlingszwiebeln bestreuen und mit dem restlichen Sesamöl beträufeln.

Coq au vin

Ein Schmorgericht, das geradezu für einen Tisch voller Gäste bestimmt ist. Und das nicht nur, weil der Name so elegant klingt und schon für sich allein auf der Zunge zergeht. Im Burgund wird der Klassiker mit Rotwein zubereitet, die Elsässer veredeln das sauber gezupfte Federtier – wen wundert's – lieber mit einem Riesling. So oder so: Vive la France!

Coq au vin

Für 4–6 Portionen: 2 Hähnchen (à ca. 1,2 kg) | Salz | Pfeffer aus der Mühle
3–4 Knoblauchzehen | 50 g Butterschmalz | 4–5 Zweige Thymian
750 ml kräftiger Rotwein (z. B. Cabernet Sauvignon oder Burgunder)
150 ml kräftiger Geflügelfond (Glas) | 150 g passierte Tomaten | 3–4 Lorbeerblätter | 250 g Kirschtomaten | 8–10 Champignons | 100 g Räucherspeck
1 EL Speisestärke | 75 g kalte Butter | Mehl zum Wenden

1 Die Hähnchen kalt abbrausen und mit Küchenpapier trocken tupfen. Die Keulen mit einem Messer abtrennen.

2 Die Brüste rechts und links entlang des Brustknochens abschneiden und ablösen.

3 Die Keulen am Gelenk mit einem Messer durchtrennen.

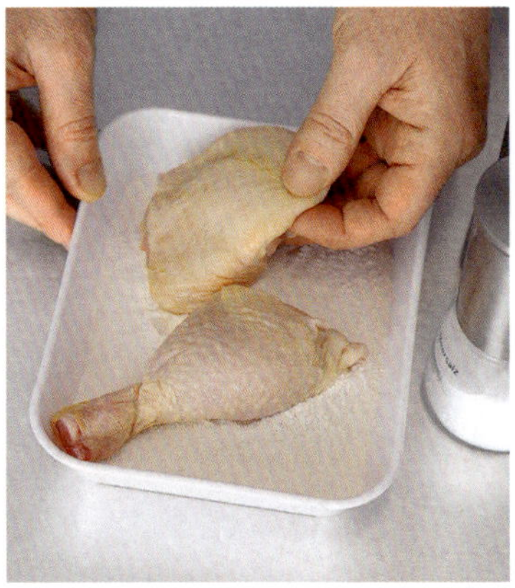

4 Hähnchenstücke mit Salz und Pfeffer kräftig würzen und in Mehl wenden. Knoblauch ungeschält mit einem Messerrücken andrücken.

9 Die passierten Tomaten hinzufügen.

10 Den Backofen auf 180° vorheizen. Die Hähnchenstücke in den Sud legen.

11 Die Lorbeerblätter zu den Hähnchenstücken geben.

12 Die Kirschtomaten waschen und mit den Rispen in den Schmortopf oder Bräter legen.

»Nach dem Abtrennen von den Keulen und Bruststücken die Karkassen sofort einfrieren und für den nächsten selbst gemachten Geflügelfond (siehe Seite 21) verwenden.«

5 30 g Butterschmalz in einem breiten Schmortopf oder Bräter erhitzen, die Hähnchenstücke darin in 5–6 Minuten rundum kräftig anbraten.

6 Thymianzweige waschen und trocken schütteln. Mit Knoblauch ebenfalls in den Bräter geben und mitbraten. Die Hähnchenteile herausnehmen und beiseitestellen.

7 Dann den Bratensatz im Bräter mit Rotwein ablöschen.

8 Anschließend den Geflügelfond angießen.

13 Alles aufkochen, dann den Schmortopf oder den Bräter auf den Boden des Backofens stellen und die Hähnchenstücke etwa 1 Stunde schmoren.

14 Die Champignons putzen, trocken abreiben und in Viertel schneiden. Den Speck in Streifen schneiden. 20 g Butterschmalz erhitzen, Speck und Champignons darin 3–4 Minuten anbraten.

15 Hähnchenstücke, Thymian und Lorbeerblätter entfernen. Die Sauce in einem Topf offen in etwa 10 Minuten um die Hälfte einkochen lassen, dann salzen und pfeffern. Stärke mit kaltem Wasser anrühren, die Sauce damit binden. Butter in Stückchen unterrühren.

TIPP Die Hähnchenstücke unter die Sauce mischen und das fertige Coq au vin mit Champignons und Speckstreifen anrichten und servieren. Dazu passen Bandnudeln.

Coq au Riesling

Für 4 Portionen: 2 Stubenküken (à ca. 600 g) | 250 g kernlose helle Weintrauben | 6–8 dünne Scheiben geräucherter Speck | 4–6 kleine Zwiebeln | 3–4 Knoblauchzehen 3–4 Zweige Thymian | 2–3 Zweige Rosmarin | Salz | Pfeffer aus der Mühle | 50 g Butterschmalz | 2–3 Lorbeerblätter 500 ml trockener Weißwein (z. B. Riesling) | 150 ml kräftiger Geflügelfond (Glas) | 1 EL Tomatenmark | 100 g kalte Butter | Mehl zum Wenden

1 Den Backofen auf 200° vorheizen. Die Stubenküken kalt abbrausen und mit Küchenpapier trocken tupfen. Die Keulen mit einem Messer abtrennen. Die Brüste rechts und links entlang des Rückgrats abschneiden und ablösen. Die Trauben waschen und in kleine Rispen teilen. Die Speckscheiben in Stücke schneiden. Die Zwiebeln schälen und halbieren. Den Knoblauch schälen und mit dem Messer andrücken. Thymian und Rosmarin waschen und trocken schütteln.
2 Die Stubenkükenstücke mit Salz und Pfeffer kräftig würzen. Die Fleischstücke in Mehl wenden. Das Butterschmalz in einem großen Schmortopf erhitzen, Fleischstücke, Zwiebelhälften und Knoblauch mit Kräutern und Lorbeerblättern darin rundum kräftig anbraten.
3 Die Stubenkükenteile herausnehmen. Den Bratensatz mit Wein ablöschen und den Fond dazugießen. Das Tomatenmark unterrühren. Stubenküken, Trauben und Speckstücke in den Sud legen. Den Topf auf den Boden des Backofens stellen und die Stubenküken etwa 40 Minuten schmoren lassen.
4 Den Topf herausnehmen, den Schmorsud in einen Topf abgießen und offen bei mittlerer Hitze um etwa ein Drittel einkochen lassen. Die Sauce mit Salz und Pfeffer kräftig würzen. Die kalte Butter stückchenweise mit einem Pürierstab untermixen. Die Kräuter entfernen und das Fleisch warm halten. Die geschmorten Stubenküken mit Trauben, Speck, Zwiebeln und Sauce auf Tellern anrichten.

TIPP Dazu passt eine **cremige Polenta:** Dafür 500 ml Geflügelfond (Glas) aufkochen. 100 g Instant-Polentagrieß unter Rühren dazugeben. Die Polenta unter Rühren in 5–10 Minuten ausquellen lassen. 1 EL Butter und etwa 30 g frisch geriebenen Parmesan unterrühren. Mit Salz und frisch geriebener Muskatnuss würzen. 30 ml Sahne mit einer Gabel steif schlagen und unter die Polenta heben.

Crema catalana

Mit der Crème brûlée eng verwandt, doch unter der Karamelldecke von etwas anderer Rezeptur: Dieses spanische Dessert wird ohne Sahne gemacht und kommt, wenn man so will, eine Spur leichter daher. Obgleich ich diese puristische Schlichtheit ausgesprochen gerne mag, habe ich sie mit Noten von Zitrus, Mokka und Grüntee um eine Dimension erweitert.

Crema catalana

Für 4 Auflaufförmchen (à 8–10 cm Ø): 20 g Speisestärke | 500 ml kalte Milch 2–3 Stangen Zimt | 125 g Zucker | 4 Eigelb | 1 Bio-Zitrone | 4 EL brauner Zucker für die Kruste
Außerdem: Frischhaltefolie

1 Alle Zutaten abwiegen, abmessen und bereitstellen.

2 Die Stärke in eine Schüssel geben und mit etwa 100 ml kalter Milch glatt rühren.

3 Die restliche Milch mit den Zimtstangen in einem Topf einmal aufkochen, dann vom Herd nehmen und etwa 15 Minuten ziehen lassen.

4 Den Zucker in eine Schüssel geben. Die Eigelbe dazugeben.

9 Die Mischung in einem Topf bei kleiner Hitze langsam unter Rühren bis knapp unter den Siedepunkt erhitzen. Vorsicht, sie darf nicht kochen!

10 Wenn die Masse beginnt dick-sämig zu werden, diese in die Förmchen oder ofenfesten Schalen füllen.

11 Die Creme erst bei Zimmertemperatur, dann mit Frischhaltefolie abgedeckt im Kühlschrank etwa 2 Stunden abkühlen lassen.

12 Die Creme vor dem Servieren jeweils mit etwa 1 EL braunem Zucker gleichmäßig bestreuen.

»Nehmen Sie die Creme etwa 2 Stunden vor dem Servieren aus dem Kühlschrank, damit sie Zimmertemperatur annehmen kann – so entfaltet sie am besten ihr feines Aroma.«

5 Zucker und Eigelbe mit einem Schneebesen verrühren, bis sich der Zucker gelöst hat.

6 Die Zimtmilch durch ein feines Sieb zur Eigelb-Zucker-Masse gießen. Dabei die Zimtstangen im Sieb auffangen.

7 Die Zitrone heiß waschen und abtrocknen. Die Schale mit einer feinen Reibe in die Eigelb-Milch-Mischung reiben.

8 Die angerührte Stärke dazugeben und unterrühren.

13 Zum Servieren den Zucker mit einem Bunsenbrenner goldbraun karamellisieren.

TIPP Statt mit einem Bunsenbrenner können Sie die Creme auch unter dem vorgeheizten Backofengrill oder aber auch mit einem speziellen Brenneisen, das typisch für die Crema catalana ist, karamellisieren lassen.

Crema catalana mit Mokka und Kardamom

Für 8 Espressotassen (à 75 ml Inhalt): 20 g Speisestärke | 500 ml Milch | 4–5 EL frisch geröstete Mokkabohnen | 5–6 Kardamomkapseln | 4 Eigelb | 50 g Zucker | 4–5 EL brauner Zucker für die Kruste
Außerdem: Mörser | Frischhaltefolie

1 Die Speisestärke mit 100 ml kalter Milch glatt verrühren. Mokkabohnen und Kardamomkapseln in einem Mörser fein zerstoßen. Mit der restlichen Milch in einen Topf geben und einmal aufkochen. Dann den Topf vom Herd nehmen und die gewürzte Milch etwa 15 Minuten ziehen lassen.
2 Inzwischen in einem zweiten Topf Eigelbe und Zucker mit einem Schneebesen verrühren, bis sich der Zucker gelöst hat. Die gewürzte Milch durch ein feines Sieb dazugießen (die Mokkabohnenmischung wegwerfen). Die angerührte Speisestärke untermischen.
3 Die Eier-Milch-Mischung langsam unter Rühren einmal aufkochen. Wenn die Mischung beginnt dick-sämig zu werden, diese rasch in die Espressotassen füllen.
4 Die Creme erst bei Zimmertemperatur etwa 15 Minuten, dann mit Frischhaltefolie abgedeckt im Kühlschrank etwa 2 Stunden abkühlen lassen.
5 Die Creme vor dem Servieren gleichmäßig mit braunem Zucker bestreuen. Den Zucker mit einem Bunsenbrenner goldbraun karamellisieren.

TIPP Eiweißreste lassen sich in einem gut verschließbaren Kunststoffbehälter mehre Tage im Kühlschrank aufbewahren oder mehrere Monate einfrieren.

Crema catalana mit Grüntee und Ingwer

Für 4–6 japanische Teetassen (à 150 ml Inhalt): 20 g Speisestärke | 500 ml Milch | 15 g frischer Ingwer | 2–3 EL japanisches Grünteepulver (Matchatee) | 4 Eigelb | 50 g Zucker | 4 EL brauner Zucker für die Kruste
Außerdem: Frischhaltefolie

1 Die Speisestärke mit 100 ml kalter Milch glatt verrühren. Den Ingwer schälen und fein würfeln. Die restliche Milch mit Ingwer und Grünteepulver in einen Topf geben und einmal aufkochen. Dann den Topf vom Herd nehmen und die gewürzte Milch etwa 15 Minuten ziehen lassen.
2 Inzwischen in einem zweiten Topf Eigelbe und Zucker mit einem Schneebesen verrühren, bis sich der Zucker gelöst hat. Die gewürzte Milch durch ein feines Sieb dazugießen (den Ingwer wegwerfen). Die angerührte Speisestärke untermischen.
3 Die Eier-Milch-Mischung langsam unter Rühren aufkochen. Wenn die Mischung beginnt dick-sämig zu werden, diese rasch in die japanischen Teetassen füllen.
4 Die Creme erst bei Zimmertemperatur etwa 15 Minuten, dann mit Frischhaltefolie abgedeckt im Kühlschrank etwa 2 Stunden abkühlen lassen.
5 Die Creme vor dem Servieren gleichmäßig mit braunem Zucker bestreuen. Den Zucker mit einem Bunsenbrenner goldbraun karamellisieren.

Crema catalana mit Mokka und Kardamom

Crema catalana mit Grüntee und Ingwer

Orangen-Gewürz-Creme

Für 4 Portionen: 3 große Bio-Orangen | 4 Kardamomkapseln | 2 Stangen Zimt | 2 Sternanise | ½ kleine Chilischote 15 g Speisestärke | 3 Eigelb | 75 g Zucker | 4 EL brauner Zucker für die Kruste

1 Die Orangen heiß waschen und abtrocknen, die Schale von 1 Orange fein abreiben und beiseitestellen. Von allen Orangen den Saft auspressen (es sollten 300 ml sein, eventuell mit Wasser auffüllen). 4 Orangenhälften mit einem Löffel vorsichtig sauber auskratzen, dabei die Schale nicht beschädigen. Die Hälften in kleine Porzellanschälchen setzen und kalt stellen.
2 Die Kardamomkapseln mit einem Messerrücken leicht andrücken. Mit Zimtstangen, Sternanisen und Chilischote in einer kleinen beschichteten Pfanne ohne Fett anrösten, bis sie zu duften beginnen.
3 100 ml Orangensaft mit der Speisestärke glatt verrühren. Den restlichen Orangensaft mit den Gewürzen in einen Topf geben und aufkochen, dann den Würzsud beiseitestellen und etwa 15 Minuten ziehen lassen.
4 Inzwischen in einem zweiten Topf Eigelbe und Zucker mit einem Schneebesen verrühren, bis sich der Zucker gelöst hat. Den Orangensaft durch ein feines Sieb dazugießen. Die Gewürze wegwerfen. Die beiseitegestellte Orangenschale und die angerührte Stärke untermischen.
5 Die Eigelb-Saft-Mischung bei kleiner Hitze langsam unter Rühren aufkochen, bis die Mischung beginnt dick-sämig zu werden. Die Masse rasch in die ausgehöhlten Orangenhälften füllen und etwa 2 Stunden in den Kühlschrank stellen.
6 Kurz vor dem Servieren die Orangen-Gewürz-Creme gleichmäßig mit braunem Zucker bestreuen. Den Zucker mit einem Bunsenbrenner goldbraun karamellisieren.

INFO Sternanis ist geschmacklich dem Anis ähnlich, aber nicht mit ihm verwandt. Er hat einen feurigen, süßlichen und schweren Charakter. Beliebt ist Sternanis in der traditionellen chinesischen Küche und wird zum Würzen von Gerichten aus Schweinefleisch oder Ente verwendet. In Europa werden Lebkuchen, Pfeffernüsse, Glühwein oder Liköre damit aromatisiert. Sternanis hält sein Aroma über mehrere Jahre, wenn er dunkel, trocken und luftdicht aufbewahrt wird. Gemahlener Sternanis verliert dagegen sein Aroma wie alle anderen gemahlenen Gewürze sehr schnell.

Zitronen-Joghurt-Creme

Für 4 Portionen: 5 große Bio-Zitronen | 10 g Speisestärke 3 Eigelb | 150 g Zucker | 100 g griechischer Sahnejoghurt (10 % Fett) | 4 EL brauner Zucker für die Kruste

1 Die Zitronen heiß waschen und abtrocknen, die Schale von 1 Zitrone fein abreiben und beiseitestellen. Von allen Zitronen den Saft auspressen (es sollten 200 ml sein, eventuell mit Wasser auffüllen). 8 Zitronenhälften mit einem Löffel vorsichtig sauber auskratzen, dabei die Schale nicht beschädigen. Die Hälften in kleine Porzellanschälchen setzen und kalt stellen.
2 Den Zitronensaft mit der Speisestärke glatt verrühren. Eigelbe und Zucker in einem Topf mit einem Schneebesen verrühren, bis sich der Zucker gelöst hat. Die angerührte Stärke und die Zitronenschale unter die Eigelb-Saft-Mischung rühren.
3 Die Eigelb-Saft-Mischung bei kleiner Hitze langsam unter Rühren aufkochen, bis die Mischung beginnt dick-sämig zu werden. Die Creme in eine Schüssel füllen und sofort den Joghurt unterrühren. Die Zitronen-Joghurt-Creme rasch in die ausgehöhlten Zitronenhälften füllen und etwa 2 Stunden in den Kühlschrank stellen.
4 Kurz vor dem Servieren die Zitronen-Joghurt-Creme gleichmäßig mit braunem Zucker bestreuen. Den Zucker mit einem Bunsenbrenner goldbraun karamellisieren.

TIPP Griechischer Joghurt zählt zu den Sahnejoghurts und ist aufgrund seines hohen Fettgehalts schön cremig. Er wird sowohl aus Kuhmilch als auch aus Schafsmilch oder aus einer Mischung von beidem hergestellt. In Griechenland wird er gern pur mit Honig oder Nüssen zum Dessert gereicht.

Dimsum

Gedämpfte oder frittierte Teigtäschchen als Appetithäppchen zum Tee – ein hingebungsvoller Brauch der Chinesen, der mir außerordentlich gut gefällt. Stilecht – nach kantonesischem Vorbild – werden sie im kleinen Bambuskörbchen zubereitet und auch serviert: süß, salzig oder pikant, gehaltvoll oder schlicht, mit allem nur Erdenklichen lecker gefüllt ...

Dimsum

Für 4 Portionen:
Füllung: 1 Knoblauchzehe | 20 g frischer Ingwer | 1 rote Chilischote | 3–4 Frühlingszwiebeln
12 Riesengarnelen | 250 g Schweinehackfleisch | 1 Ei | 1 TL Speisestärke | 1–2 TL dunkles Sesamöl
1–2 TL Reiswein | 2 TL Sojasauce | 1 Prise Salz | 1 TL brauner Rohrzucker
Teig: 150 g Weizenstärke | 30 g Tapiokastärke (ersatzweise Weizenstärke) | ½ TL Salz
2 EL ungeröstetes Erdnussöl
Außerdem: Weizenstärke zum Arbeiten | 1 runder Ausstecher (ca. 8 cm Ø) | Bambuskorb (Asienladen)

1 Alle Zutaten abwiegen, abmessen und bereitstellen.

2 Knoblauch und Ingwer schälen und fein reiben. Die Chilischote längs halbieren, entkernen, waschen und fein hacken. Frühlingszwiebeln putzen, waschen und in feine Ringe schneiden.

3 Inzwischen die Riesengarnelen kalt abbrausen. Den Kopf durch Drehen abtrennen und die Schwänze schälen. Die Garnelenschwänze am Rücken entlang einschneiden und den Darm entfernen.

4 Die Riesengarnelen im Blitzhacker oder Mixer kurz pürieren. Dann Chili, Ingwer und Knoblauch dazugeben.

9 Für den Teig 250 ml Wasser aufkochen. Weizen- und Tapiokastärke in eine Schüssel sieben. Salz, Erdnussöl und kochendes Wasser dazugeben. Alles mit den Knethaken des Handrührgeräts zu einem elastischen Teig verkneten.

10 Den Teig auf einer mit Stärke bestreuten Arbeitsfläche mit den Händen durchkneten.

11 Den Teig auf einer mit Stärke bestreuten Arbeitsfläche dünn ausrollen. Aus dem Teig mit einem Ausstecher Kreise mit etwa 8 cm Durchmesser ausstechen.

12 Etwa 2 TL von der Füllung jeweils in die Mitte der Teigkreise setzen. Die Teigkreise zu Halbmonden zusammenklappen.

»Dämpfen ist typisch asiatisch. Entweder nehmen Sie dafür wie beschrieben ein Bambuskörbchen oder einen Schmortopf mit Dämpfeinsatz. Auch in einem Kochtopf mit einem Universaldämpfeinsatz lassen sich Dimsum und Co. prima garen.«

5 Hackfleisch, Ei, Speisestärke, Sesamöl und Reiswein hinzufügen.

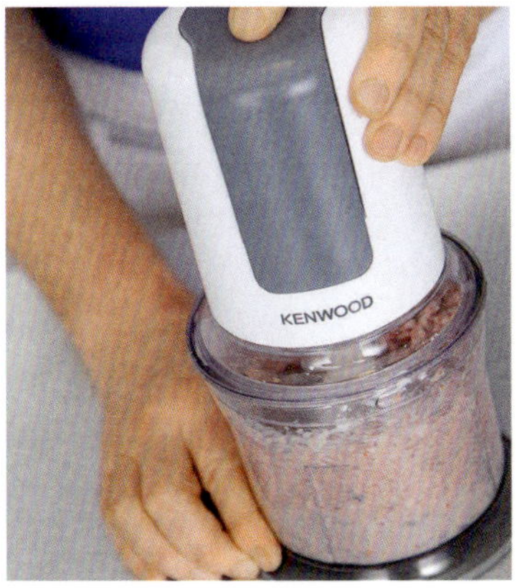

6 Alles im Blitzhacker oder Mixer zu einer glatten und feinen Masse verarbeiten.

7 Die Masse in eine Schüssel geben. Die Frühlingszwiebeln hinzufügen und untermischen. Die Masse mit Sojasauce, Salz und Zucker kräftig würzen.

8 Alle Zutaten für den Teig abwiegen, abmessen und bereitstellen.

13 Den Rand von einer Seite aus ziehharmonikaartig zusammendrücken.

14 Dabei die gefalteten Ränder fest andrücken.

15 Die Dimsum nebeneinander in einen Dämpfeinsatz aus Bambus legen und den Deckel auflegen. In einem Wok ausreichend Wasser aufkochen.

16 Den Dämpfkorb in den Wok setzen. Die Dimsum zugedeckt 6–8 Minuten dämpfen. Die Dimsum auf vorgewärmten Tellern anrichten. Dazu passt ein süß-scharfer Dip (siehe Seite 148).

Erbsen-Hummer-Dimsum

Für 4–6 Portionen:
Füllung: 1 gekochter Hummer (ca. 500 g) | 400 g TK-Erbsen | 2–3 Schalotten | 100 g Butter | Salz | Muskatnuss
1 Prise Zucker
Teig: 150 g Weizenstärke | 30 g Tapiokastärke (ersatzweise Weizenstärke) | 1 Prise Salz | 1 EL neutrales Pflanzenöl (z. B. Sonnenblumenöl)
Sauce: 3 Stängel Zitronengras | 1 rote Chilischote
500 ml Krustentierfond (zubereitet aus den Hummerschalen oder aus 80 g Hummerbutter und 500 ml Wasser)
75 g kalte Butter | Salz
Außerdem: Tuch oder Passiertuch | Weizenstärke zum Arbeiten | 1 runder Ausstecher (ca. 8 cm Ø, nach Belieben mit gewelltem Rand) | Bambuskorb (Asienladen) | Erbsensprossen (nach Belieben)

1 Den Hummer aufbrechen. Das Fleisch aus dem Schwanz, den Scheren und Gelenken lösen und klein würfeln. Aus den Schalen wie in den Steps 3 bis 12 im Grundrezept Leipziger Allerlei (siehe Seite 290) beschrieben 500 ml Krustentierfond zubereiten.
2 Die unaufgetauten Erbsen in sprudelnd kochendem Salzwasser 2–3 Minuten garen, herausnehmen und kalt abschrecken. Die Schalotten schälen und fein würfeln. 50 g Butter in einer Pfanne zerlassen, die Schalotten darin so lange braten, bis sie eine nussbraune Farbe bekommen. Die Pfanne vom Herd nehmen.
3 Die Erbsen in ein Tuch geben und auspressen, dann im Mixer mit der Schalotten-Butter-Mischung fein pürieren. Das Erbsenpüree mit Salz, frisch geriebener Muskatnuss und Zucker würzen. Die Hummerwürfel unterrühren.
4 Für den Teig 250 ml Wasser aufkochen. Weizen- und Tapiokastärke in eine Schüssel sieben. Salz, Öl und kochendes Wasser dazugeben. Alles mit den Knethaken des Handrührgeräts zu einem elastischen Teig verkneten.
5 Den Teig auf einer mit Stärke bestreuten Arbeitsfläche dünn ausrollen. Aus dem Teig mit einem Ausstecher Kreise mit etwa 8 cm Durchmesser ausstechen.
6 Etwa 2 TL von der Füllung jeweils in die Mitte der Teigkreise geben. Die Kreise zu Halbmonden zusammenklappen und mit der halbrunden Seite nach oben nebeneinander in einen Dämpfeinsatz aus Bambus geben und den Deckel auflegen.
7 Für die Sauce das Zitronengras putzen, waschen und mit einer Pfanne zerstoßen. Die Chilischote längs halbieren, entkernen, waschen und hacken. Mit Zitronengras und dem Krustentierfond (oder 80 g Hummerbutter und 500 ml Wasser) in einen Topf aufkochen, dann offen bei mittlerer Hitze um die Hälfte auf 250 ml einkochen. Den Sud durch ein Sieb in einen anderen Topf passieren und aufkochen. 75 g kalte Butter nach und nach mit einem Pürierstab untermixen. Die Sauce mit Salz würzen und warm halten.
8 In einem Wok ausreichend Wasser aufkochen. Den Dämpfkorb in den Wok setzen und die Dimsum zugedeckt 6–8 Minuten dämpfen. Die Dimsum herausnehmen und mit der Sauce in vorgewärmten tiefen Tellern anrichten. Nach Belieben mit Erbsensprossen garnieren.

Kürbis-Haselnuss-Dimsum

Für 4–6 Portionen:
Füllung: 600 g Muskat-Kürbis | 2 Schalotten | 20 g frischer Ingwer | 1 kleine rote Chilischote | 2–3 Stangen Zimt 3–4 Gewürznelken | 75 ml Gemüsefond (siehe Seite 20 oder Glas) | 75 g gemahlene Haselnüsse | Salz | Pfeffer aus der Mühle
Teig: 150 g Weizenstärke | 30 g Tapiokastärke (ersatzweise Weizenstärke) | 1 Prise Salz | 1 EL neutrales Pflanzenöl (z. B. Sonnenblumenöl)
Außerdem: Küchentuch oder Passiertuch | Weizenstärke zum Arbeiten | 1 runder Ausstecher (ca. 8 cm Ø, nach Belieben mit gewelltem Rand) | Bambuskorb (Asienladen)

1 Den Backofen auf 180° vorheizen. Den Kürbis schälen, entkernen und in Stücke schneiden. Schalotten und Ingwer schälen und ebenfalls in Stücke schneiden. Die Chilischote längs halbieren, entkernen, waschen und hacken. Kürbis, Schalotten, Ingwer, Chili, Zimtstangen und Nelken in einen Bräter geben. Den Fond dazugießen und aufkochen.
2 Die Mischung zugedeckt im Backofen (Mitte, Umluft 160°) etwa 1 Stunde schmoren lassen. Inzwischen die Haselnüsse in einer Pfanne ohne Fett rösten, dann abkühlen lassen. Den Bräter aus dem Ofen nehmen. Ingwer, Chili und Gewürze entfernen. Die Kürbisstücke etwas abkühlen lassen, dann in ein Tuch geben und auspressen. Dabei den Saft in einem kleinen Topf auffangen. Den Kürbissaft offen bei mittlerer Hitze sirupartig einkochen lassen.
3 Die Schalottenstücke fein hacken. Mit Haselnüssen, Kürbissirup und Kürbispüree mischen. Die Füllung mit Salz und Pfeffer würzen und vollständig abkühlen lassen.
4 Für den Teig 250 ml Wasser aufkochen. Weizen- und Tapiokastärke in eine Schüssel sieben. Salz, Öl und kochendes Wasser dazugeben. Alles mit den Knethaken des Handrührgeräts zu einem elastischen Teig verkneten.
5 Den Teig auf einer mit Stärke bestreuten Arbeitsfläche dünn ausrollen. Aus dem Teig mit einem Ausstecher Kreise mit etwa 8 cm Durchmesser ausstechen.
6 Etwa 2 TL von der Füllung jeweils in die Mitte der Teigkreise geben. Die Teigränder darüber zusammenklappen, fest andrücken, mit den Fingern leicht nach oben zwirbeln, nebeneinander in einen Dämpfeinsatz aus Bambus geben und den Deckel auflegen.
7 In einem Wok ausreichend Wasser aufkochen. Den Dämpfkorb in den Wok setzen und die Dimsum zugedeckt 6–8 Minuten dämpfen. Die Dimsum herausnehmen und portionsweise auf vorgewärmten Tellern anrichten. Dazu passen Salat und ein würziger Dip.

TIPP Dazu passt ein süß-scharfer Dip: Dafür Saft und Schale von 1 Bio-Limette mit 1 roten Chilischote, 1 Schalotte und ½ Knoblauchzehe in Würfeln, 2 EL Ahornsirup und 3 EL Sesamöl verrühren. Mit einigen Spritzern Sojasauce würzen.

Elsässer Sauerkraut

Die Bilder verraten, was der Name verschweigt:
Elsässer Sauerkraut ist keine einfache Beilage, sondern ein mächtiges Hauptgericht und als solches eine Delikatesse:
Wie viele Gerichte der »Cuisine d'Alsace« trägt es eine bodenständige Handschrift, ist gehaltvoll und deftig. Speck, Brüh- und Rohwürste vom Schwein bringen die leichte Rauchnote ein – sie unterstreichen den typischen Charakter.

Elsässer Sauerkraut

Für 6 Portionen: 1 kg frisches Sauerkraut | 1 TL Wacholderbeeren | 2 Zwiebeln | 2 Äpfel
3 EL Schweineschmalz | ca. 2 EL Zucker | 2–3 Lorbeerblätter | 200 ml trockener Weißwein (z. B. Elsässer Riesling) | 200 ml kräftiger Rinderfond (siehe Seite 22 oder Glas) | Pfeffer aus der Mühle | ca. 700 g ungeräucherter, frischer Speck mit Schwarte (gepökelter Schweinebauch) | 14–16 kleine festkochende Kartoffeln | 4 feine Schweinswürste (z. B. Wiener Würste)
3–4 geräucherte rohe grobe Schweinswürste (Bauernwürste) | Salz
Außerdem: Mörser

1 Das Sauerkraut in ein Sieb abgießen, kurz in kaltes Wasser geben, dann abtropfen lassen. Die Wacholderbeeren im Mörser leicht andrücken.

2 Die Zwiebeln schälen, halbieren und die Hälften in feine Streifen schneiden.

3 Die Äpfel schälen, vierteln und entkernen. Die Viertel in Würfel schneiden.

4 Das Schweineschmalz in einem Bräter oder großen ofenfesten Topf erhitzen. Die Zwiebelstreifen darin bei kleiner Hitze in 5–8 Minuten goldgelb dünsten.

9 Wein, Fond und so viel Wasser dazugießen, dass das Sauerkraut knapp bedeckt ist. Mit Pfeffer würzen.

10 Den Speck hinzufügen und mit dem Sauerkraut bedecken.

11 Alles zugedeckt bei kleiner Hitze in etwa 1 Stunde 30 Minuten garen. Zwischendurch eventuell einmal etwas Wasser dazugießen.

12 Inzwischen die Kartoffeln gründlich waschen und schälen.

»Frisches Sauerkraut am besten vorher roh probieren und je nach Säure kalt abbrausen oder einfach nur abtropfen lassen. Und beim Abschmecken die Zuckermenge nach Wunsch variieren.«

5 Den Zucker darüberstreuen und die Zwiebeln damit leicht karamellisieren lassen.

6 Die Apfelwürfel ebenfalls in den Bräter geben.

7 Die Wacholderbeeren und Lorbeerblätter zu den Zwiebeln in den Bräter geben.

8 Das Sauerkraut zerpflücken, in den Bräter geben und gleichmäßig verteilen.

13 Beide Wurstsorten in mundgerechte Stücke schneiden.

14 Die Kartoffeln auf dem Sauerkraut verteilen.

15 Die Wurststücke hinzufügen und eventuell mit 1 Prise Zucker, Salz und Pfeffer würzen. Eventuell noch etwas Wasser dazugießen, sodass der Topfboden bedeckt ist.

16 Alles zugedeckt weitere 30 Minuten garen, bis die Kartoffeln weich sind. Kartoffeln, Speck und Wurst herausnehmen. Speck in Scheiben schneiden, mit Kraut, Kartoffeln und Wurst auf einer Platte anrichten. Dazu passt Senf.

Paprikakraut mit Zander

Für 4 Portionen: 2 rote Paprikaschoten | 500 ml Gemüsefond (Glas) | 1 Zwiebel | 75 g Butterschmalz | 2 EL Zucker 400 g frisches Sauerkraut | 1 EL edelsüßes Paprikapulver ½ Zitrone | 3–4 Zweige Thymian | 2 Knoblauchzehen 4 Zanderfilets (à ca. 150 g, mit Haut und ohne Gräten) Salz | Pfeffer aus der Mühle | 2–3 EL Paprikapüree (z. B. Ajvar) | 50 g Butter
Außerdem: Küchentuch oder Passiertuch

1 Die Paprikaschoten halbieren, putzen, waschen und in grobe Stücke schneiden. Paprikastücke und Fond in einen Mixer geben und in etwa 2 Minuten sehr fein pürieren. Den Paprikasaft in einem sauberen Tuch in einen Topf pressen.
2 Die Zwiebel schälen, halbieren und die Hälften in dünne Streifen schneiden. Die Hälfte des Butterschmalzes in einem Topf erhitzen, die Zwiebel darin 3–4 Minuten andünsten. Den Zucker darüberstreuen und karamellisieren lassen.
3 Das Sauerkraut hinzufügen und kurz mit andünsten. Das Kraut mit Paprikapulver würzen und den Paprikasaft dazugießen. Das Sauerkraut offen unter gelegentlichem Rühren bei mittlerer Hitze etwa 20 Minuten köcheln lassen, sodass anschließend die Flüssigkeit zum größten Teil eingekocht ist.
4 Inzwischen den Saft der Zitronenhälfte auspressen. Den Thymian waschen und trocken schütteln. Den Knoblauch schälen und mit dem Messer etwas andrücken. Die Zanderfilets kalt abbrausen und mit Küchenpapier trocken tupfen. Mit Salz und Pfeffer würzen und mit Zitronensaft beträufeln. Das restliche Butterschmalz in einer beschichteten Pfanne erhitzen, Zanderfilets mit Thymian und Knoblauch darin auf jeder Seite etwa 5 Minuten braten.
5 Paprikapüree und Butter unter das Sauerkraut rühren. Das Sauerkraut mit Salz und Pfeffer würzen. Sauerkraut und Zanderfilets auf Tellern anrichten.

Rahmsauerkraut mit Fasanenbrust

Für 4 Portionen: 1 große Zwiebel | 1 EL Wacholderbeeren 50 g Butterschmalz | 1–2 EL Zucker | 400 g frisches Sauerkraut | 150 ml Riesling-Sekt | 250 ml Geflügelfond (Glas) Salz | Pfeffer aus der Mühle | 2 Lorbeerblätter | 125 ml Sahne | 4 Fasanenbrüste (à ca. 150 g, ohne Haut und Knochen) | 2–3 Zweige Thymian | 2 Zweige Rosmarin 200 g kernlose helle Weintrauben | 6 dünne Scheiben Frühstücksspeck | 75 g Butter
Außerdem: Mörser

1 Für das Rahmsauerkraut die Zwiebel schälen, halbieren und die Hälften in feine Streifen schneiden. Die Wacholderbeeren im Mörser leicht andrücken. Die Hälfte des Butterschmalzes in einem Topf erhitzen, die Zwiebel darin goldbraun braten. Den Zucker darüberstreuen und karamellisieren lassen. Das Sauerkraut hinzufügen und kurz mit andünsten. Riesling-Sekt und Fond dazugießen, Sauerkraut mit Salz und Pfeffer würzen. Wacholderbeeren und Lorbeerblätter dazugeben. Alles aufkochen und das Sauerkraut zugedeckt bei mittlerer Hitze in etwa 25 Minuten garen. Die Sahne unterrühren und das Kraut offen weitere 10 Minuten köcheln lassen.
2 Inzwischen den Backofen auf 130° vorheizen. Die Fasanenbrüste kalt abbrausen, mit Küchenpapier trocken tupfen, mit Salz und Pfeffer würzen. Thymian und Rosmarin waschen und trocken schütteln. Das restliche Butterschmalz in einer Pfanne erhitzen, die Fasanenbrüste mit Thymian- und Rosmarinzweigen darin auf jeder Seite etwa 2 Minuten anbraten. Die Brüste aus der Pfanne nehmen, auf ein Backblech legen und im Backofen (Mitte, Umluft 110°) in etwa 10 Minuten fertig garen.
3 Die Weintrauben waschen und in Rispen teilen. Die Frühstücksspeckscheiben in Stücke schneiden. 30 g Butter in dieselbe Pfanne geben, Weintrauben und Speckstücke darin 2–3 Minuten braten.
4 Die übrige Butter unter das Sauerkraut rühren. Das Sauerkraut mit Salz würzen. Die Fasanenbrüste aus dem Ofen nehmen, kurz ruhen lassen, dann in Scheiben schneiden. Das Sauerkraut und Fleisch auf Tellern anrichten. Trauben und Speck um das Kraut verteilen. Dazu passt Kartoffelpüree.

oben: Paprikakraut mit Zander | unten: Rahmsauerkraut mit Fasanenbrust

Ente à l'orange

Ein knuspriger Entenbraten in fruchtig-herber, leicht karamellisierter Sauce mit unverkennbar französischem Akzent. Orangen, Weißwein und Thymian geben einen exzellent arrangierten Fond und gehen in fein aufeinander abgestimmten Akkorden ausgezeichnet auf das weiße Fleisch ein.

Ente à l'orange

Für 4 Portionen: 5 Orangen (davon 1 Bio-Orange) | 2 Zweige Rosmarin | 3–4 Zweige Orangenthymian | 1 küchenfertige Ente (ca. 1,5 kg) | Salz | Pfeffer aus der Mühle 250 ml Geflügelfond (Glas) | 250 ml Weißwein | 2–3 TL Zucker | 1 TL mittelscharfer Senf | 2 TL Speisestärke | 1–2 EL Orangenlikör (nach Belieben)
Außerdem: Küchengarn | kleine Holzspieße

1 Ofen auf 180° vorheizen. 2 Orangen so schälen, dass die weiße Haut mit entfernt wird. Die Orangen in Stücke schneiden. Rosmarin und Orangenthymian waschen und trocken schütteln, Nadeln und Blättchen grob hacken. Mit den Orangenstücken mischen.

2 Die Ente innen und außen waschen, mit Küchenpapier trocken tupfen und mit Salz und Pfeffer einreiben. Die Orangen-Kräuter-Mischung mit einem Löffel in die Bauchhöhle füllen. Den Fond erhitzen.

3 Die Öffnung mit Küchengarn zunähen. Dafür die Haut an der Öffnung mit Holzspießchen feststecken und das Küchengarn kreuzweise um die Spießchen schlingen und verknoten.

4 Die Ente mit der Bauchseite nach unten in einen Bräter legen. Den heißen Fond über die Ente gießen.

9 125 ml Wasser in einem Topf aufkochen, Zucker und Orangenschalenstreifen dazugeben und etwa 3 Minuten köcheln lassen.

10 Die Ente aus dem Bräter nehmen und im ausgeschalteten Backofen warm halten. Die Brühe zum Entfetten in eine Entfettungskanne füllen und das abgesetzte Fett abgießen.

11 Für die Sauce entfettete Brühe, Orangenschalen-Zucker-Mischung, Orangensaft, Senf, Stärke und nach Belieben den Likör bereitstellen.

12 Die entfettete Brühe mit Orangenschalen-Zucker-Mischung, Orangensaft und Senf in einem Topf unter Rühren erhitzen und alles etwa 5 Minuten köcheln lassen.

*»Sie bekommen keinen Orangenthymian? Kein Problem!
Nehmen Sie den ganz normalen Thymian und mischen Sie die Blättchen
mit fein abgeriebener Schale von 1 Bio-Orange.«*

5 Die Ente im Backofen (unten, Umluft 160°) etwa 30 Minuten braten.

6 Inzwischen für die Sauce die Bio-Orange heiß waschen und abtrocknen, die Schale mit einem Sparschäler dünn abschälen und in feine Streifen schneiden. Den Saft der Orange auspressen.

7 Die übrigen Orangen so schälen, dass die weiße Haut mit entfernt wird. Die Filets mit einem Messer aus den Trennhäuten schneiden, dabei den Saft auffangen.

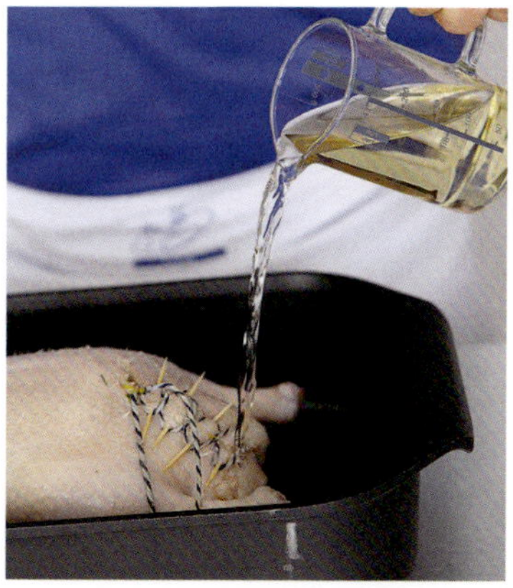

8 Die Ente wenden, mit Wein begießen und in etwa 2 Stunden fertig garen. Zwischendurch die Haut der Ente mehrmals mit einer Gabel einstechen und die Ente mit Bratensaft begießen.

13 Die Speisestärke mit 2–3 EL kaltem Wasser glatt rühren und unter die Sauce rühren. Die Sauce einmal aufkochen, dann mit Salz und Pfeffer kräftig abschmecken.

14 Orangenfilets und nach Belieben den Orangenlikör dazugeben und erwärmen.

15 Die Ente tranchieren, dabei zuerst mit einer Geflügelschere oder einem scharfen Messer die Keulen abschneiden, dann die Flügel abtrennen und jeweils etwas von dem Brustfleisch mit abschneiden.

16 Schließlich das Brustfleisch vom Brustbein her ablösen. Die Entenstücke mit der Orangensauce servieren.

Enten-Rilette mit Orangenchutney

Für 4 Portionen: 3 Entenkeulen | 1 EL weiße Pfefferkörner 2 TL Pökelsalz (erhältlich beim Metzger) | 4 Gewürznelken 2 Lorbeerblätter | 2 Zweige Majoran | 2 Stängel glatte Petersilie | 150 g Entenbrust (ohne Haut) | 75 ml eiskalte Sahne | Salz | Pfeffer aus der Mühle | 4 Orangen 1 rote Chilischote | 2–3 Stängel Minze | 1 rote Zwiebel 1 EL Olivenöl | 50 ml Weißweinessig | 75 g brauner Zucker | 2–3 TL Speisestärke | 16 Grissini (z. B. mit Rosmarin-Aroma) | 2 Eier | Mehl zum Wenden | ca. 800 ml neutrales Pflanzenöl zum Frittieren
Außerdem: Mörser

1 Die Entenkeulen kalt abbrausen, mit Küchenpapier trocken tupfen und in einen Topf geben. So viel Wasser dazugießen, bis die Keulen knapp bedeckt sind. Die Pfefferkörner in einem Mörser leicht zerstoßen. Mit Pökelsalz, Nelken und Lorbeerblättern hinzufügen und alles aufkochen. Die Keulen zugedeckt bei mittlerer Hitze in etwa 2 Stunden 30 Minuten weich garen. Die Keulen mit einer Schaumkelle herausnehmen und etwas abkühlen lassen.
2 Majoran und Petersilie waschen und trocken schütteln, die Blätter abzupfen und fein hacken. Die Entenbrust klein würfeln und mit der eiskalten Sahne in einem Mixer fein pürieren.
3 Die Entenkeulen von der Haut befreien, das Fleisch vom Knochen lösen und zerpflücken. Das Fleisch mit der Entenbrustmasse verrühren. Die Kräuter untermischen. Die Masse mit Salz und Pfeffer würzen und etwa 1 Stunde in den Kühlschrank stellen.
4 Inzwischen für das Chutney die Orangen schälen, sodass auch das Weiße mit entfernt wird. Die Orangen klein würfeln. Die Chilischote längs halbieren, entkernen, waschen und in feine Streifen schneiden. Die Minze waschen und trocken schütteln, die Blätter fein hacken. Die Zwiebel schälen und fein würfeln. Das Öl in einer Pfanne erhitzen, Zwiebel und Chilistreifen darin 1–2 Minuten andünsten, dann mit Essig ablöschen. Zucker und Orangenwürfel untermischen und alles offen bei mittlerer Hitze etwa 10 Minuten köcheln lassen. Zum Binden die Stärke mit 2 EL kaltem Wasser anrühren, unter die Sauce rühren und alles einmal aufkochen. Die Minze unter das Chutney mischen. Das Chutney im Kühlschrank abkühlen lassen.
5 Von 12 Grissinistangen jeweils ein etwa 6 cm langes Stück abbrechen. Den Rest im Blitzhacker fein zerbröseln. Die Eier verquirlen. Mehl und Grissinibrösel zum Wenden jeweils auf einen Teller geben.
6 Aus der Entenmasse mit zwei Esslöffeln etwa 12 Nocken formen. Die Nocken zuerst in Mehl wenden, dann durch die verquirlten Eier ziehen und in den Grissinibröseln wälzen. Das Öl in einem Topf erhitzen. Die Nocken darin portionsweise in etwa 1 Minute goldbraun und knusprig ausbacken. Die Nocken herausnehmen und auf Küchenpapier abtropfen lassen. Je 1 Grissini mit der angebrochenen Seite in die Nocken stecken. Nocken mit Orangenchutney servieren.

TIPP Grissini selbst gemacht: Für 30 Stück 10 g frische Hefe in 200 ml lauwarmes Wasser bröckeln. 300 g Mehl, 1–2 TL Salz, 2 EL Olivenöl und 2–3 EL frisch gehackten Rosmarin hinzufügen und alles zu einem glatten Teig verkneten. Den Teig abgedeckt an einem warmen Ort etwa 30 Minuten gehen lassen. Den Backofen auf 250° vorheizen. Ein Backblech mit Backpapier auslegen. Den Teig auf einer bemehlten Arbeitsfläche etwa 1 cm dick ausrollen, mit einem Teigrad in etwa 1 cm breite Streifen schneiden. Die Teigstreifen auf das Backblech legen. Die Grissini im Backofen (Mitte, Umluft 230°) in 6–8 Minuten goldbraun backen.

Falafel

Ein mundgerechter Geniestreich aus der arabischen Welt,
der beweist, wie gekonnt und einfallsreich sich die Küchenmeister
aus 1001 Nacht auf fleischlose Kostbarkeiten verstehen.
Die Kichererbsen lassen sich auch durch anderes Gemüse ersetzen
und ich stelle Ihnen hier meine Favoriten vor …

Falafel

Für 4–6 Portionen: 300 g getrocknete Kichererbsen | 2 Zwiebeln | 1 Scheibe Toastbrot | 2 Knoblauchzehen | 1 Ei | 1 TL Backpulver | 1 TL gemahlener Kreuzkümmel | 1 TL gemahlener Koriander | ½ TL Cayennepfeffer | Salz | Pfeffer aus der Mühle | ½ Zitrone | 2 Stängel glatte Petersilie | ca. 500 ml Sonnenblumenöl zum Frittieren

1 Die Kichererbsen in eine große Schüssel geben und mit kaltem Wasser bedecken.

2 Die Kichererbsen am besten über Nacht einweichen.

3 Am nächsten Tag die Zwiebeln schälen und in feine Würfel schneiden.

4 Die eingeweichten Kichererbsen in ein Sieb abgießen, abtropfen lassen und in eine große Schüssel geben.

9 Das Öl in einem Topf oder in einer Fritteuse auf etwa 160° erhitzen. Aus dem Kichererbsenteig mit einem kleinen Eisportionierer oder Teelöffel Portionen abstechen.

10 Den Kichererbsenteig portionsweise im heißen Fett in 3–4 Minuten knusprig ausbacken.

11 Die Falafel mit einer Schaumkelle herausnehmen und auf Küchenpapier abtropfen lassen.

TIPP Dazu passt ein **Gurken-Joghurt-Dip:** Dafür 250 g griechischen Sahnejoghurt (10 % Fett) glatt rühren. Eine kleine Salatgurke (ca. 200 g) schälen, längs halbieren und mit einem Löffel entkernen. Die Gurkenhälften sehr fein würfeln. Die Gurkenwürfel mit je 1 Prise gemahlenem Kreuzkümmel, Paprikapulver und Zucker würzen und mit je 2 EL gehacktem Koriandergrün und Minze unter den Joghurt rühren.

5 Die Zwiebelwürfel zu den Kichererbsen geben. Das Toastbrot klein würfeln. Den Knoblauch schälen und hacken. Ei, Backpulver, gemahlener Kreuzkümmel und Koriander, Cayennepfeffer, Salz, Pfeffer, Zitronenhälfte und Petersilie bereitstellen.

6 Kichererbsen und Zwiebeln mit dem Pürierstab pürieren, bis die Masse glatt ist.

7 Den Saft der Zitronenhälfte auspressen. Die Petersilie waschen und trocken schütteln, die Blätter hacken. Beides mit Toastbrotwürfeln, Ei, Gewürzen und Backpulver zur Kichererbsenmasse geben.

8 Alles mit dem Pürierstab gründlich unterarbeiten.

»Das Fett zum Frittieren muss die richtige Temperatur haben und die können Sie mithilfe eines Thermometers kontrollieren. Denn ist das Fett nicht heiß genug, saugen sich die Falafel mit Fett voll, bevor sie knusprig werden. Ist es dagegen zu heiß, sind die Bällchen blitzschnell braun, aber nicht gar.«

Möhren-Mais-Falafel

Für 4–6 Portionen: 140 g Maiskörner (Dose) 300 g Möhren | 100 g Cornflakes | 1 Knoblauchzehe ½ Bund Estragon | ½ Zitrone | 1 Ei | 1 TL Backpulver 2 TL Currypulver | ½ TL Cayennepfeffer | Salz | Pfeffer aus der Mühle | ca. 500 ml Sonnenblumenöl zum Frittieren

1 Die Maiskörner abtropfen lassen. Die Möhren putzen, schälen und auf der Gemüsereibe fein raspeln. Die Cornflakes in einen Gefrierbeutel geben und den Beutel verschließen. Dann die Cornflakes mit einem Nudelholz fein zerbröseln.
2 Möhrenraspel, Maiskörner und zerbröselte Cornflakes in einen hohen Rührbecher geben und mit dem Pürierstab pürieren, bis die Masse glatt ist.
3 Den Knoblauch schälen und fein hacken. Den Estragon waschen und trocken schütteln, die Blättchen abzupfen und fein hacken. Den Saft der Zitronenhälfte auspressen. Knoblauch, Estragon, Ei, Backpulver, Currypulver, Cayennepfeffer, Salz, Pfeffer und Zitronensaft zur Möhren-Mais-Masse geben. Alles zu einem glatten Teig verrühren. Den Teig mit Salz und Pfeffer abschmecken.
4 Das Öl in einem Topf oder in einer Fritteuse auf etwa 160° erhitzen. Aus dem Teig mit einem kleinen Eisportionierer Kugeln formen. Die Teigkugeln portionsweise im heißen Fett in etwa 4 Minuten goldbraun ausbacken. Die Falafel mit einer Schaumkelle herausheben und auf Küchenpapier abtropfen lassen.

TIPP Dazu passt ein **Sesam-Dip:** Dafür 30 g helle Sesamsamen in einer Pfanne ohne Fett rösten und abkühlen lassen. 10 g frischen Ingwer und ½ Knoblauchzehe schälen. Den Ingwer klein schneiden. Mit Sesamsamen und Knoblauch im Mörser zerstoßen. Mit 150 g Sahnejoghurt (10 % Fett) verrühren. Den Dip mit Salz, Pfeffer, 1 Prise Zucker und 1 TL Zitronensaft würzig abschmecken. ½ Bund Schnittlauch waschen, trocken schütteln und in Röllchen schneiden. Die Schnittlauchröllchen unter den Joghurt rühren.

Bohnen-Falafel

Für 4–6 Portionen: 300 g frische dicke Saubohnen (ersatzweise 500 g dicke TK-Bohnen) | 4–5 Stängel Koriandergrün | 2–3 Stängel Minze | 1 Knoblauchzehe | 1 rote Chilischote | 50 g Semmelbrösel | 1 Ei | 1 TL Backpulver 1 TL gemahlener Kreuzkümmel | 1 TL gemahlener Koriander | ½ TL Cayennepfeffer | Salz | Pfeffer aus der Mühle Saft und Schale von ½ Bio-Zitrone | ca. 500 ml Sonnenblumenöl zum Frittieren

1 Dicke TK-Bohnen auftauen lassen. Die frischen oder die aufgetauten dicken Bohnen in kochendem Wasser etwa 30 Sekunden blanchieren. Die Bohnen mit einer Schaumkelle herausnehmen und in kaltem Wasser abschrecken. Die Samen aus der weißen Schalenhaut drücken, in eine Schüssel geben und mit dem Pürierstab glatt pürieren.
2 Koriandergrün und Minze waschen und trocken schütteln, die Blätter abzupfen und fein hacken. Den Knoblauch schälen und fein hacken. Die Chilischote längs halbieren, entkernen, waschen und ebenfalls fein hacken.
3 Knoblauch, Chili, Semmelbrösel, Ei, Backpulver, Kreuzkümmel- und Korianderpulver, Cayennepfeffer, Salz, Pfeffer, Zitronensaft, Zitronenschale und die Kräuter zum Bohnenpüree geben. Alles zu einem glatten Teig verrühren.
4 Das Öl in einem Topf oder in einer Fritteuse auf etwa 160° erhitzen. Aus dem Teig mit zwei Esslöffeln Nocken formen. Die Nocken portionsweise im heißen Fett in etwa 4 Minuten goldbraun ausbacken. Die Falafel mit einer Schaumkelle herausheben und auf Küchenpapier abtropfen lassen.

INFO Saubohnen sind auch als Acker-, dicke oder Puffbohnen bekannt. Von Ende Juni bis Mitte August gibt es sie frisch auf dem Markt. Verwendet werden die Bohnenkerne im Inneren der Schote. Die Bohnenkerne sind von einer weißen Hülle umgeben, die nach dem Blanchieren entfernt wird. Getrocknete Saubohnen sind lange haltbar und werden vor dem Garen etwa 24 Stunden in kaltem Wasser eingeweicht.

Feuertopf

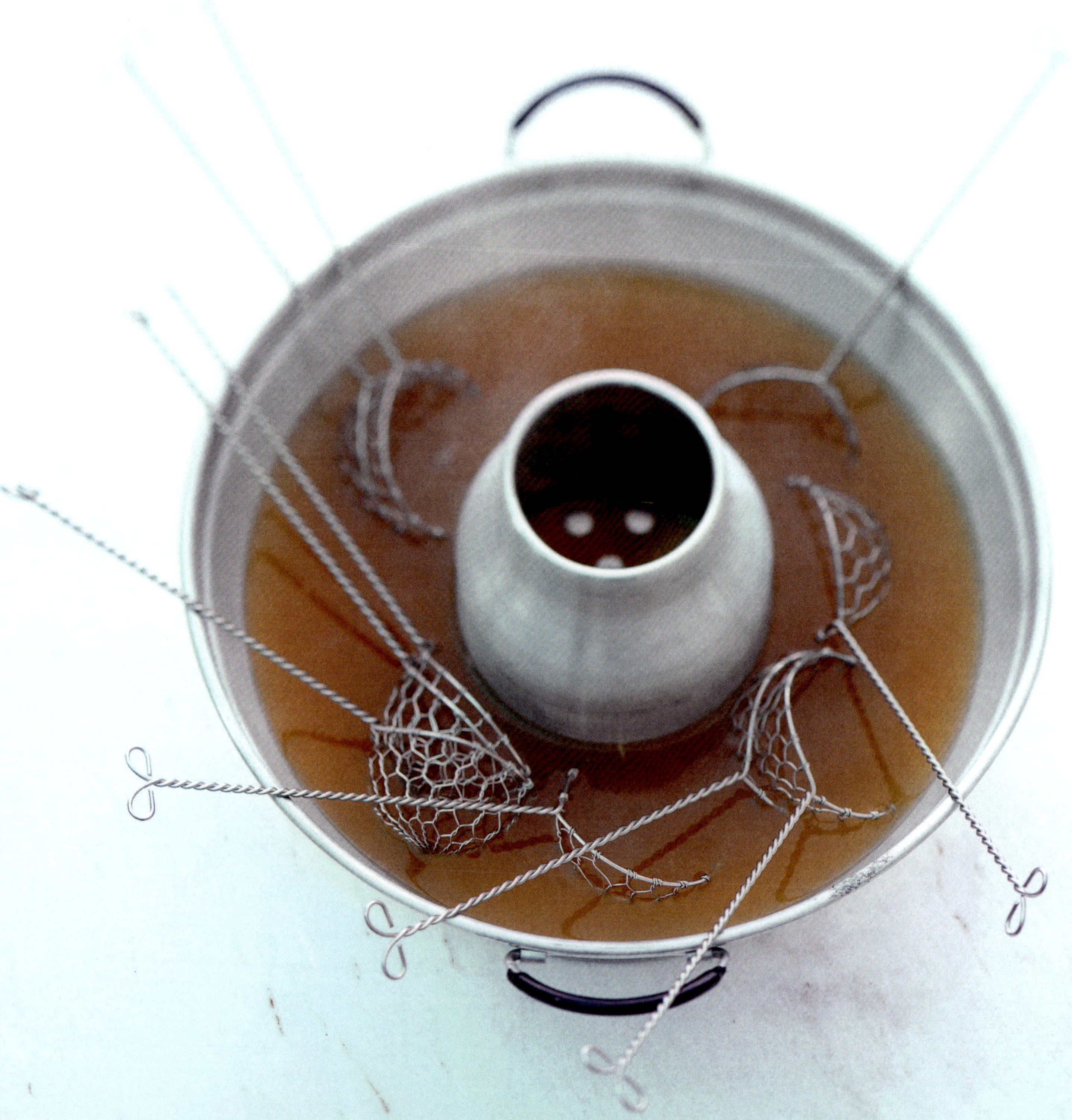

In geselliger Runde beisammen sein und mit vielen kleinen Fleisch- oder Gemüseteilchen hinein in den »Huoguo«, den brodelnden Feuertopf. Da werden Brühen ideenreich gewürzt, Saucen mit asiatischer Leichtigkeit gerührt und das Gargut generös aufgelegt. Tauschen Sie die Spießchen gegen Stäbchen aus und machen Sie aus dem Fondue eine Zeremonie …

Feuertopf

Für 4 Portionen: 150 g Glasnudeln | 200 g Hähnchenbrustfilet (ohne Haut und Knochen) | 200 g Rinderfilet | 200 g Schweinefilet | 250 g neutraler Tofu 8–12 Shiitake-Pilze | 2 Möhren | 2–3 Frühlingszwiebeln | 150 g Zuckerschoten 150 g Sojasprossen | 100 g Blattspinat | 2 rote Chilischoten | 2 Stängel Zitronengras | 25 g frischer Ingwer | 3 getrocknete Shiitake-Pilze | 2 l Geflügelfond (siehe Seite 21 oder Glas) | 150 ml Reiswein | 2–3 Sternanise
Außerdem: Feuertopf oder Fonduetopf | Fonduesiebe

1 Die Glasnudeln in eine Schüssel geben, mit heißem Wasser übergießen und etwa 10 Minuten quellen lassen. Anschließend die Glasnudeln abtropfen lassen und mit einer Schere halbieren oder dritteln.

2 Das Fleisch kalt abbrausen, mit Küchenpapier trocken tupfen und in dünne Scheiben schneiden.

3 Den Tofu in etwa 1,5 cm große Würfel schneiden.

4 Von den frischen Shiitake-Pilzen die Stiele entfernen. Die Köpfe je nach Größe halbieren, vierteln oder in Streifen schneiden.

9 Chili, Zitronengras, Ingwer, getrocknete Shiitake-Pilze und Sternanise in dem Fond etwa 30 Minuten ziehen lassen.

10 Dann die Gewürze mit einer Schaumkelle herausheben.

11 Den heißen Fond in einen Feuertopf oder Fonduetopf gießen und auf den Tisch stellen.

12 Die vorbereiteten Zutaten in Fonduesiebe geben und in der Brühe garen. Zum Schluss die Glasnudeln in der aromatischen Brühe garen und genießen.

»Wer die sehr aromatische Brühe nicht gleich genießen möchte, seiht sie ab und friert sie ein. Die Brühe lässt sich bei Bedarf für die Zubereitung von asiatischen Suppen oder für Wok-Gerichte verwenden.«

5 Gemüse waschen, putzen oder schälen. Möhren und Frühlingszwiebeln schräg in dünne Scheiben schneiden. Die Zuckerschoten halbieren. Sprossen und Spinat ganz lassen. Gemüse und Fleisch auf einer Platte anrichten und abgedeckt kalt stellen.

6 Chilischoten, Zitronengras, Ingwer, getrocknete Shiitake-Pilze, Fond, Reiswein und Sternanise bereitstellen.

7 Chilischoten längs halbieren, entkernen, waschen und klein hacken. Zitronengras putzen. Ingwer schälen. Zitronengras und Ingwer klein hacken.

8 Geflügelfond und Reiswein in einen großen Topf geben und aufkochen.

Feuertopf mit Fisch und Meeresfrüchten

Für 4 Portionen: 200 g Thun- oder Schwertfischfilet | 200 g Rotbarsch- oder Seeteufelfilet | 8 Jakobsmuscheln (küchenfertig, ersatzweise Grünschalenmuscheln) | 8 Langostini (ersatzweise Garnelen) | 8 Kalamaris | 1 rote Chilischote | 2 Stängel Zitronengras | 25 g frischer Ingwer | 1 Bio-Limette | 1 TL Koriandersamen | 2 l Fischfond (siehe Seite 23 oder Glas) | 1 EL Fischsauce | 2 EL helle Sojasauce | 150 g Glasnudeln | 200 g Algen (z. B. Sorte Salicornes »Spargel des Meeres«)

1 Die Fischfilets in mundgerechte Portionen schneiden. Jakobsmuscheln (oder Grünschalenmuscheln) gründlich waschen. Bei den Grünschalenmuscheln den Bart abziehen. Geöffnete Muscheln aussortieren und wegwerfen. (Muscheln, die nach dem Garen noch geschlossen sind, ebenfalls aussortieren und wegwerfen.)
2 Die Langostini kalt abbrausen und den Kopf durch Drehen entfernen. Den Darm mit einem dünnen Schnitt am Rückgrat entfernen. Langostini kalt abbrausen und trocken tupfen.
3 Aus den Kalamaris den Kopf, die Innereien und den Chitinstab herausziehen, die Tuben gründlich ausspülen und in etwa 2 cm breite Streifen schneiden. Den Kopf mit Tentakeln von Innereien, Augen und Schnabel befreien.
4 Fischfilets und Meeresfrüchte dekorativ auf einer Platte anrichten, abdecken und bis zum Servieren in den Kühlschrank stellen.
5 Die Chilischote längs halbieren, entkernen, waschen und klein würfeln. Das Zitronengras putzen. Den Ingwer schälen. Zitronengras und Ingwer klein hacken. Die Limette heiß waschen und abtrocknen, die Schale mit einem Sparschäler dünn abschälen. Die Koriandersamen in einer Pfanne ohne Fett etwa 2 Minuten rösten.
6 Den Fond mit Fisch- und Sojasauce aufkochen. Chili, Zitronengras, Ingwer, Limettenschale und Koriandersamen in den Fond geben und etwa 30 Minuten ziehen lassen. Dann die Gewürze mit einer Schaumkelle herausnehmen. Die Brühe in einen Feuertopf (oder Fonduetopf) füllen und auf den Tisch stellen.
7 Die vorbereiteten Zutaten portionsweise in Fonduesieben in der Brühe garen. Zum Schluss die Glasnudeln in der sehr intensiven Brühe garen. Die Algen entweder in der Brühe erwärmen oder kalt dazu reichen.

TIPP Die Aromaten können Sie in einem Teesieb oder Teebeutel in die Brühe geben, so lassen sie sich leichter entfernen.

VARIANTE

Wählen Sie die Zutaten, 300–400 g pro Portion, nach Belieben aus. Tauschen Sie beispielsweise die Hälfte des Fisches und der Meeresfrüchte durch Gemüse aus: Kohlrabi, Zucchini, Lauch, Blumenkohl, Brokkoli, Thai-Spargel, Mangold, Bambussprossen, Austernpilze, Kräuterseitlinge. Harte Gemüsesorten wie Blumenkohl oder Kohlrabi zuvor putzen oder schälen, in mundgerechte Stücke schneiden und in kochendem Salzwasser in 2–3 Minuten bissfest blanchieren. Sie können auch nur Gemüse, Tofu und verschiedene Nudelsorten servieren. Anstelle von Nudeln servieren Sie gedämpften Basmatireis in Schälchen dazu.

Filetspitzen Stroganoff

Rote Bete und Pilze, Gewürzgurken und Rinderfilet – wie geht das zusammen? Meine Antwort: Hervorragend – ich finde, dass die feinen Filetspitzen in dieser interessanten Komposition in bester Gesellschaft sind. Um die Erfindung ranken sich viele Geschichten, es wird angeregt spekuliert. Sicher ist lediglich, dass das Gericht von Russland aus um die Welt gegangen ist.

Filetspitzen Stroganoff

Für 4 Portionen: 2 kleine Zwiebeln | 700 g Rinderfilet | 200 g braune Champignons (oder Steinpilze) | 4 Gewürzgurken | 1 Rote Bete (vakuumverpackt) | 1 Kästchen Gartenkresse | 50 g Butterschmalz | 1–2 TL Tomatenmark | 75 ml Madeira 250 ml dunkler Kalbsfond (Glas) | 150 g saure Sahne | Salz | Pfeffer | 1 TL mittelscharfer Senf

1 Die Zwiebeln schälen und in feine Würfel schneiden.

2 Das Rinderfilet quer zur Faser zuerst in dünne Scheiben, dann in etwa 2 cm breite Streifen schneiden.

3 Die Champignons putzen, trocken abreiben und je nach Größe in dicke Scheiben oder Viertel schneiden.

4 Gewürzgurken und Rote Bete in dünne Stifte schneiden. Die Kresse mit einer Küchenschere vom Beet schneiden.

9 Die Zwiebelwürfel im Bratensatz glasig dünsten.

10 Das Tomatenmark dazugeben und kurz mitrösten.

11 Den Bratensatz mit Madeira ablöschen.

12 Den Fond dazugießen. Die Sauce aufkochen und offen bei mittlerer Hitze um die Hälfte einkochen lassen.

»Madeira, ein aromatischer Dessertwein, gibt der Sauce das gewisse Etwas. Wenn Sie lieber darauf verzichten möchten, ersetzen Sie die Menge durch Kalbsfond – entweder frisch gekocht oder aus dem Glas.«

5 Die Filetstreifen in drei Portionen anbraten. Dafür jeweils 1 TL Butterschmalz in einer großen Pfanne erhitzen, je ein Drittel der Filetstreifen darin in etwa 1 Minute scharf anbraten.

6 Die Filetspitzen herausnehmen und in einer Schüssel mit Sieb abtropfen lassen. Dabei den Fleischsaft auffangen.

7 In derselben Pfanne das übrige Butterschmalz erhitzen, die Pilze darin 1–2 Minuten anbraten.

8 Die gebratenen Pilze zum Fleisch in das Sieb geben.

13 Die saure Sahne unter die reduzierte Sauce rühren und erwärmen (nicht kochen).

14 Die Sauce mit Salz, Pfeffer und Senf abschmecken.

15 Den Fleischsaft zur Sauce geben und unterrühren.

16 Zuletzt Fleisch und Pilze unter die Sauce mischen und alles erwärmen. Mit Gurken- und Rote-Bete-Stiften sowie Kresse bestreut servieren. Dazu passen Bandnudeln oder Bratkartoffeln.

Fischgeschnetzeltes Stroganoff

Für 4 Portionen: 700 g Seeteufelfilet (ersatzweise Heilbutt-, Zander- oder Forellenfilet) | 2–3 Schalotten 200 g kleine Champignons | 1 Salatgurke | 150 g Rote Bete (vakuumverpackt) | 2–3 Stängel Dill | 50 g Butter Salz | Pfeffer aus der Mühle | 4 EL Olivenöl | 75 ml Wermut (z. B. Noilly Prat oder trockener Weißwein) | 250 ml Fischfond (siehe Seite 23 oder Glas) | ½ Bund Brunnenkresse 150 g Crème fraîche | 1 EL körniger Senf

1 Fischfilet kalt abbrausen, mit Küchenpapier trocken tupfen und in 3–5 mm dicke Scheiben schneiden.
2 Die Schalotten schälen und fein würfeln. Die Champignons putzen, trocken abreiben und je nach Größe in dicke Scheiben schneiden oder vierteln.
3 Die Gurke schälen, längs vierteln und mit einem Messer entkernen. Die Gurkenviertel in etwa 3 cm lange Stifte schneiden. Die Rote Bete klein würfeln. Den Dill waschen und trocken schütteln, die Dillspitzen abzupfen und hacken.
4 Die Butter in einem Topf zerlassen, die Gurkenstifte darin etwa 1 Minute andünsten. Mit Salz und Pfeffer würzen. Den Dill untermischen.
5 2 EL Öl in einer großen beschichteten Pfanne erhitzen, die Hälfte der Fischscheiben darin bei mittlerer Hitze in etwa 1 Minute scharf anbraten. Die Fischscheiben herausnehmen und in einer Schüssel mit Sieb abtropfen lassen. Den Rest genauso anbraten und abtropfen lassen.
6 Das restliche Öl in die Pfanne geben, die Champignons darin 1–2 Minuten braten. Die Champignons zum Fisch geben. Für die Sauce die Schalottenwürfel in dieselbe Pfanne geben und glasig dünsten, mit Wermut ablöschen. Den Fond dazugießen und offen bei mittlerer Hitze um die Hälfte einkochen lassen.
7 Die Brunnenkresse waschen und trocken schütteln. Crème fraîche und Senf unter die Sauce rühren und die Sauce sämig einkochen lassen. Mit Salz und Pfeffer würzen. Fisch und Champignons unter die Sauce mischen und erwärmen. Das Geschnetzelte auf tiefe Teller verteilen. Gurkenstifte und Rote Bete darauf verteilen. Mit Brunnenkresse garniert servieren. Dazu passen Reis oder Bandnudeln.

TIPP Noilly Prat, ein **Wermut,** gibt Fischgerichten die perfekte Würze. Wer auf Alkohol verzichten möchte, nimmt stattdessen Fischfond – entweder selbst gekocht (siehe Seite 23) oder fertig aus dem Glas (zu bestellen unter www.johannlaferonline-shop.de).

Fish and Chips

Nebel und Nieselregen, klamme Finger und hochgeschlagener Kragen, Arbeitercharme und Pub-Atmosphäre – diese spontanen Assoziationen sind für mich so untrennbar mit dem Gedanken an britische Streetfood- und Take-away-Kultur verbunden wie Fish and Chips. Das klingt vielleicht wenig romantisch, ist jedoch eine Liebeserklärung, denn ich mag diesen unkapriziösen Imbiss sehr.

Fish and Chips

Für 4–6 Portionen: 3 Eier | 175 g Mehl | Salz | 175 ml Bier | 800 g Kabeljaufilet (ohne Haut und Gräten) | ca. 1 kg große festkochende Kartoffeln | Pfeffer aus der Mühle | Mehl zum Wenden | ca. 2 l Sonnenblumenöl zum Ausbacken

1 Für den Teig Eier, Mehl, Salz und Bier bereitstellen.

2 Die Eier trennen. Die Eiweiße in eine Schüssel geben.

3 Die Eigelbe in eine zweite Schüssel geben. Die Eiweiße in den Kühlschrank stellen.

4 Mehl, 1 TL Salz und Bier zu den Eigelben geben und alles mit einem Schneebesen glatt verrühren.

9 Die Kartoffelstifte in einer Schüssel mit kaltem Wasser etwa 5 Minuten gründlich waschen. Das Öl in einem breiten, hohen Topf (oder in einer Fritteuse) auf etwa 130° erhitzen.

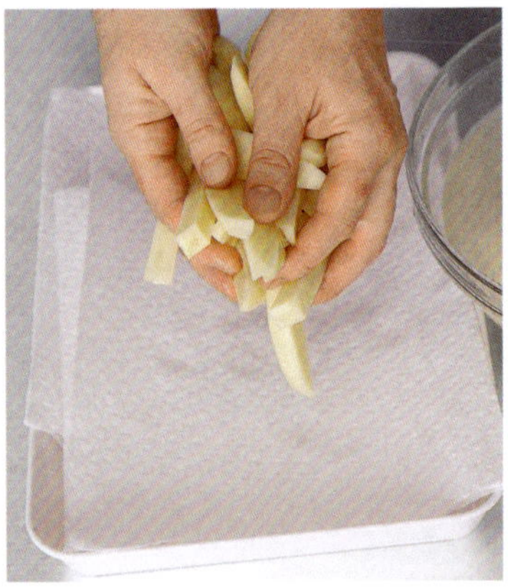

10 Die Kartoffelstifte auf Küchenpapier geben und trocken tupfen.

11 Die trockenen Kartoffelstifte im heißen Öl etwa 5 Minuten vorgaren, ohne dass sie Farbe annehmen.

12 Danach mit einer Schaumkelle herausheben und auf Küchenpapier abkühlen lassen.

»Zum stilechten Servieren gehört eine Tüte aus Zeitungspapier. Damit auch alles hygienisch einwandfrei bleibt, legen Sie die Innenseite der Zeitungstüte mit Backpapier aus.«

5 Die Eiweiße und 1 Prise Salz mit den Quirlen des Handrührgeräts steif schlagen.

6 Den Eischnee zum Bierteig geben und behutsam unter den Teig heben.

7 Das Fischfilet kalt abbrausen, trocken tupfen und in etwa 16 gleich große Stücke teilen.

8 Die Kartoffeln waschen, schälen und in etwa 1 cm dicke Stifte schneiden.

13 Das Öl auf 170° erhitzen. Die Fischstücke salzen und pfeffern, dann in Mehl wenden und durch den Bierteig ziehen.

14 Die Fischstücke sofort im heißen Öl in etwa 4 Minuten goldbraun ausbacken.

15 Die Fischstücke herausnehmen und auf Küchenpapier abtropfen lassen.

TIPP Beim Frittieren das Frittiergut immer portionsweise in das heiße Fett geben, damit das Fett nicht so schnell abkühlt und aufschäumt.

16 Die abgekühlten Chips im heißen Öl goldbraun ausbacken. Auf Küchenpapier abtropfen lassen und salzen. Mit dem Fisch servieren. Dazu passen Malzessig, Mayonnaise und Zitronenspalten.

Fishy Chips mit Dips

Für 4 Portionen:
Dips: 2 Eigelb | 3 TL mittelscharfer Senf | 200 ml Pflanzenöl (z. B. Sonnenblumenöl) | 100 ml Malzessig (ersatzweise guter Aceto balsamico) | Salz | Pfeffer aus der Mühle
1 Bund Dill | 1–2 EL Honig | 75 g Crème fraîche
1 EL Paprikapüree (z. B. Ajvar) | 1 Prise Zucker
1–2 TL Wasabipaste | 2–3 EL Kürbiskernöl
Teig: 2 Eier | 1 TL Backpulver | 200 ml Bier | 150 g Mehl
800 g kleine frische Sardellen (ohne Innereien) | Salz
Pfeffer aus der Mühle | Mehl zum Wenden | 200 g Panko (ersatzweise zerbröselte Cornflakes) | ca. 500 ml neutrales Pflanzenöl (z. B. Sonnenblumenöl) zum Frittieren

1 Eigelbe und 1 TL Senf in eine große Rührschüssel geben und mit einem Schneebesen verrühren. Die Hälfte des Pflanzenöls tröpfchenweise unterschlagen. Dann das übrige Pflanzenöl unter Rühren in einem dünnen Strahl dazugeben, bis eine dick-cremige Mayonnaise entstanden ist. Die Mayonnaise in vier gleichgroße Portionen teilen.
2 Den Malzessig in einem Topf offen bei mittlerer Hitze sirupartig auf etwa 2 Esslöffel einkochen, dann abkühlen lassen. Den abgekühlten Malzessig mit einem Viertel von der Mayonnaise verrühren. Den Dip mit Salz und Pfeffer würzen.
3 Den Dill waschen und trocken schütteln, die Dillspitzen hacken. Das zweite Viertel Mayonnaise mit Honig, Dill, Crème fraîche und 2 TL Senf verrühren. Den Dip mit Salz und Pfeffer würzen.
4 Das dritte Viertel Mayonnaise mit Paprikapüree verrühren. Den Dip mit 1 Prise Salz und Zucker würzen.
5 Das letzte Viertel Mayonnaise mit Wasabipaste und Kürbiskernöl verrühren. Den Dip mit Salz und Pfeffer würzen. Die Dips jeweils in ein Schälchen geben, abdecken und in den Kühlschrank stellen.
6 Für den Teig Eier mit Backpulver, Bier und Mehl in einer Schüssel mit einem Schneebesen glatt verrühren.
7 Die Sardellen gründlich in kaltem Wasser säubern und trocken tupfen, mit Salz und Pfeffer würzen. Die Sardellen erst in Mehl wenden, dann durch den Teig ziehen und in Panko wälzen. Das Öl in einem Topf erhitzen, die Sardinen darin portionsweise in 3–4 Minuten goldbraun und knusprig frittieren. Die Sardinen herausnehmen, auf Küchenpapier kurz abtropfen lassen und heiß mit den Dips servieren.

INFO Zur Herstellung von **Malzessig** wird Braugerste zermahlen und zum Gären gebracht. Dabei entsteht ein süßlicher, milder, malziger Essig. In England gehört er unbedingt zu Fish and Chips. Hierzulande ist er in britischen Lebensmittelgeschäften erhältlich oder im Internetshop (siehe Seite 473).

Frankfurter Grüne Sauce

Einfach und schlicht, aber dennoch ein gelungenes i-Tüpfelchen für individuell gewählte Begleiter: gekochte Eier, Pellkartoffeln, Rindfleisch oder Fisch. Die Frankfurter Grüne Sauce läutet in ihrer Heimatstadt den Frühling ein und zählt zu den österlichen Traditionen; dann sind auch die begehrten Päckchenbündel mit den sieben Kräutern endlich wieder marktfrisch zu haben und begleiten den ganzen Sommer.

Frankfurter Grüne Sauce

Für 4 Portionen: 1 frisches Eigelb | 2 TL scharfer Senf | Salz | 1 Prise Zucker
Cayennepfeffer | 150 ml neutrales Pflanzenöl (z. B. Sonnenblumen- oder Maiskeimöl) | 200 g gemischte Kräuter für Frankfurter Sauce (z. B. Petersilie, Kerbel, Kresse, Pimpinelle, Borretsch, Sauerampfer, Schnittlauch) | 200 g Schmand
½ Zitrone | 5 Eier (Größe M)

1 Eigelb, Senf, Salz, Zucker, Cayennepfeffer und Pflanzenöl für die Mayonnaise abwiegen, abmessen und bereitstellen.

2 Das Eigelb mit 1 TL Senf, sowie 1 Prise Salz, Zucker und Cayennepfeffer in einer großen Schüssel mit einem Schneebesen verrühren.

3 Das Öl erst tröpfchenweise unter die Eigelb-Senf-Masse schlagen, dann in einem dünnen Strahl dazugießen und alles zu einer dick-cremigen Mayonnaise aufschlagen.

4 Die Blätter der gemischten Kräuter zuerst abzupfen.

9 Die restlichen Kräuter fein hacken. Den Schnittlauch in Röllchen schneiden.

10 Die gehackten Kräuter und Schnittlauchröllchen in die Schüssel geben.

11 Anschließend die Kräuter unter die Sauce rühren.

12 Den Saft der Zitronenhälfte auspressen. Die Sauce mit Salz, Cayennepfeffer und Zitronensaft abschmecken.

»Dieser Saucenklassiker serviert mit neuen Pellkartoffeln und gekochten Eiern ist eines meiner liebsten Frühlingsgerichte. Die gehackten Kräuter dafür lassen sich in einem Eiswürfelbereiter prima einfrieren; so haben Sie die Kräuter jederzeit zur Hand.«

5 Die Kräuterblätter waschen und trocken schleudern.

6 Die Kräuter, bis auf Schnittlauch, Mayonnaise, Schmand und Zitrone bereitstellen.

7 Zwei Drittel der Kräuter (ohne Schnittlauch), restlichen Senf und Schmand zur Mayonnaise geben.

8 Alles mit einem Pürierstab fein pürieren.

13 Die Eier in etwa 8 Minuten hart kochen. Anschließend herausnehmen, kalt abschrecken und pellen.

14 Die Eier mit einem Messer oder einem Eierschneider klein hacken.

15 Die gehackten Eier unter die Sauce mischen. Die Sauce bis zum Servieren kalt stellen.

TIPP Die Frankfurter Grüne Sauce passt zu hart gekochten Eiern, schmeckt als Dip zu Gemüse, gekochtem Rindfleisch und Gegrilltem oder auch als Brotaufstrich.

Ofenkartoffeln mit Kräuterfrischkäse und Wachtelei

Für 4 Portionen: 1 Bund gemischte Kräuter für Frankfurter Sauce (Petersilie, Kerbel, Schnittlauch, Kresse, Pimpinelle, Borretsch, Sauerampfer) | 1–2 TL scharfer Senf 200 g Doppelrahmfrischkäse | ½ Zitrone | Salz | Cayennepfeffer | 8 mittelgroße festkochende Kartoffeln ca. 800 g ungereinigtes, grobes Meersalz | 1–2 EL Kümmelsamen | 3 Zweige Rosmarin | 3 Zweige Thymian 8 Wachteleier | Meersalz | schwarzer Pfeffer aus der Mühle | ½ Kästchen Gartenkresse
Außerdem: Spritzbeutel mit großer Lochtülle

1 Die Kräuterblätter abzupfen, waschen und trocken schleudern. Die Kräuterblätter hacken. Den Schnittlauch waschen, trocken schütteln und in feine Röllchen schneiden.
2 Senf und Frischkäse in einen hohen Rührbecher geben. Die gehackten Kräuter hinzufügen und alles mit einem Pürierstab fein pürieren. Die Schnittlauchröllchen unterheben. Den Saft der Zitronenhälfte auspressen. Den Frischkäse mit Salz, Cayennepfeffer und Zitronensaft kräftig würzen. Den Kräuterfrischkäse etwa 2 Stunden kalt stellen.
3 Den Backofen auf 170° vorheizen. Die Kartoffeln gründlich waschen. Grobes Meersalz und Kümmelsamen mischen, ein Viertel davon gleichmäßig auf ein Backblech oder in einer großen Gratinform verteilen. Die Kartoffeln daraufsetzen. Rosmarin und Thymian waschen und trocken schütteln. Die Kräuterzweige halbieren und zwischen die Kartoffeln legen. Restliche Salzmischung so darauf verteilen, dass die Kartoffeln vollständig bedeckt sind. Die Kartoffeln im Backofen (Mitte, Umluft 150°) in etwa 45 Minuten garen.
4 Inzwischen die Wachteleier in kochendem Wasser in etwa 3 Minuten garen, anschließend kalt abschrecken, pellen und halbieren.
5 Die Kartoffeln aus dem Salz nehmen, etwas abkühlen lassen und halbieren. Den Kräuterfrischkäse in einen Spritzbeutel mit großer Lochtülle geben und auf die Kartoffelhälften spritzen. Je ½ Wachtelei auf die Creme setzen, mit Meersalz und Pfeffer würzen. Die Kresse vom Beet schneiden, waschen und trocken tupfen. Die Kartoffeln mit Kresse bestreuen und servieren.

TIPP Ungereinigtes, grobes **Meersalz** ist von Natur aus leicht grau und meist feucht. Es wird nicht gewaschen oder gereinigt, kommt ohne Zusätze wie Rieselhilfen aus. Es enthält besonders viel Magnesium, Eisen und Calcium und schmeckt nach »Meer«. Durch die Restfeuchte ist das Salz ideal zum Einhüllen und Backen von Kartoffeln, Fleisch oder Fisch, weil es sich gut formen lässt.

Gazpacho

Ein ideales Essen für heiße Tage, das wunderbar herzhaft, zugleich leicht und erfrischend ist. Das Besondere daran: Die Gazpacho kommt eisgekühlt auf den Tisch und umschmeichelt den Gaumen fein ausbalanciert mit Schärfe, Süße und Säure. Ich habe das andalusische Vorbild für Sie mit saftigen Beeren und Obst fruchtig abgewandelt und vermute, so kommt es auch bei Kindern fantastisch an.

Gazpacho

Für 4 Portionen: 200 g Weißbrot | 1 große weiße Zwiebel | 3 Knoblauchzehen
8 EL Olivenöl | Salz | Pfeffer aus der Mühle | 600 g Tomaten | 250 g Salatgurken
300 g rote Paprikaschoten | 2–3 EL Sherryessig | 250 ml Gemüsefond (Glas)
4 EL Olivenöl zum Beträufeln
Garnitur: ½ Salatgurke | je 1 kleine rote und gelbe Paprikaschote | 2 Tomaten
1 weiße Zwiebel
Außerdem: Eiswasser

1 Das Weißbrot entrinden. Die Hälfte davon in Würfel schneiden und in kaltem Wasser einweichen.

2 Zwiebel und Knoblauch schälen. Die Zwiebel fein würfeln und 2 Knoblauchzehen hacken. 2 EL Öl in einer Pfanne erhitzen, Zwiebel und Knoblauch darin glasig dünsten.

3 Das Brot ausdrücken und in einen hohen Rührbecher geben. Zwiebel-Knoblauch-Mischung und 4 EL Olivenöl dazugeben. Mit Salz und Pfeffer würzen.

4 Die Mischung mit einem Pürierstab sehr fein pürieren.

9 Die Gurkenhälften längs in Streifen schneiden und die Streifen in Würfel schneiden. Die Paprikaschoten halbieren, putzen, waschen und würfeln.

10 Gemüse, Tomatensaft und Essig in den Rührbecher zur Brotmischung geben.

11 Alles mit einem Pürierstab fein pürieren. Das Püree in eine Schüssel geben, mit Salz würzen und zugedeckt mindestens 3 Stunden (am besten über Nacht) kalt stellen.

12 Das Gemüse für die Garnitur wie oben beschrieben putzen, waschen, schälen oder häuten. Anschließend in sehr kleine Würfel schneiden und bereitstellen.

»Verwenden Sie nur reifes Gemüse – am besten frisch vom Markt oder vom Bauern in der Nähe. Das herrliche Aroma dieser Suppe entsteht durch sonnengereiftes Gemüse, das viel mehr Zucker enthält als Gewächshausware.«

5 Die Tomaten auf der runden Seite kreuzweise einritzen. Die Tomaten in kochendem Wasser 20–30 Sekunden blanchieren, mit einer Schaumkelle herausnehmen und in Eiswasser abschrecken.

6 Die Tomaten häuten und die Stielansätze entfernen. Die Tomaten in Viertel schneiden.

7 Die Tomatenviertel entkernen. Die Kerne in eine Schüssel mit Sieb geben und mit einem Löffel durch das Sieb streichen. Den Tomatensaft auffangen. Die Tomatenviertel würfeln.

8 Die Gurken schälen, längs halbieren und die Hälften mit einem Teelöffel entkernen.

13 Das restliche Weißbrot in Streifen schneiden.

14 2 EL Olivenöl in einer Pfanne erhitzen, die Brotstreifen darin goldgelb rösten. Übrigen Knoblauch dazureiben und mitrösten. Die Brotstreifen auf Küchenpapier abtropfen lassen und leicht salzen.

15 Das Püree mit dem Fond verrühren, mit Salz und Pfeffer abschmecken. Die Gazpacho in gekühlten tiefen Tellern anrichten. Mit dem restlichen Olivenöl beträufeln. Mit Knoblauch-Croûtons und klein gewürfeltem Gemüse garniert servieren.

Gelierte Gazpacho im Gurkenbecher

Für 16 Stück: 1 rote Paprikaschote | 1 gelbe Paprikaschote | 3 Salatgurken | 2 Blatt weiße Gelatine 3 Knoblauchzehen | 200 ml Tomatensaft | 3 EL Sherryessig | ca. 100 ml Olivenöl | Salz | Cayennepfeffer 1 Prise Zucker | 16 kleine bis mittelgroße Riesengarnelen (ohne Kopf) | 3–4 Zweige Thymian | 2 Zweige Rosmarin 1 Limette | 1 TL Chiliflocken | 1–2 Stängel Basilikum Meersalz | schwarzer Pfeffer aus der Mühle Außerdem: Kugelausstecher | Eiswasser

1 Die Paprikaschoten halbieren, putzen und waschen. Die Salatgurken waschen. 1 Gurke schälen und längs halbieren, die Hälften mit einem kleinen Löffel entkernen. Von den Paprikaschoten und der entkernten Gurke jeweils ein Viertel abnehmen, fein würfeln und beiseitestellen. Die restlichen Paprikastücke und Gurkenhälften klein schneiden.
2 Die Gelatine in kaltem Wasser etwa 5 Minuten einweichen. Für die Gazpacho den Knoblauch schälen. 2 Knoblauchzehen fein reiben, mit Paprika- und Gurkenwürfeln und Tomatensaft in einen hohen Rührbecher geben und mit einem Pürierstab pürieren. Das Püree durch ein feines Sieb streichen.
3 Den Essig erwärmen, die Gelatine ausdrücken und darin auflösen. Mit 3 EL Öl unter die Gazpacho rühren. Die Suppe mit Salz, Cayennepfeffer und Zucker würzen.
4 Für die Gurkenbecher die restlichen Gurken in etwa 3 cm lange Stücke schneiden. Die Stücke bis zur Hälfte mit einem Kugelausstecher aushöhlen. Die Gurkenstücke in kochendem Salzwasser etwa 30 Sekunden blanchieren. Die Stücke herausnehmen und in Eiswasser abschrecken.
5 Die Gurkenbecher mit der Gazpacho füllen und etwa 2 Stunden in den Kühlschrank stellen.
6 Inzwischen die Garnelen mit Schale in kochendem Salzwasser etwa 2 Minuten garen. Dann herausnehmen und eiskalt abschrecken. Die Garnelen schälen und den Darm entfernen. Thymian und Rosmarin waschen und trocken schütteln, die Blättchen und Nadeln fein hacken. Den übrigen Knoblauch fein reiben. Den Saft der Limette auspressen. Thymian, Rosmarin und Knoblauch mit 4 EL Öl, Limettensaft und Chiliflocken vermischen. Die Garnelen darin bis zum Servieren marinieren.
7 Das Basilikum waschen und trocken schütteln, die Blätter abzupfen und in feine Streifen schneiden. Vor dem Servieren die Gurkenbecher mit den beiseitegestellten Gemüsewürfeln und Basilikumstreifen bestreuen. Mit Meersalz und Pfeffer würzen. Die Gurkenbecher mit dem restlichen Öl beträufeln. Die marinierten Garnelen dazu servieren.

Gedämpfter Fisch mit Ingwer

Das Dämpfen ist eine wunderbar schonende Garmethode und insbesondere für empfindlichen Fisch perfekt geeignet; er zerfällt nicht, entwickelt im Sud einen intensiven Geschmack und wird garantiert nicht trocken. Die Chinesen beherrschen die Zubereitung exzellent und verwenden ein eindrucksvolles Ensemble an Gewürzen und Saucen dafür, das ich Ihnen nicht vorenthalten möchte …

Gedämpfter Fisch mit Ingwer

Für 4 Portionen: 80 g frischer Ingwer | 2 Knoblauchzehen | 2 Möhren | 3 Frühlingszwiebeln | 100 g Zuckerschoten | 1 ganzer küchenfertiger Fisch (ca. 1,2 kg, z. B. Red Snapper, Dorade oder Barsch) | 1 Bio-Zitrone | 4 Chinakohlblätter | 75 ml Reiswein | 100 ml Fischfond (siehe Seite 23 oder Glas) | 1 EL brauner Zucker | 50 ml Erdnussöl | 75 ml helle Sojasauce | 1–2 EL geröstetes Sesamöl | ½ Bund Koriandergrün | Meersalz | schwarzer Pfeffer aus der Mühle

1 Ingwer und Knoblauch schälen. Die Hälfte von dem Ingwer und den Knoblauch in feine Streifen schneiden. Den restlichen Ingwer fein würfeln.

2 Die Möhren putzen und schälen. Die Frühlingszwiebeln und Zuckerschoten putzen und waschen. Möhren, Frühlingszwiebeln und Zuckerschoten in feine Streifen schneiden.

3 Den Fisch schuppen, abbrausen und trocken tupfen.

4 Den Fisch auf beiden Seiten jeweils 3- bis 4-mal mit dem Messer einschneiden.

9 Den Dämpfeinsatz aus dem Topf heben. Den Fisch mit den Gemüsestreifen und Kohlblättern auf eine große Platte geben. Zucker, die restlichen Gemüse- und Ingwerstreifen über den Fisch streuen.

10 Erdnussöl stark erhitzen und gleichmäßig über den Fisch gießen. Sojasauce und Sesamöl darüberträufeln. Koriandergrün waschen und trocken schütteln, die Blätter abzupfen. Den Fisch mit Koriandergrün, Meersalz und Pfeffer bestreut servieren. Dazu passt Basmatireis.

5 Die Zitrone heiß waschen, abtrocknen und in Scheiben schneiden. Mit Ingwerwürfeln und Knoblauchstreifen in die Bauchhöhle füllen. Die Chinakohlblätter waschen und trocken tupfen.

6 Etwa 800 ml Wasser (etwa 2 cm hoch) in einen großen Topf oder Bräter mit Dämpfeinsatz geben und aufkochen. Die Chinakohlblätter in den Dämpfeinsatz legen. Den Fisch auf die Kohlblätter legen.

7 Reiswein und Fond über den Fisch gießen. Zwei Drittel der Gemüsestreifen darauflegen.

8 Alles aufkochen und den Fisch zugedeckt bei mittlerer Hitze 15–20 Minuten dämpfen, bis der Fisch gar und das Fischfleisch weiß und nicht mehr glasig ist.

TIPP Ziehen Sie an der Rückenflosse. Lässt sie sich leicht herausziehen, ohne dass Fischfleisch daran hängt, ist der Fisch gar.

»Sie möchten sich nicht an einen großen Fisch heranwagen? Auch gut! Dann kaufen Sie stattdessen Portionsfische à etwa 500 g – zum Beispiel Rotbarben, Forellen oder Doraden. Damit verkürzt sich auch die Garzeit.«

Gedämpfter Saibling mit Meerrettich und Gemüse

Für 4 Portionen: 100 g frischer Meerrettich | 2 dicke Möhren | ¼ Knollensellerie | 1 Stange Lauch | 4 küchenfertige Saiblinge (à ca. 400 g oder 2 à ca. 800 g) | 1 Bio-Zitrone 1 Bund Dill | 6–8 Zweige Zitronenthymian | 150 ml Weißwein (z. B. Grüner Veltliner) | 100 ml Fischfond (siehe Seite 23 oder Glas) | 150 g Butter | Meersalz | schwarzer Pfeffer aus der Mühle

1 Den Meerrettich schälen. Die Hälfte davon fein würfeln und den Rest in dünne Streifen schneiden. Möhren und Sellerie putzen und schälen. Den Lauch putzen und waschen. Möhren, Sellerie und Lauch in feine Streifen schneiden.
2 Die Saiblinge kalt abbrausen, mit Küchenpapier trocken tupfen. Die Zitrone heiß waschen, abtrocknen und in Scheiben schneiden. Dill und Zitronenthymian waschen und trocken schütteln. Zitronenscheiben, Dillstängel, Zitronenthymianzweige und Meerrettichwürfel jeweils in die Bauchhöhle füllen.
3 Wein und Fond in einem großen Topf oder Bräter mit Dämpfeinsatz aufkochen. Die Saiblinge nebeneinander in den Dämpfeinsatz legen. Die Gemüse- und Meerrettichstreifen darauf verteilen. Die Saiblinge zugedeckt etwa 12 Minuten dämpfen, bis sie gar sind und das Fischfleisch weiß und nicht mehr glasig ist. Saiblinge und Gemüse auf einer großen Platte anrichten.
4 Die Butter in einem Topf zerlassen und unter Rühren so lange erhitzen, bis sie eine leichte nussbraune Farbe hat. Die Nussbutter gleichmäßig über den Fisch gießen. Den Fisch mit Meersalz und Pfeffer würzen und sofort servieren. Dazu passen Salzkartoffeln und Gurkensalat mit Dill.

TIPP Für den **Gurkensalat mit Dill** 1 Salatgurke schälen und in dünne Scheiben schneiden oder hobeln. 2 Schalotten schälen und fein würfeln. Die Schalottenwürfel mit 2 EL Weißweinessig, 100 g Sauerrahm und 1 TL mittelscharfem Senf verrühren. Nach und nach 3 EL neutrales Pflanzenöl (z. B. Sonnenblumenöl) unterrühren. Das Dressing kräftig mit Salz, Pfeffer und 1 Prise Zucker würzen. 1 Bund Dill waschen und trocken schütteln, die Dillspitzen fein hacken. Dill und Gurkenscheiben mit dem Dressing mischen. Den Salat eventuell nochmals mit Salz und Pfeffer abschmecken.

Graved Lachs

Eine der wohl schönsten Veredelungsformen für diesen Fisch – und tatsächlich auch jene, die ich bevorzuge. Der aromatische Dillmantel und die süße Honig-Senf-Sauce setzen spannende Kontraste; die Idee dazu stammt aus Skandinavien.
Das beste Ergebnis ist mit Wildlachs zu erzielen. Und ein scharfes Messer sollte zur Hand sein, um ihn perfekt zu tranchieren.

Graved Lachs

Für 4 Portionen: 3 EL grobes Salz | 1 TL Senfsamen | 1 TL Wacholderbeeren
1 EL weiße Pfefferkörner | 1 EL brauner Zucker | 1 Lachsfilet mit Haut (ca. 1 kg)
4–5 Bund Dill | 4 EL milder Senf | 2 EL flüssiger Honig | 1–2 EL Weißweinessig
1 Eigelb | 75 ml Sonnenblumenöl | Pfeffer aus der Mühle | Salz
Außerdem: Mörser | Frischhaltefolie

1 Für die Marinade grobes Salz, Senfsamen, Wacholderbeeren, Pfefferkörner, Zucker abmessen und bereitstellen. Das Lachsfilet kalt abbrausen und mit Küchenpapier trocken tupfen. Mit einer Pinzette alle Gräten entfernen.

2 Grobes Salz, Senfsamen, Wacholderbeeren, Pfefferkörner und Zucker in einem Mörser zerdrücken.

3 Die Hälfte von dem Dill waschen und trocken schütteln, die Dillspitzen hacken. Den Rest bis zur weiteren Verwendung gut verpackt im Gemüsefach aufbewahren.

4 Das Lachsfilet mit der Hautseite nach unten auf ein Blech legen. Die Gewürzmischung gleichmäßig auf der Fleischseite verteilen.

9 Nach 3 Tagen den restlichen Dill waschen und trocken schütteln, die Dillspitzen fein hacken. 3 EL Senf und Honig in einer Schüssel verrühren.

10 Essig und Eigelb dazugeben und unterrühren.

11 Das Öl nach und nach unter Rühren dazugießen, sodass eine sämige Sauce entsteht.

12 Ein Drittel von dem gehackten Dill unter die Honig-Senf-Sauce rühren.

»Brauchen Sie hin und wieder Abwechslung? Oder experimentieren Sie gern? Dann wählen Sie mal Forellen- oder Saiblingsfilet anstelle von Lachsfilet. Weil die Filets viel dünner sind, dauert dann das Marinieren nur einen Tag.«

5 Das Lachsfilet mit dem gehackten Dill bestreuen.

6 Dann das Lachsfilet mit Frischhaltefolie abdecken.

7 Den Fisch mit einem Brett und zwei Gewichten (z. B. Konservendosen) beschweren.

8 Das Blech mit dem Lachs 3 Tage in den Kühlschrank stellen. Dabei den Lachs täglich einmal mit dem ausgetretenen Saft beträufeln.

13 Die Dill-Gewürz-Schicht mit einem Löffel von dem marinierten Lachs abschaben.

14 Das Lachsfilet dünn mit 1 EL Senf bestreichen.

15 Den übrigen Dill darüberstreuen. Das Filet mit einem Lachsmesser oder langen scharfen Messer schräg in sehr dünnen Scheiben von der Haut schneiden. Die Scheiben auf einer Platte anrichten. Die Sauce extra dazu reichen. Dazu passt Baguette oder Toastbrot.

TIPP Die grünen, saftigen, dünn fädrigen Dillspitzen passen sehr gut zu Fisch und werden wie hier am besten frisch verwendet. Bis zur Verwendung wickeln Sie frischen Dill in feuchtes Küchenpapier und legen ihn in einem Gefrierbeutel ins Gemüsefach im Kühlschrank.

Graved-Lachs-Tatar auf Reibeküchlein

Für 6 Portionen: 400 g Graved Lachs (siehe Seite 206) ½ Zitrone | 2 EL Olivenöl | 1 TL Honig | Salz | schwarzer Pfeffer aus der Mühle | 500 g mehligkochende Kartoffeln 1 Bund Schnittlauch | 1 Ei | 50 g Mehl | Muskatnuss ca. 75 g Butterschmalz | 50 g junge Spinatblätter Dillspitzen zum Bestreuen

1 Den Graved Lachs nach dem Rezept auf Seite 206 vorbereiten. Für das Tatar den Lachs zuerst in dünne Scheiben schneiden, dann sehr klein würfeln.
2 Den Saft der Zitronenhälfte auspressen. Die Lachswürfelchen mit Zitronensaft, Öl und Honig vermischen. Das Tatar mit Salz und Pfeffer würzen.
3 Die Kartoffeln schälen und auf der Gemüsereibe fein reiben. Den Schnittlauch waschen, trocken schütteln und in feine Röllchen schneiden. Schnittlauchröllchen, Ei und Mehl zu den geriebenen Kartoffeln geben und untermischen. Die Kartoffelmasse kräftig mit Salz, Pfeffer und frisch geriebener Muskatnuss würzen.
4 Aus der Kartoffelmasse 6 Reibeküchlein backen. Dafür das Butterschmalz in einer großen Pfanne erhitzen, die Kartoffelmasse portionsweise dazugeben und die Küchlein bei mittlerer Hitze auf jeder Seite in 2–3 Minuten goldbraun und knusprig ausbacken. Die Reibeküchlein herausnehmen, auf Küchenpapier abtropfen lassen und leicht salzen.
5 Die Spinatblätter waschen und mit Küchenpapier trocken tupfen. Die Reibeküchlein anrichten und jeweils 1 Spinatblatt und Lachstatar daraufgeben. Mit Dillspitzen bestreuen und noch warm servieren.

Gurken-Lachs-Röschen mit Kresse

Für 16 Stück: 400 g gebeizter Graved Lachs (siehe Seite 206) | 20 g frischer Meerrettich | 100 g Crème fraîche | 1 Spritzer Limettensaft | Salz | Cayennepfeffer 4 dünne Salatgurken (ca. 25 cm lang) | 2 EL Sonnenblumenöl | 1 EL Weißweinessig | 1 TL Honig | Gartenkresse zum Bestreuen
Außerdem: 16 kleine Holzspieße

1 Den Graved Lachs nach dem Rezept auf Seite 206 vorbereiten. Den Meerrettich schälen und auf der Gemüsereibe fein reiben. Den Meerrettich mit Crème fraîche und Limettensaft verrühren. Die Meerrettichcreme mit Salz und Cayennepfeffer würzen.
2 Den Graved Lachs mit einem scharfen Messer in etwa 2 mm dünne Scheiben schneiden.
3 Die Gurken waschen und längs auf einem Gemüsehobel oder auf der Aufschnittmaschine in dünne Scheiben schneiden. Jede Gurkenscheibe mit jeweils 2 Lachsscheiben leicht überlappend belegen. Die belegten Gurkenscheiben aufrollen und mit einem kleinen Holzspieß feststecken. Die Gurken-Lachs-Röschen auf eine Servierplatte setzen.
4 Das Öl mit Essig und Honig verquirlen und über die Röschen träufeln. Die Meerrettichcreme mit einem Teelöffel jeweils in die Mitte der Gurken-Lachs-Röschen geben. Die Röschen mit Gartenkresse bestreuen.

Guacamole

Die Avocado genießt als gesunde und nährstoffreiche Frucht besten Ruf und bringt mit dieser fein pürierten vegetarischen Creme einen willkommenen Farbtupfen auf den Teller: Ob als Nascherei zu frischem oder geröstetem Brot, als Dip oder köstlicher Aufstrich für Blinis oder Burritos – das haben sich die Mexikaner wirklich fein ausgedacht.

Guacamole

Für 4 Portionen: 2 mittelgroße Tomaten | 1 kleine Zwiebel | 1–2 Knoblauchzehen | 1 große grüne Chilischote | 4–5 Stängel Koriandergrün | 2 reife Avocados (z. B. Sorte Hass) | 1 Limette | 4 EL Olivenöl | Salz | Pfeffer aus der Mühle

1 Alle Zutaten abwiegen, abmessen und bereitstellen.

2 Die Tomaten waschen, vierteln und die Stielansätze entfernen. Die Tomatenviertel entkernen.

3 Das Fruchtfleisch in kleine Würfel schneiden.

4 Zwiebel und Knoblauch schälen und fein würfeln.

9 Anschließend das Olivenöl zu den Avocados geben.

10 Das Fruchtfleisch mit einer Gabel fein zerdrücken oder im Mixer pürieren.

11 Zwiebel, Knoblauch und Chiliwürfel dazugeben.

12 Das Koriandergrün und die Tomatenwürfel dazugeben.

»Damit die Guacamole schön grün bleibt, stellen Sie die Creme am besten gut abgedeckt in den Kühlschrank. Drücken Sie einfach ein Stück Frischhaltefolie direkt auf die Creme, sodass sie keinen Kontakt mit dem Sauerstoff hat.«

5 Die Chilischote längs halbieren, entkernen, waschen und in sehr feine Würfel schneiden.

6 Das Koriandergrün waschen und trocken schütteln, die Blätter abzupfen und fein hacken.

7 Die Avocados längs halbieren und die Steine entfernen. Das Fruchtfleisch mit einem Löffel aus der Schale lösen und in eine Schüssel geben.

8 Den Saft der Limette auspressen, dazugeben und unter die Avocado mischen, damit sie nicht braun wird.

13 Alle Zutaten gut verrühren und die Guacamole mit Salz und Pfeffer würzen. Die Guacamole mit Taco-Chips oder als Dip zu Fisch servieren.

TIPP Reife **Avocados** geben bei leichtem Druck auf das Fruchtfleisch nach. Die Sorte »Hass« ist aromatisch und hat ein cremigweiches Fruchtfleisch. Im Handel wird sie verzehrfertig und reif angeboten. Man erkennt sie an ihrer dunkel-violetten Farbe und der dicken, stark genoppten Schale. Die Sorte »Fuerte« dagegen hat eine grüne, glatte Schale und muss meist zu Hause einige Tage nachreifen.

Guacamole-Türmchen mit Krabbentatar

Für 4 Portionen: 1 Avocado (z. B. Sorte Hass) | 1 Limette | 1 Knoblauchzehe | 4 EL Olivenöl | 4 Stängel Koriandergrün | Salz | Pfeffer aus der Mühle | 1 rote Chilischote | 250 g ausgelöstes Fleisch von der Königskrabbe (siehe Info) | 1–2 EL Sojasauce | ½ TL Wasabipaste | 1 Eigelb | 50 ml Sesamöl | 100 ml Sonnenblumenöl | 1 EL Reisessig | 2 EL süß-scharfe Chilisauce | 1 Prise Zucker | 25 g frischer Ingwer | 1 Stange Staudensellerie | ½ Zitrone | 1 grüner Apfel | japanische Shiso-Kresse (Asienladen, siehe Info Seite 348) | 50 g Tortillachips
Außerdem: 1 Portionsring (ca. 5 cm Ø)

1 Die Avocado längs halbieren und den Stein entfernen. Das Fruchtfleisch aus der Schale lösen und in eine Schüssel geben. Den Saft der Limette auspressen. Den Knoblauch schälen und fein dazureiben. Avocadofruchtfleisch mit Knoblauch, Limettensaft und 1 EL Olivenöl mit einer Gabel fein zerdrücken. Das Koriandergrün waschen und trocken schütteln. Die Blätter abzupfen, hacken und untermischen. Die Guacamole mit Salz und Pfeffer kräftig würzen.
2 Die Chilischote längs halbieren, entkernen, waschen und fein würfeln. Das ausgelöste Krabbenfleisch fein zerpflücken, Chiliwürfel und 2 EL Olivenöl untermischen. Die Mischung mit Sojasauce würzen.
3 Wasabipaste und Eigelb in eine große Rührschüssel geben und mit einem Schneebesen verrühren. Sesam- und Sonnenblumenöl verrühren. Die Hälfte der Ölmischung tröpfchenweise unterschlagen. Die zweite Hälfte in einem dünnen Strahl dazugeben und zu einer dick-cremigen Mayonnaise aufschlagen. Reisessig und Chilisauce unterrühren. Die Creme mit Salz, Pfeffer und Zucker abschmecken.
4 Den Ingwer schälen und in feine Streifen schneiden. Den Staudensellerie putzen, waschen und eventuell die Fäden abziehen, dann die Stange in dünne Scheiben schneiden. Für die Marinade den Saft der Zitronenhälfte auspressen und mit 1 EL Olivenöl verrühren. Den Apfel waschen und ebenfalls in feine Streifen schneiden. Ingwer, Staudensellerie, Apfel und Kresse mischen und die Marinade unterrühren. Mit Salz und Pfeffer würzen.
5 Jeweils 1 gehäuften EL Wasabi-Chili-Creme auf Teller verteilen. Mithilfe eines Portionsrings etwas Krabbentatar daraufgeben und mit dem Löffelrücken andrücken. Den Portionsring mit Guacamole auffüllen, glatt streichen und vorsichtig abziehen. Die Tortillachips zerbröseln und dicht auf die Guacamole streuen. Den Apfel-Sellerie-Salat darauf verteilen und servieren.

INFO Das Fleisch der **Königskrabbe** ist weiß, zart und schmeckt sehr gut. Im Handel finden Sie vorwiegend bereits ausgelöstes TK-Krabbenfleisch. Auch die Beine der Königskrabbe gibt es tiefgekühlt zu kaufen. Alternativ können Sie Hummerfleisch oder Garnelen verwenden.

Hamburger

Es gibt einfache Dinge, die eine nahezu unbegreifbare Erfolgsgeschichte geschrieben haben – dieser Burger gehört zweifelsohne dazu. Ob in meiner Kochschule oder sonst wo auf der Welt, er hat seinen festen Platz. Selbst wer es nicht gerne zugibt, erliegt ab und an der Versuchung. Und warum auch nicht? Beim Selbermachen werden alle Register gezogen – es wird gebacken, gebraten, geschnitten und zu guter Letzt eindrucksvoll geschichtet.

Hamburger

Für 6–8 Stück:
Brötchen: 100 ml Milch | 15 g frische Hefe | 250 g Mehl | 20 g Zucker | 4 Eigelb | 60 g weiche Butter | 1 Prise Salz | ca. 3 EL helle Sesamsamen
Belag: 1 Kopf Lollo bionda | 3 Tomaten | 1 Zwiebel | 2 große dicke Gewürzgurken | 400 g Rinderhackfleisch | Salz | Pfeffer aus der Mühle | edelsüßes Paprikapulver | 2 EL neutrales Pflanzenöl zum Braten (Sonnenblumen- oder Maiskeimöl) | 4 EL Mayonnaise (Glas) | 4 EL Ketchup | 6–8 dünne Scheiben Gouda-Käse
Außerdem: Backpapier | Mehl zum Arbeiten | 1 runder Ausstecher (ca. 7 cm Ø) | Portionsring (ca. 8 cm Ø)

1 Die Milch erwärmen. Die Hefe in die Milch bröckeln und darin auflösen. 80 g Mehl sowie den Zucker dazugeben und verrühren. Den Vorteig zugedeckt an einem warmen Ort etwa 30 Minuten gehen lassen.

2 Das übrige Mehl in eine Rührschüssel (oder in die Schüssel der Küchenmaschine) geben. Den gegangenen Vorteig dazugeben.

3 3 Eigelb, Butter in Stückchen und Salz dazugeben und mit den Knethaken des Handrührgeräts (oder der Küchenmaschine) zu einem glatten und geschmeidigen Teig verkneten.

4 Den Teig zugedeckt an einem warmen Ort etwa 30 Minuten gehen lassen. Inzwischen ein Backblech mit Backpapier auslegen.

9 Inzwischen den Salat putzen, waschen und trocken schleudern.

10 Die Tomaten waschen und die Stielansätze entfernen. Die Zwiebel schälen. Dann die Tomaten und Zwiebel in dünne Scheiben schneiden.

11 Die Gewürzgurken ebenfalls in dünne Scheiben schneiden.

12 Das Hackfleisch in eine Schüssel geben und kräftig mit Salz, Pfeffer und Paprikapulver würzen.

»Das Selberbacken der Brötchen lohnt sich. Denn ein Hamburger komponiert aus ofenfrischen Brötchen, Frikadellen und viel knackigem Gemüse macht aus langweiligem Fast Food leckeres Slowfood zum Genießen.«

5 Den Backofen auf 200° vorheizen. Den Teig auf einer bemehlten Arbeitsfläche etwa 2 cm dick ausrollen. Aus dem Teig mit einem Ausstecher 6–8 Kreise ausstechen.

6 Die Teigkreise auf das Backblech setzen. Den Teig zugedeckt an einem warmen Ort etwa 20 Minuten gehen lassen.

7 1 Eigelb mit 1 EL kaltem Wasser verrühren. Die Teiglinge mithilfe eines Kuchenpinsels damit bestreichen.

8 Die Teiglinge mit Sesamsamen bestreuen. Im Backofen (Mitte, Umluft 180°) in etwa 15 Minuten goldbraun backen. Dann herausnehmen.

13 Die Hackfleischmasse in 6–8 gleichgroße Portionen aufteilen und zu flachen, runden Frikadellen mit etwa 8 cm Durchmesser formen (am besten mit einem Portionsring).

14 Das Öl in einer großen Pfanne erhitzen, die Burger darin auf jeder Seite etwa 4 Minuten braten.

15 Brötchen halbieren und die Schnittflächen in einer heißen Pfanne ohne Fett leicht rösten. Die unteren Brötchenhälften mit etwas Mayonnaise und Ketchup bestreichen.

16 Salat, Gurken, Tomaten und Zwiebel darauflegen. Die Burger mit je 1 Scheibe Käse belegen. Nochmals mit etwas Mayonnaise und Ketchup bestreichen. Mit den oberen Brötchenhälften abdecken.

Veggie-Burger mit Halloumi-Käse

**Für 10–12 Stück: 150 ml Milch | 15 g frische Hefe
100 g Weizenmehl | 20 g Zucker | 150 g Roggenmehl
4 Eigelb | 60 g weiche Butter | 1 Prise Salz | 4 EL Körnermix (Leinsamen, Sonnenblumenkerne, Sesamsamen)
3 EL Vollkornhaferflocken | 4 mittelgroße Tomaten
½ Salatgurke | 3 rote Zwiebeln | 4 Kopfsalatblätter
300 g Halloumi-Käse | 3–4 EL Olivenöl | 100 g BBQ-Sauce (siehe Seite 28 oder Fertigprodukt)
Außerdem: Backpapier | Mehl zum Arbeiten | 1 runder Ausstecher (3–4 cm Ø) | 10–12 kleine Holzspieße**

1 Die Milch erwärmen. Die Hefe in die Milch bröckeln und darin auflösen. Weizenmehl und Zucker dazugeben und verrühren. Den Vorteig zugedeckt an einem warmen Ort etwa 30 Minuten gehen lassen.
2 Das Roggenmehl in eine Rührschüssel (oder in die Schüssel der Küchenmaschine) geben. Den gegangenen Vorteig, 3 Eigelb, Butter in Stückchen und Salz dazugeben und mit den Knethaken des Handrührgeräts (oder der Küchenmaschine) zu einem glatten und geschmeidigen Teig verkneten. Den Teig zugedeckt an einem warmen Ort etwa 30 Minuten gehen lassen.
3 Ein Backblech mit Backpapier auslegen. Den Backofen auf 200° vorheizen. Den Teig auf einer bemehlten Arbeitsfläche etwa 2 cm dick ausrollen. Aus dem Teig mit einem Ausstecher 10–12 Kreise ausstechen. Die Teigkreise auf das Backblech setzen. Den Teig zugedeckt etwa 20 Minuten gehen lassen.
4 Das übrige Eigelb verquirlen. Die Teiglinge damit bestreichen, mit Körnermix und Vollkornhaferflocken bestreuen. Im Backofen (Mitte, Umluft 180°) in etwa 15 Minuten goldbraun backen.
5 Inzwischen Tomaten und Gurke waschen und in Scheiben schneiden. Die Zwiebeln schälen und in Ringe schneiden. Die Salatblätter waschen, trocken schütteln und zerzupfen. Den Käse in etwa 0,5 cm dicke Scheiben schneiden und die Scheiben halbieren.
6 Zwiebelringe und Käsescheiben mit etwas Öl beträufeln und auf dem Grill oder in einer Grillpfanne auf jeder Seite 1–2 Minuten grillen oder braten.
7 Die Brötchen halbieren und die Schnittflächen auf dem Grill oder in einer heißen Grillpfanne rösten. Auf die unteren Brötchenhälften je 1 EL von der BBQ-Sauce verteilen. Salat, Käse, Tomaten- und Gurkenscheiben, Zwiebelringe darauflegen. Mit den oberen Brötchenhälften abdecken. Diese mit kleinen Holzspießen feststecken.

Zander-Burger mit Remoulade

**Für 8 Stück: 1 Salatgurke | 1 Bund Dill | 2–3 Stängel glatte Petersilie | 1 Bund Schnittlauch | 1 EL Kapern
2 Sardellenfilets (in Öl) | ½ Zitrone | 250 g Mayonnaise (siehe Tipp oder Glas) | 150 g Crème fraîche | 1–2 EL mittelscharfer Senf | Salz | Cayennepfeffer | 600 g Zanderfilet (ohne Haut und Gräten) | Pfeffer aus der Mühle | 2 Eier
150 g Semmelbrösel | ½ Eisbergsalat | 8 Burger-Brötchen (selbst gemacht siehe Grundrezept Seite 218 oder fertig gekaufte) | 100 g Butterschmalz | Mehl zum Wenden**

1 Für die Remoulade die Gurke schälen, längs vierteln und mit einem Messer entkernen. Die Gurkenviertel klein würfeln. Die Kräuter waschen und trocken schütteln, Dillspitzen und Petersilienblätter fein hacken. Den Schnittlauch in Röllchen schneiden. Kapern und Sardellenfilets ebenfalls fein hacken. Den Saft der Zitronenhälfte auspressen. Gurkenwürfel, Kräuter, Kapern und Sardellenfilets mit Mayonnaise, Crème fraîche und Senf verrühren. Die Remoulade mit Salz, Cayennepfeffer und Zitronensaft würzen und kalt stellen.
2 Für die Burger das Zanderfilet kalt abbrausen, mit Küchenpapier trocken tupfen und in 8 gleich große Stücke schneiden. Die Fischstücke mit Salz und Pfeffer würzen. Die Eier verquirlen. Die Semmelbrösel auf einen Teller geben. Die Fischstücke zuerst in Mehl wenden, durch die verquirlten Eier ziehen und dann in den Semmelbröseln wälzen.
3 Den Eisbergsalat putzen, in Streifen schneiden, waschen und trocken schleudern. Die Brötchen halbieren und die Schnittflächen in einer heißen Pfanne ohne Fett leicht rösten.
4 Das Butterschmalz in einer Pfanne erhitzen, die Zanderstücke darin rundum in 4–5 Minuten goldbraun und knusprig ausbacken. Die Stücke herausnehmen und auf Küchenpapier abtropfen lassen. Die unteren Brötchenhälften mit Remoulade besteichen, mit Salatstreifen und Fischstücken belegen. Dann mit den oberen Hälften abdecken.

TIPP Die **Mayonnaise** können Sie auch selber machen: Dafür 2 Eigelb und 1 TL scharfen Senf in einer Schüssel mit einem Schneebesen verrühren. 150 ml neutrales Pflanzenöl (z. B. Sonnenblumenöl) zuerst tröpfchenweise unter die Eigelbe schlagen. Dann unter Rühren weitere 100 ml Öl in einem dünnen Strahl dazugeben, bis eine dick-cremige Mayonnaise entstanden ist. Die Mayonnaise mit Weißweinessig, Salz, Pfeffer und 1 Prise Zucker würzen.

Veggie-Burger mit Halloumi-Käse

Zander-Burger mit Remoulade

Enten-Burger mit Currysauce und Mango

Für 8 Stück: 1 Mango | 100 g Mayonnaise (siehe Tipp Seite 221 oder Glas) | 1 EL Currypulver | 1 Kopf Romanasalat | 2–3 Frühlingszwiebeln | 400 g Entenbrust 2–3 EL Hoisinsauce (siehe Info) | Salz | Pfeffer aus der Mühle | Chilipulver | 3 EL neutrales Pflanzenöl (z. B. Sonnenblumenöl) zum Braten | 8 Burger-Brötchen (selbst gemacht siehe Grundrezept Seite 218 oder fertig gekaufte)
Außerdem: Fleischwolf

1 Die Mango schälen und das Fruchtfleisch vom Stein schneiden. Die Hälfte des Fruchtfleischs in dünne Scheiben schneiden und den Rest fein pürieren. Das Mangopüree mit Mayonnaise und Currypulver glatt rühren.
2 Den Salat putzen, mundgerecht zerpflücken, waschen und trocken schleudern. Die Frühlingszwiebeln putzen, waschen und schräg in dünne Ringe schneiden.
3 Die Entenbrust samt Haut in Streifen schneiden und durch die feine Scheibe des Fleischwolfs drehen. Die Entenbrust mit der Hoisinsauce gründlich mischen und mit Salz, Pfeffer und Chili kräftig würzen.
4 Die Fleischmasse zu 8 flachen Frikadellen formen. Das Öl in einer Pfanne erhitzen, die Frikadellen darin bei mittlerer Hitze auf jeder Seite etwa 4 Minuten braten.
5 Die Brötchen halbieren und die Schnittflächen in einer heißen Pfanne ohne Fett leicht rösten. Die unteren Brötchenhälften mit Currymayonnaise bestreichen, mit Salat belegen, je 1 Entenfrikadelle darauflegen, mit Mango und Frühlingszwiebeln belegen. Dann mit den oberen Hälften abdecken.

INFO Hoisinsauce ist eine dunkelrote, dickflüssige Sauce auf der Basis von roten Sojabohnen. Verfeinert wird sie unter anderem mit Knoblauch, Sesamöl, Essig, Zucker und Chili. Die scharf-süße Sauce wird in der asiatischen Küche pur oder mit Wasser verrührt für Marinaden, Dips oder wie hier zum Würzen der Entenfrikadellen verwendet.

Veggie-Burger mit Halloumi-Käse

Zander-Burger mit Remoulade

Enten-Burger mit Currysauce und Mango

Für 8 Stück: 1 Mango | 100 g Mayonnaise (siehe Tipp Seite 221 oder Glas) | 1 EL Currypulver | 1 Kopf Romanasalat | 2–3 Frühlingszwiebeln | 400 g Entenbrust 2–3 EL Hoisinsauce (siehe Info) | Salz | Pfeffer aus der Mühle | Chilipulver | 3 EL neutrales Pflanzenöl (z. B. Sonnenblumenöl) zum Braten | 8 Burger-Brötchen (selbst gemacht siehe Grundrezept Seite 218 oder fertig gekaufte)
Außerdem: Fleischwolf

1 Die Mango schälen und das Fruchtfleisch vom Stein schneiden. Die Hälfte des Fruchtfleischs in dünne Scheiben schneiden und den Rest fein pürieren. Das Mangopüree mit Mayonnaise und Currypulver glatt rühren.
2 Den Salat putzen, mundgerecht zerpflücken, waschen und trocken schleudern. Die Frühlingszwiebeln putzen, waschen und schräg in dünne Ringe schneiden.
3 Die Entenbrust samt Haut in Streifen schneiden und durch die feine Scheibe des Fleischwolfs drehen. Die Entenbrust mit der Hoisinsauce gründlich mischen und mit Salz, Pfeffer und Chili kräftig würzen.
4 Die Fleischmasse zu 8 flachen Frikadellen formen. Das Öl in einer Pfanne erhitzen, die Frikadellen darin bei mittlerer Hitze auf jeder Seite etwa 4 Minuten braten.
5 Die Brötchen halbieren und die Schnittflächen in einer heißen Pfanne ohne Fett leicht rösten. Die unteren Brötchenhälften mit Currymayonnaise bestreichen, mit Salat belegen, je 1 Entenfrikadelle darauflegen, mit Mango und Frühlingszwiebeln belegen. Dann mit den oberen Hälften abdecken.

INFO Hoisinsauce ist eine dunkelrote, dickflüssige Sauce auf der Basis von roten Sojabohnen. Verfeinert wird sie unter anderem mit Knoblauch, Sesamöl, Essig, Zucker und Chili. Die scharf-süße Sauce wird in der asiatischen Küche pur oder mit Wasser verrührt für Marinaden, Dips oder wie hier zum Würzen der Entenfrikadellen verwendet.

Himmel und Erd

Ein köstliches Beispiel für die ländlich geprägte, gutbürgerliche Küche, die eine Vielzahl altüberlieferter Originale bietet. Das Rezept habe ich aus dem Rheinland übernommen und es gefällt mir so gut, dass ich es selbst gern erfunden hätte. Aber dazu ist es zu spät; also begnüge ich mich damit, es zu genießen und mit meinen Ideen weiterzuentwickeln.

Himmel und Erd

Für 4 Portionen: 800 g mehligkochende Kartoffeln | 1 große Zwiebel
100 g geräucherter Speck | 3–4 kleine Äpfel (z. B. Elstar) | 3–4 Zweige Majoran
500 g Blutwurst | 150 ml Milch | Salz | 150 g Butter | Muskatnuss | Pfeffer
aus der Mühle
Außerdem: Kartoffelstampfer

1 Alle Zutaten abwiegen, abmessen und bereitstellen.

2 Die Kartoffeln waschen, schälen und vierteln.

3 Die Kartoffeln in einen Dämpfeinsatz geben und zugedeckt über kochendem Wasser in einem passenden Topf in etwa 30 Minuten garen.

4 Die Zwiebel schälen, halbieren und in hauchdünne Streifen schneiden.

9 Die Milch mit 1 kräftigen Prise Salz aufkochen. Die weichen Kartoffeln dazugeben.

10 Die Kartoffeln mit einem Kartoffelstampfer zerdrücken, dabei die Milch unterarbeiten.

11 75 g Butter unter die zerstampften Kartoffeln rühren.

12 Den Kartoffelstampf mit frisch geriebener Muskatnuss abschmecken.

»Bei diesem Gericht verbinden sich einfache Zutaten zu einer perfekten Kombination. Vor allem die Qualität der Blutwurst ist hierbei entscheidend: Wählen Sie eine feste und gut gereifte Wurst mit kräftigem Aroma.«

5 Den Speck ebenfalls in schmale Streifen schneiden.

6 Die Äpfel waschen und samt Schale in dicke Scheiben schneiden. Die Äpfel nach Belieben entkernen. Die Apfelscheiben je nach Größe halbieren.

7 Den Majoran waschen, trocken schütteln und die Blätter abzupfen.

8 Die Blutwurst in etwa 2 cm dicke Scheiben schneiden.

13 50 g Butter in einer großen Pfanne zerlassen, die Zwiebel- und Speckstreifen darin bei mittlerer Hitze unter gelegentlichem Wenden goldbraun braten. Die Äpfel dazugeben und einige Minuten mitgaren, bis sie weich sind.

14 Übrige Butter zerlassen, die Blutwurstscheiben darin auf jeder Seite etwa 30 Sekunden braten. Mit Püree anrichten. Den Majoran unter die Apfel-Zwiebel-Mischung schwenken. Mit Pfeffer und 1 Prise Salz würzen. Auf dem Püree und der Blutwurst verteilen.

Bratkartoffelsalat mit Blutwurst und Apfel

Für 4 Portionen: 800 g kleine festkochende Kartoffeln (z. B. La Ratte, Bamberger Hörnchen oder Drillinge) | Salz 1 Zwiebel | 75 g durchwachsener Speck | 400 g Blutwurst 2 kleine Äpfel | 100 g Feldsalat | 4 EL Traubenkernöl Pfeffer aus der Mühle | 2–3 EL Apfelessig | 3 EL Rinderfond (siehe Seite 22 oder Glas) | 1 TL mittelscharfer Senf 1–2 TL Quittengelee (ersatzweise Honig)

1 Die Kartoffeln gründlich waschen und mit Schale in kochendem Salzwasser etwa 10 Minuten vorgaren, anschließend pellen und abkühlen lassen.
2 Die kalten Kartoffeln in Scheiben schneiden. Die Zwiebel schälen und klein würfeln. Den Speck ebenfalls in kleine Würfel schneiden. Die Blutwurst pellen und in dünne Scheiben schneiden. Die Äpfel waschen, vierteln und entkernen. Die Apfelviertel in dünne Spalten schneiden. Den Feldsalat putzen, gründlich waschen und trocken schleudern.
3 2 EL Öl in einer großen Pfanne erhitzen, die Kartoffelscheiben darin unter gelegentlichem Wenden in 8–10 Minuten goldbraun und knusprig braten.
4 Dann die Zwiebel- und Speckwürfel sowie die Apfelspalten hinzufügen und 3–4 Minuten mitbraten. Alles mit Salz und Pfeffer kräftig würzen. Den Essig dazugeben und die Bratkartoffeln in eine große Schüssel geben.
5 Den Rinderfond erhitzen. Blutwurstscheiben, Senf, Fond, Quittengelee und das restliche Öl zu den Kartoffeln geben und alles gut mischen. Den Feldsalat und den lauwarmen Bratkartoffelsalat auf Tellern anrichten und servieren.

TIPPS Traubenkernöl gibt es raffiniert und kalt gepresst. Beide Sorten eignen sich bestens zum Braten, weil ihr Rauchpunkt bei etwa 190° liegt.
Verwenden Sie eine gut abgehangene, feste, aromatische Blutwurst. Sie gibt dem Salat eine würzige Note.

Kartoffel-Blutwurst-Bratäpfel

Für 4 Portionen: 500 g mehligkochende Kartoffeln 8 mittelgroße Äpfel (z. B. Elstar) | 1 große Zwiebel 3–4 Zweige Majoran | 175 g Butter | 200 g Blutwurst 150 ml Milch | Salz | Pfeffer aus der Mühle | Muskatnuss 1–2 EL Ahornsirup zum Beträufeln

1 Die Kartoffeln schälen, vierteln, in einen Dämpfeinsatz geben und zugedeckt über kochendem Wasser in einem passenden Topf in etwa 30 Minuten weich garen.
2 Inzwischen die Äpfel waschen, jeweils das obere Viertel wie einen Deckel abschneiden. Die Äpfel mit einem Kugelausstecher aushöhlen, dabei das Kerngehäuse entfernen und einen etwa 1 cm breiten Rand stehen lassen.
3 Die Zwiebel schälen und klein würfeln. Den Majoran waschen und trocken schütteln, die Blättchen abzupfen und hacken. 50 g Butter in einer Pfanne zerlassen, die Zwiebel darin bei mittlerer Hitze unter gelegentlichem Wenden goldbraun braten. Dann den Majoran untermischen. Die Blutwurst pellen und klein würfeln.
4 Den Backofen auf 180° vorheizen. Milch, Salz, Pfeffer und frisch geriebene Muskatnuss in einen Topf geben und aufkochen. Die weichen Kartoffeln abgießen, in die heiße Milch geben und mit einem Stampfer fein zerdrücken. 75 g Butter unter die zerstampften Kartoffeln rühren. Die Kartoffelmasse in die ausgehöhlten Äpfel füllen. Die Äpfel in eine rechteckige Auflaufform (ca. 30 x 40 cm) setzen. Die Blutwurstwürfelchen und Zwiebel-Majoran-Butter auf den Äpfeln verteilen und die Deckel daraufsetzen.
5 50 g Butter zerlassen. Die Äpfel mit flüssiger Butter und Ahornsirup beträufeln. Mit Salz und Pfeffer würzen. Im Backofen (Mitte, Umluft 160°) etwa 30 Minuten braten.

Bratkartoffelsalat mit Blutwurst und Apfel

Kartoffel-Blutwurst-Bratäpfel

Kartoffelsuppe mit Blutwurstnockerl

Für 4 Portionen: 50 g gepökelter Speck | 1 Knoblauchzehe | 1 Zwiebel | 400 g mehligkochende Kartoffeln 100 g Butter | 600 ml Rinderfond (siehe Seite 22 oder Glas) | 275 ml Sahne (davon 75 ml eiskalt) | 1 EL getrockneter Majoran | 200 g Blutwurst | 125 g Hähnchenbrustfilet | 1 süß-säuerlicher Apfel (z. B. Elstar, Jonagold) Salz | Pfeffer aus der Mühle | 1–2 TL Zucker | 2 Stängel Majoran (nach Belieben)

1 Den Speck in kleine Würfel schneiden. Knoblauch und Zwiebel schälen und klein würfeln. Die Kartoffeln schälen und in kleine Stücke schneiden.
2 50 g Butter in einem Topf zerlassen, Knoblauch und Zwiebel darin glasig dünsten. Die Kartoffelstücke dazugeben und 1–2 Minuten mitdünsten. Dann den Fond und 200 ml Sahne dazugießen und mit getrocknetem Majoran würzen. Alles aufkochen und zugedeckt bei mittlerer Hitze etwa 25 Minuten köcheln lassen, dabei gelegentlich umrühren.
3 Inzwischen für die Einlage die Blutwurst pellen. Blutwurst und Hähnchenbrustfilet möglichst klein würfeln. Den Apfel schälen, vierteln und entkernen. Die Apfelviertel ebenfalls klein würfeln. Die Hähnchenbrustwürfel mit 75 ml eiskalter Sahne im Mixer fein pürieren. Die Masse mit Salz und Pfeffer würzen. Die Blutwurstwürfel hinzufügen und kurz untermixen.
4 Wasser und Salz in einen Topf geben und aufkochen. Aus der Blutwurstmasse mit zwei Esslöffeln kleine Nocken abstechen. Die Nocken in das siedende (nicht kochende!) Salzwasser geben und etwa 10 Minuten ziehen lassen.
5 Die übrige Butter in einer Pfanne zerlassen, die Apfelwürfel darin etwa 2 Minuten anbraten, dann mit Zucker bestreuen und leicht karamellisieren lassen.
6 Die Suppe im Mixer oder mit dem Pürierstab fein pürieren, durch ein feines Sieb passieren und eventuell erwärmen. Mit Salz und Pfeffer würzig abschmecken. Nach Belieben den Majoran waschen, trocken schütteln und die Blättchen abzupfen. Die Kartoffelsuppe in tiefen Tellern anrichten, je 3 Blutwurstnockerl sowie einige gebratene Apfelwürfel daraufgeben und mit Majoran bestreut servieren.

Hummus

Diese ursprünglich orientalische Spezialität ist in ihrer Heimat so selbstverständlich wie in unseren Breiten die Butter. Sie wird dort zu jeder Tageszeit gereicht und hat mich als vegetarischer Brotaufstrich ebenso wie als Dip zu Gemüsesticks oder Fingerfood vollends überzeugt. Eine simple Creme, die begeistert …

Hummus

Für 4 Portionen: 300 g getrocknete Kichererbsen | 4 Knoblauchzehen
1 kleine rote Chilischote | 3 Stängel glatte Petersilie | 50 g Sesampaste (z. B. Tahin) | 4–5 EL Olivenöl | ½ Zitrone | Salz | schwarzer Pfeffer aus der Mühle

1 Alle Zutaten abwiegen und bereitstellen. Die Kichererbsen in Wasser über Nacht einweichen.

2 Am nächsten Tag die Kichererbsen abgießen und in kochendem Wasser etwa 30 Minuten garen, bis sie weich sind. Dann abgießen und das Kochwasser beiseitestellen.

3 Den Knoblauch schälen und grob hacken.

4 Die Chilischote längs halbieren, entkernen, waschen und ebenfalls hacken.

9 Alles zu einer feinen Paste pürieren. Wenn die Masse zu fest ist, noch etwas Kochwasser dazugeben. Das Püree sollte cremig sein. (Die Konsistenz wird noch etwas fester.)

10 Das Kichererbsenpüree in eine Schüssel geben. Den Saft der Zitronenhälfte auspressen und dazugeben.

11 Den Hummus mit Salz und Pfeffer würzen.

12 Die Petersilie dazugeben und unter den Hummus rühren.

»Lassen Sie das Kichererbsenpüree erst zwei bis drei Tage im Kühlschrank durchziehen. Es schmeckt dann intensiver, weil die Gewürze erst nach und nach ihr volles Aroma entfalten.«

5 Die Petersilie waschen und trocken schütteln, die Blätter abzupfen und fein hacken.

6 Die weichen Kichererbsen mit 100–150 ml Kochsud, Knoblauch und Chili in einen Mixer oder Blitzhacker geben.

7 Die Sesampaste in den Mixer oder Blitzhacker geben.

8 Anschließend das Olivenöl dazugießen.

INFO Tahin ist eine gesalzene oder ungesalzene Paste aus gemahlenen Sesamsamen und wird zum Würzen von Suppen, Eintöpfen und Fleischgerichten verwendet. Die Paste gibt es im Reformhaus.

Bohnen-Paprika-Hummus

Für 4 Portionen: 250 g getrocknete weiße Bohnen | 1 rote Paprikaschote | 3–4 Knoblauchzehen | 2 kleine rote Chilischoten | 50 g Sesampaste (z. B. Tahin) | 4–5 EL Olivenöl | 1–2 EL edelsüßes Paprikapulver | ½ Zitrone | Salz | Cayennepfeffer

1 Die weißen Bohnen über Nacht in kaltem Wasser einweichen. Am nächsten Tag abgießen.
2 Die Paprikaschote halbieren, putzen, waschen und würfeln. Eingeweichte Bohnen und Paprikawürfel in kochendem Wasser in etwa 45 Minuten garen, bis sie weich sind. Die Bohnen-Paprika-Mischung in ein Sieb abgießen, dabei etwa 150 ml Kochwasser auffangen.
3 Den Knoblauch schälen und hacken. Die Chilischoten längs halbieren, entkernen, waschen und ebenfalls hacken. Bohnen, Knoblauch, Chili, Paprikawürfel, Sesampaste, Öl, Paprikapulver und etwas Kochwasser in einen Mixer geben und sehr fein pürieren. Wenn die Masse zu fest ist, noch etwas Kochwasser dazugeben. Das Püree sollte sämig und cremig sein. (Die Konsistenz wird noch etwas fester.)
4 Den Saft der Zitronenhälfte auspressen. Das Bohnenpüree mit Salz, Cayennepfeffer und Zitronensaft abschmecken.

Erbsen-Kräuter-Hummus

Für 4 Portionen: 300 g getrocknete grüne Schälerbsen | 3–4 Knoblauchzehen | 1 kleine rote Chilischote | 4 Stängel glatte Petersilie | 1 Stängel Minze | 1–2 Stängel Koriandergrün | 50 g Sesampaste (z. B. Tahin) | 3–4 EL Olivenöl | ½ Zitrone | Salz | Cayennepfeffer | 1 EL Sesamsamen (nach Belieben)

1 Die Schälerbsen in kochendem Wasser in etwa 45 Minuten weich garen. Dann in ein Sieb abgießen und abtropfen lassen, dabei das Kochwasser auffangen.
2 Inzwischen den Knoblauch schälen und hacken. Die Chilischote längs halbieren, entkernen, waschen und ebenfalls hacken. Die Kräuter waschen und trocken schütteln, die Blätter abzupfen und fein hacken.
3 Schälerbsen, Knoblauch, Chili, Kräuter, Sesampaste, Öl und etwa 100 ml Kochsud in einen Mixer geben und sehr fein pürieren. Wenn das Püree zu fest ist, noch etwas Kochwasser dazugeben. Das Püree sollte sämig und cremig sein. (Die Konsistenz wird noch etwas fester.)
4 Den Saft der Zitronenhälfte auspressen. Das Erbsenpüree mit Salz, Cayennepfeffer und Zitronensaft würzig abschmecken. Nach Belieben die Sesamsamen in einer Pfanne ohne Fett rösten, abkühlen lassen und den Hummus damit bestreuen.

Safran-Hummus

Für 4 Portionen: 300 g getrocknete Kichererbsen | 1 TL Safranfäden | 3–4 Knoblauchzehen | 1 kleine rote Chilischote | 50 g Sesampaste (z. B. Tahin) | 4–5 EL Olivenöl | ½ Zitrone | Salz | Cayennepfeffer
Außerdem: Mörser

1 Die Kichererbsen über Nacht in Wasser einweichen. Am nächsten Tag die Kichererbsen abgießen und in kochendem Wasser etwa 30 Minuten garen, bis sie weich sind. Die Kichererbsen in ein Sieb abgießen, dabei 200 ml Kochwasser auffangen. Die Safranfäden im Mörser zerreiben und ins Kochwasser geben. Den Safransud offen bei mittlerer Hitze um die Hälfte einkochen lassen.
2 Inzwischen den Knoblauch schälen und hacken. Die Chilischote längs halbieren, entkernen, waschen und ebenfalls hacken.
3 Kichererbsen, Knoblauch, Chili, Sesampaste, Öl und Safransud in einen Mixer geben und sehr fein pürieren. Wenn das Püree zu fest ist, noch etwas Kochwasser dazugeben. Das Püree sollte sämig und cremig sein. (Die Konsistenz wird noch etwas fester.)
4 Den Saft der Zitronenhälfte auspressen. Das Kichererbsenpüree mit Salz, Cayennepfeffer und Zitronensaft würzig abschmecken.

von oben nach unten: Bohnen-Paprika-Hummus | Erbsen-Kräuter-Hummus | Safran-Hummus

Irish Stew

Denk ich an Irland, denk ich an sattgrüne Wiesen, unzählige frei weidende Schafherden – und Irish Stew: saftiges Lammfleisch und viel Gemüse. Der Inselklassiker gart langsam im Ofen und zeichnet sich durch einen kräftigen Fleischgeschmack aus. Das Grundrezept sieht Thymian und Petersilie vor, Salbei, Kümmel oder Estragon machen sich auch sehr gut dazu.

Irish Stew

Für 4 Portionen: 250 g Zwiebeln | 250 g Möhren | 2 Stangen Staudensellerie 600 g festkochende Kartoffeln | ca. 800 g Lammfleisch ohne Knochen (z. B. aus der Keule) | 400 g Weißkohl | 2–3 Zweige Thymian | ½ Bund glatte Petersilie | Salz | Pfeffer aus der Mühle | ca. 400 ml Lammfond (Glas, oder Rinderfond siehe Seite 22)

1 Den Backofen auf 180° vorheizen. Die Zwiebeln schälen und in 2–3 mm dicke Ringe schneiden.

2 Die Möhren putzen, schälen und in etwa 0,5 cm dicke Scheiben schneiden. Den Staudensellerie putzen, waschen und in Scheiben schneiden.

3 Die Kartoffeln schälen und in etwa 3 mm dicke Scheiben schneiden oder hobeln.

4 Das Fleisch in etwa 1 cm dicke Scheiben schneiden.

9 Die Möhren daraufschichten und mit einem weiteren Viertel der Kräuter bestreuen. Mit Salz und Pfeffer würzen.

10 Zwiebelringe, Staudensellerie und übriges Fleisch daraufgeben und mit restlichen Kräutern bestreuen. Mit Salz und Pfeffer würzen.

11 Die Kartoffelscheiben dachziegelartig darauflegen.

12 Den Lammfond seitlich in die Form gießen.

»Mit selbst gekochtem Lammfond schmeckt's noch besser. Wer mag, bestellt Lammknochen beim Metzger vor oder nimmt die Knochen von der ausgelösten Lammkeule und bereitet den Fond wie den Rinderfond auf Seite 22 frisch zu.«

5 Die äußeren Blätter vom Weißkohl entfernen, den Kohl in Viertel schneiden und den mittleren Strunk entfernen. Die Viertel in Streifen schneiden.

6 Thymian und 2–3 Stängel Petersilie waschen und trocken schütteln, die Blätter abzupfen und fein hacken.

7 Die Hälfte der Fleischscheiben in eine Auflaufform (ca. 28–28 cm Ø) geben, mit einem Viertel der Kräuter bestreuen und mit Salz und Pfeffer würzen.

8 Die Weißkohlstreifen darauf verteilen und mit dem zweiten Viertel der Kräuter bestreuen. Mit Salz und Pfeffer würzen.

13 Im Ofen (Mitte, Umluft 160°) 2 bis 2 Stunden 30 Minuten garen, bis die Kartoffeln goldbraun sind. Dabei eventuell etwas Fond dazugießen. Kurz vor dem Servieren übrige Petersilie waschen, trocken schütteln und hacken. Irish Stew mit Petersilie bestreuen.

Wild-Stew mit Herbstgemüse

Für 1 Auflaufform (ca. 20 x 30 cm): 800 g Wildfleisch ohne Knochen vom Reh oder Hirsch (z. B. aus der Keule oder Schulter) | 250 g Hokkaido-Kürbis | 150 g Maronen (vakuumverpackt) | 400 g Wirsing | 3 Pastinaken 200 g kleine Steinpilze (ersatzweise braune Champignons) | 2–3 Zweige Thymian | 2–3 Zweige Majoran 2 Zweige Rosmarin | Salz | Pfeffer aus der Mühle 400 ml Wildfond (Glas)

1 Das Fleisch kalt abbrausen, mit Küchenpapier trocken tupfen und in etwa 1 cm dicke Scheiben schneiden. Den Kürbis waschen, entkernen und mit Schale in etwa 3 mm dicke Scheiben schneiden. Die Maronen ebenfalls in Scheiben schneiden. Den Wirsing von den äußeren Blättern befreien, halbieren und den harten Strunk entfernen. Den Wirsing in Streifen schneiden. Die Pastinaken putzen, schälen und in etwa 3 mm dicke Scheiben schneiden oder hobeln. Die Steinpilze putzen, trocken abreiben (nicht waschen!) und in dicke Scheiben schneiden.
2 Thymian, Majoran und Rosmarin waschen und trocken schütteln, die Blättchen und Nadeln abzupfen und fein hacken. Den Backofen auf 180° vorheizen.
3 Pastinaken, Wildfleisch, Maronen, Steinpilzscheiben, Kürbisscheiben und Wirsingstreifen abwechselnd in eine Auflaufform schichten, dabei jede Schicht mit Salz und Pfeffer würzen und mit den Kräutern bestreuen. Die letzte Schicht sollten Pastinakenscheiben sein. Den Fond seitlich dazugießen.
4 Den Eintopf im Backofen (Mitte, Umluft 160°) in etwa 2 Stunden garen, bis die obere Pastinakenschicht gebräunt ist. Den Wild-Stew aus dem Backofen nehmen und in tiefen Tellern anrichten.

TIPP Wenn Sie das rustikale Gericht einmal etwas eleganter servieren möchte, stellen Sie 4 ofenfeste Portionsringe (ca. 7 cm Ø) nebeneinander in eine passende Auflaufform. Gemüse und Fleisch wie in Schritt 3 beschrieben in die Ringe schichten. Den Fond dazugießen und im Ofen wie beschrieben garen. Zum Servieren die gefüllten Ringe mit einer Palette in tiefe Teller setzen und den Ring vorsichtig abziehen. Den Fond in die Teller schöpfen.

Japanische Nudelsuppe

Hier dreht sich alles um japanische Nudeln, deren Bezeichnung sich als »Ramen« mit dieser Suppe verselbstständigt hat. Ein Originalrezept dürfte schwer auszumachen sein – aber in jedem Fall originär ist die nationale Färbung: Reichhaltig, bekömmlich und niemals langweilig – wie man die asiatische Küche eben kennt.

Japanische Nudelsuppe

Für 6 Portionen: 1 Suppenhuhn (ca. 2 kg) | ca. 1 kg Schweinebauch oder Rippchen (am besten vom Spanferkel) | 1 Stange Lauch | ½ Knollensellerie | 2 große Möhren | Salz | 1 EL Zucker | 2 Knoblauchzehen | 2 getrocknete Chilischoten 1 EL Sesamöl | 4 EL helle Sojasauce | 5 EL dunkle Misopaste | 500 g getrocknete Ramen-Nudeln (Asienladen) | 1 geröstetes Noriblatt | 1 Bund Frühlingszwiebeln 100 g Bambussprossen (Dose) | dunkles Sesamöl zum Beträufeln

1 Suppenhuhn und Schweinefleisch in kochendes Wasser geben und etwa 1 Minute ziehen lassen. Dann das Fleisch abgießen und kalt abspülen.

2 Den Lauch putzen, längs halbieren und gründlich waschen. Sellerie und Möhren putzen und schälen. Das Gemüse in walnussgroße Stücke schneiden.

3 Suppenhuhn und Schweinefleisch in einen Topf mit etwa 4 l kaltem Wasser geben.

4 Gemüse hinzufügen und alles bei kleiner Hitze zum Sieden bringen. Mit 2 EL Salz und Zucker würzen. Die Suppe bei kleiner Hitze etwa 2 Stunden köcheln lassen. Gelegentlich mit einer Schaumkelle den Schaum abschöpfen. Das Suppenhuhn herausnehmen.

9 Die Nudeln in kochendem Salzwasser nach Packungsangabe garen. Die Nudeln abgießen und abtropfen lassen.

10 Das geröstete Noriblatt in schmale Streifen schneiden.

TIPP Noriblätter werden aus gepresstem und getrocknetem Seetang hergestellt. Die hauchdünnen Blätter gibt es bereits geröstet zu kaufen. Sie sind tiefgrün und knusprig.

11 Die Frühlingszwiebeln putzen, waschen und schräg in Ringe schneiden. Die Bambussprossen abtropfen lassen.

12 Hühnerfleisch vom Knochen lösen, die Haut dabei entfernen. Schweinebauch in dünne Scheiben schneiden. Brühe in die Schalen gießen. Nudeln, Schweine- und Hühnerfleisch zugeben. Frühlingszwiebeln, Sprossen und Nori darauf verteilen. Mit Sesamöl beträufeln.

»Misopaste sorgt bei dieser Suppe für die perfekte Würze. Die hier verwendete dunkle Paste schmeckt würzig-herb, kann aber leicht »fischeln«. Viel milder schmeckt dagegen die helle Misopaste. Probieren Sie's mal aus.«

5 Den Schweinebauch weitere 2 Stunden köcheln lassen, dann ebenfalls herausnehmen. Die Suppe durch ein feines Sieb passieren und eventuell mit Salz abschmecken.

6 Die restlichen Zutaten für die Nudelsuppe bereitstellen.

7 Den Knoblauch schälen und fein hacken. Den Chili zerbröseln. Das Sesamöl in einer Pfanne erhitzen, Knoblauch und Chili darin kurz anrösten. Die Sojasauce dazugeben.

8 Misopaste hinzufügen und auflösen. Die Würzmischung in Suppenschalen geben.

Suppe mit Rinderfilet, Sprossen und Zuckerschoten

Für 4 Portionen: 1 Suppenhuhn (ca. 2 kg) | ca. 1 kg Schweinbauch oder Rippchen (am besten vom Spanferkel) | 1 ½ Stangen Lauch | ½ Knollensellerie | 2 große Möhren | Salz | 1 EL Zucker | 150 g Zuckerschoten 250 g Rinderfilet | 100 g frische Sojasprossen | 1 kleine rote Chilischote | 2 Knoblauchzehen | 1 EL Sesamöl 4 EL helle Sojasauce | 5 EL dunkle Misopaste | dunkles Sesamöl zum Beträufeln

1 Suppenhuhn und Schweinefleisch in kochendes Wasser geben und etwa 1 Minute ziehen lassen. Dann das Fleisch abgießen und kalt abbrausen.
2 Den Lauch putzen, längs halbieren und gründlich waschen. Sellerie und Möhren putzen und schälen. 1 Stange Lauch, Sellerie und Möhren in walnussgroße Stücke schneiden. Den restlichen Lauch beiseitelegen.
3 Suppenhuhn und Schweinebauch in einen Topf mit ca. 4 l kaltem Wasser geben. Das Gemüse hinzufügen und alles bei kleiner Hitze zum Sieden bringen. Mit 2 EL Salz und Zucker würzen. Die Suppe bei kleiner Hitze etwa 2 Stunden köcheln lassen. Gelegentlich mit einer Schaumkelle den Schaum abschöpfen. Das Suppenhuhn herausnehmen.
4 Den Schweinebauch weitere 2 Stunden köcheln lassen, dann herausnehmen. Die Suppe durch ein feines Sieb passieren und eventuell mit Salz abschmecken.
5 Den übrigen Lauch erst in etwa 10 cm lange Stücke, dann in feine Streifen schneiden. Die Zuckerschoten waschen, putzen und in kochendem Salzwasser etwa 2 Minuten blanchieren. Herausnehmen, eiskalt abschrecken und abtropfen lassen. Das Rinderfilet in dünne Scheiben schneiden. Die Sprossen waschen und abtropfen lassen.
6 Die Chilischote längs halbieren, entkernen, waschen und fein hacken. Den Knoblauch schälen und ebenfalls fein hacken. Das Sesamöl in einer Pfanne erhitzen, Chili und Knoblauch darin kurz anrösten. Die Sojasauce dazugeben. Die Misopaste hinzufügen und darin auflösen. Die Würzmischung in Suppenschalen geben.
7 Gemüse und Filetscheiben in die Suppenschalen geben und die heiße Brühe darübergießen. Mit dunklem Sesamöl beträufelt servieren.

TIPP Den Schweinebauch abkühlen lassen und für Spareribs (siehe Seite 28) verwenden. Das Hühnerfleisch von der Karkasse (Knochen) lösen und als Suppeneinlage verwenden, zu Geflügelsalat (siehe Seite 21) oder Frikassee verarbeiten.

Glasnudelsuppe mit Garnelen und Tofu

**Für 4 Portionen: 1 Suppenhuhn (ca. 2 kg) | ca. 1 kg Schweinbauch oder Rippchen (am besten vom Spanferkel) | 1 ½ Stangen Lauch | ½ Knollensellerie | je 2 große und kleine Möhren | Salz | 1 EL Zucker | 50 g Glasnudeln 2 kleine Pak Choi (Asienladen) | 6 Shiitake-Pilze 2 getrocknete Chilischoten | 2 Knoblauchzehen 1 EL Sesamöl | 4 EL helle Sojasauce | 5 EL dunkle Misopaste | 8 küchenfertige Garnelen | 150 g neutraler Tofu dunkles Sesamöl zum Beträufeln
Außerdem: Mörser**

1 Suppenhuhn und Schweinefleisch in kochendes Wasser geben und etwa 1 Minute ziehen lassen. Dann das Fleisch abgießen und kalt abbrausen.
2 Den Lauch putzen, längs halbieren und gründlich waschen. Sellerie und große Möhren putzen und schälen. 1 Stange Lauch, Sellerie und Möhren in walnussgroße Stücke schneiden. Den restlichen Lauch beiseitelegen.
3 Suppenhuhn und Schweinebauch in einen Topf mit ca. 4 l kaltem Wasser geben. Das Gemüse hinzufügen und alles bei kleiner Hitze zum Sieden bringen. Mit 2 EL Salz und Zucker würzen. Die Suppe bei kleiner Hitze etwa 2 Stunden köcheln lassen. Gelegentlich mit einer Schaumkelle den Schaum abschöpfen. Das Suppenhuhn herausnehmen.
4 Den Schweinebauch weitere 2 Stunden köcheln lassen, dann herausnehmen. Die Suppe durch ein feines Sieb passieren und eventuell mit Salz abschmecken.
5 Die Glasnudeln in eine Schüssel geben, mit kochendem Wasser überbrühen und etwa 10 Minuten ziehen lassen. Die Glasnudeln in ein Sieb abgießen und beiseitestellen. Den Pak Choi putzen, waschen und vierteln. Die kleinen Möhren putzen, schälen und in dünne Streifen schneiden. Die Shiitake-Pilze mit einem Tuch abreiben, die Stiele entfernen und wegwerfen, die Pilzköpfe halbieren.
6 Die getrockneten Chilischoten im Mörser zerstoßen. Den Knoblauch schälen und fein hacken. Das Sesamöl in einer Pfanne erhitzen, Chili und Knoblauch darin kurz anrösten. Die Sojasauce dazugeben. Die Misopaste hinzufügen und darin auflösen. Die Würzmischung in Suppenschalen geben.
7 Die Brühe aufkochen, die Garnelen darin etwa 1 Minute garen. Möhrenstreifen und Shiitake-Pilze dazugeben und 1 Minute mitgaren. Den Tofu in Würfel schneiden. Glasnudeln, Tofu und Pak Choi in die Suppenschalen geben und die heiße Brühe darübergießen. Mit dunklem Sesamöl beträufelt servieren.

oben: Suppe mit Rinderfilet, Sprossen und Zuckerschoten | unten: Glasnudelsuppe mit Garnelen und Tofu

Kimchi

Kimchi ist für mich eine der größten Entdeckungen der neueren Zeit und ich habe mir bei den Koreanern vor Ort abgeschaut, wie man es nach allen Regeln der Kunst zubereitet. Klassisch wird dafür Chinakohl mit Salz eingelegt und konserviert, mit anderem Gemüse funktioniert es aber ebenso gut. Der Geschmack lässt sich kaum beschreiben, weil er so eigenständig und ein unnachahmliches Feuerwerk für den Gaumen ist.

Kimchi

Für 4 Portionen: 1 Chinakohl | ca. 100 g Salz | 5–6 Frühlingszwiebeln
40 g frischer Ingwer | 2–3 Knoblauchzehen | 3–4 EL Chiliflocken
2–3 EL Fischsauce | 3 EL Honig
Außerdem: 1 Einweckglas mit Deckel und Gummiring (ca. 1 l Inhalt)

1 Den Chinakohl putzen, von den äußeren Blättern befreien, halbieren und den mittleren Strunk entfernen. Die Hälften in grobe Stücke scheiden.

2 Den Kohl abwechselnd mit dem Salz in eine große Schüssel schichten.

3 Die Schüssel mit einem Teller abdecken und den Kohl etwa 12 Stunden in den Kühlschrank stellen.

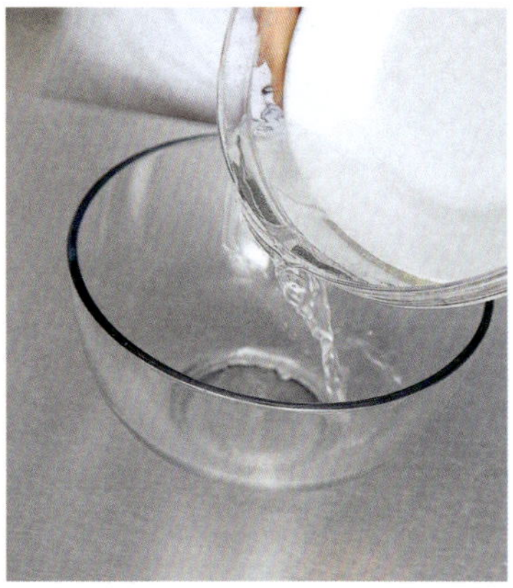

4 Dabei zwischendurch das entstandene Wasser abgießen.

9 Chiliflocken in einer Schüssel mit 4 EL warmem Wasser zu einer Paste verrühren.

10 Frühlingszwiebeln, Knoblauch, Ingwer, Chilipaste, Fischsauce und Honig zum Chinakohl geben.

11 Alle Zutaten mit den Händen (dabei Einweghandschuhe verwenden) vermischen.

12 Den Kohl in ein sauberes großes Einweckglas geben und etwa 500 ml Wasser dazugießen. Das Glas mit Gummiring und Deckel verschließen und 4 Tage ziehen lassen, dann das Kimchi schnell verbrauchen. Das Gemüse eignet sich als Beilage.

»Probieren Sie Kimchi unbedingt einmal zu frisch gekochten Kartoffeln oder einfach nur mit einem Klecks Sauerrahm – schmeckt einfach himmlisch. Und wenn Sie diese asiatische Beilage ebenso begeistert wie mich, dann bereiten Sie Kimchi mal mit Gurken, Lauch oder Rettich zu.«

5 Den Kohl gründlich waschen und trocken schleudern.

6 Die restlichen Zutaten für das Kimchi bereitstellen.

7 Die Frühlingszwiebeln putzen, waschen und schräg in dünne Ringe schneiden.

8 Ingwer und Knoblauch schälen und beides fein reiben oder klein hacken.

Rotkohl-Kimchi mit Entenbrust

Für 4 Portionen: 1 kleiner Rotkohl (ca. 800 g) | 50 g Salz
1 rote Zwiebel | 1 TL Zimtpulver | 3 EL Preiselbeermarmelade | 40 g Walnusskerne | 150 g geräucherte Entenbrust | schwarzer Pfeffer aus der Mühle | Walnussöl (nach Belieben)
Außerdem: 1 Einweckglas mit Deckel und Gummiring (ca. 1 l Inhalt)

1 Den Rotkohl von den äußeren Blättern befreien, vierteln und den harten Strunk entfernen. Die Viertel in feine Streifen schneiden. Die Kohlstreifen in einer großen Schüssel mit dem Salz mischen. Den Kohl mit einem Teller beschweren und 12 Stunden in den Kühlschrank stellen.
2 Anschließend das entstandene Wasser abgießen, die Kohlstreifen gründlich waschen, trocken schleudern und wieder in die Schüssel geben.
3 Die Zwiebel schälen, halbieren und in feine Streifen schneiden. Das Zimtpulver mit 2 EL warmem Wasser in einer kleinen Schüssel verrühren. Zwiebelstreifen, Preiselbeermarmelade und Zimt-Mischung zum Rotkohl geben. Alle Zutaten mit den Händen (dabei Einweghandschuhe verwenden) vermischen.
4 Den Kohl in ein sauberes großes Einweckglas geben und etwa 200 ml kaltes Wasser dazugießen. Das Glas mit Gummiring und Deckel verschließen und den Kohl 2–3 Tage durchziehen lassen.
5 Zum Servieren die Walnusskerne hacken. Die Entenbrust in Streifen schneiden. Rotkohl-Kimchi, Entenbruststreifen und Walnüsse auf Tellern anrichten. Mit Pfeffer würzen. Das Kimchi nach Belieben mit Walnussöl beträufeln.

Spitzkohl-Kimchi mit Radieschen und Tofu

Für 4 Portionen: 1 kleiner Spitzkohl (ca. 800 g)
1 Bund Radieschen | 50 g Salz | 1 Bund Schnittlauch
2 Knoblauchzehen | 1 EL Kümmelsamen | 2–3 EL Honig
150 g geräucherter Tofu | schwarzer Pfeffer aus der Mühle | Rapsöl (nach Belieben)
Außerdem: 1 Einweckglas mit Deckel und Gummiring (ca. 1 l Inhalt)

1 Den Spitzkohl von den äußeren Blättern befreien, vierteln und den harten Strunk entfernen. Die Viertel in feine Streifen schneiden. Die Radieschen putzen, waschen und in dünne Scheiben schneiden oder hobeln. Die Kohlstreifen und Radieschenscheiben in einer großen Schüssel mit Salz mischen. Die Spitzkohl-Radieschen-Mischung mit einem Teller beschweren und etwa 12 Stunden in den Kühlschrank stellen.
2 Anschließend das entstandene Wasser abgießen, die Mischung gründlich waschen, trocken schleudern und wieder in die Schüssel geben.
3 Den Schnittlauch waschen, trocken schütteln und in Röllchen schneiden. Den Knoblauch schälen. Knoblauch und Kümmelsamen hacken.
4 Schnittlauchröllchen, Knoblauch-Kümmel-Mischung und Honig zum Spitzkohl geben. Alle Zutaten mit den Händen (dabei Einweghandschuhe verwenden) vermischen.
5 Den Kohl in ein sauberes großes Einweckglas geben und etwa 200 ml kaltes Wasser dazugießen. Das Glas mit Gummiring und Deckel verschließen und die Kohlmischung 2–3 Tage durchziehen lassen.
6 Zum Servieren den Tofu würfeln und mit dem Spitzkohl-Kimchi auf Tellern anrichten. Mit Pfeffer würzen. Nach Belieben mit Rapsöl beträufeln.

oben: Rotkohl-Kimchi mit Entenbrust | unten: Spitzkohl-Kimchi mit Radieschen und Tofu

Kohlrouladen

Ein typisches Beispiel wohlschmeckender Hausmannskost und stets mit einem Hauch von Nostalgie verbunden; da werden Erinnerungen an »Großmutters Küche« wach und es stellt sich unweigerlich ein Gefühl von Geborgenheit ein. Ich habe die beliebten Wickel über den weißen Kopf hinaus mit Wirsing-, Rot- und Spitzkohl zubereitet und ganz neu gefüllt …

Kohlrouladen

Für 6 Portionen: 6 große oder 12 kleine Weißkohlblätter | Salz | 2 große Zwiebeln | 1 Knoblauchzehe | 75 g durchwachsener Speck | ½ Bund glatte Petersilie | 3 Zweige Thymian | 400 g gemischtes Hackfleisch | 1 TL edelsüßes Paprikapulver | Pfeffer aus der Mühle | 1 Ei | 1 EL Wacholderbeeren | 50 g Butterschmalz | 2 Lorbeerblätter | 1 EL brauner Zucker | 150 ml Weißwein | 200 ml Rinderfond (siehe Seite 22 oder Glas) | 1 EL Speisestärke | 50 g kalte Butter

Außerdem: Eiswasser | Küchengarn | Mörser

1 Die dicken Blattrippen am unteren Rand der Kohlblätter herausschneiden.

2 Die Weißkohlblätter in sprudelnd kochendem Salzwasser 2–3 Minuten garen, mit einem Sieblöffel herausheben und in eiskaltem Wasser abschrecken. Die groben Rippen entfernen.

3 Zwiebeln und Knoblauch schälen. Für die Füllung 1 Zwiebel und den Speck in feine Würfel schneiden. Den Knoblauch hacken.

4 Die Petersilie waschen und trocken schütteln, die Blätter abzupfen und fein hacken.

9 Die übrige Zwiebel halbieren und in feine Streifen schneiden. Die Wacholderbeeren im Mörser mit dem Stößel andrücken.

10 Das Butterschmalz in einem großen Bräter erhitzen. Die Rouladen darin unter mehrmaligem Wenden anbraten, dann aus dem Bräter nehmen.

11 Die Zwiebelstreifen in den Bräter geben und goldbraun anbraten. Thymianzweige Lorbeerblätter und Wacholderbeeren dazugeben.

12 Die Zwiebelstreifen mit Zucker bestreuen und alles leicht karamellisieren lassen.

»Wenn sich bei einem festen Weißkohl die Blätter schwer ablösen lassen, hilft dieser Trick: Stechen Sie mit einer Fleischgabel tief in den Strunk und tauchen Sie den Kohlkopf in einen Topf mit kochendem Wasser. Bereits nach zwei bis drei Minuten lassen sich die äußeren Blätter leicht ablösen. Fahren Sie so fort, bis Sie genügend Blätter zum Füllen haben.«

5 Thymian waschen, trocken schütteln und beiseitelegen. Den Speck in einer heißen Pfanne auslassen, Zwiebelwürfel und Knoblauch darin 2–3 Minuten andünsten.

6 Das Hackfleisch in eine Schüssel geben. Zwiebel-Speck-Mischung, Paprikapulver, Salz, Pfeffer, Petersilie und Ei hinzufügen. Alles zu einer glatten Masse verkneten und mit Salz und Pfeffer würzen.

7 Große Kohlblätter nebeneinander auf eine Arbeitsfläche legen. Oder 2 kleine Blätter überlappend aufeinanderlegen. Die Füllung in die Mitte der Blätter geben. Die Blätter seitlich einschlagen und aufrollen.

8 Die Kohlrouladen mit Küchengarn zusammenbinden.

13 Den Weißwein und den Rinderfond dazugießen.

14 Die Stärke mit wenig kaltem Wasser anrühren. Zum Binden die angerührte Stärke unter die Zwiebelsauce rühren und alles einmal aufkochen.

15 Die kalte Butter ebenfalls unter die Zwiebelsauce rühren.

16 Die Kohlrouladen in die Sauce setzen, alles kräftig salzen und pfeffern. Die Rouladen zugedeckt bei mittlerer Hitze 20–25 Minuten schmoren lassen. Kohlrouladen und Sauce auf Tellern anrichten. Dazu passt Kartoffelpüree.

Spitzkohlpäckchen mit Zander-Füllung

Für 4 ofenfeste Gläser (ca. 5 cm Ø und 200 ml Inhalt): 200 g braune Linsen | 500 g Zanderfilet (ohne Haut und Gräten) | 1 Bund Schnittlauch | 100 g Möhren | 2 EL Sonnenblumenöl | 1 Eiweiß | Salz | Pfeffer aus der Mühle 6 große Spitzkohlblätter | 2 Schalotten | 1 TL Zucker 100 ml Weißwein | 250 ml Fischfond (siehe Seite 23 oder Glas) | 2 Lorbeerblätter | 2 EL grobkörniger Senf 75 g kalte Butter
Außerdem: Fleischwolf | weiche Butter für die Gläser

1 Die Linsen in kochendem Wasser in etwa 30 Minuten sehr weich kochen, dann abgießen und abkühlen lassen.
2 Inzwischen für die Füllung den Fisch kalt abbrausen, mit Küchenpapier trocken tupfen und durch die feine Scheibe des Fleischwolfs drehen oder in sehr feine Würfel schneiden. Den Schnittlauch waschen, trocken schütteln und in feine Röllchen schneiden. 1 EL Schnittlauchröllchen beiseitelegen. Die Möhren putzen, schälen und klein würfeln. 1 EL Öl erhitzen, die Möhrenwürfel darin 2–3 Minuten andünsten. Möhren, Linsen, zerkleinerter Zander, Schnittlauchröllchen und Eiweiß gründlich vermischen. Die Masse mit Salz und Pfeffer kräftig würzen.
3 Den Backofen auf 160° vorheizen. Die Spitzkohlblätter in kochendem Salzwasser etwa 1 Minute blanchieren. Die Blätter herausnehmen, kalt abschrecken, trocken tupfen und halbieren. Die mittlere Blattrippe jeweils entfernen.
4 Die Gläser einfetten, mit jeweils drei Blatthälften auslegen. Die Zander-Linsen-Mischung hineingeben. Die Blätter darüber zusammenschlagen. Die Gläser nebeneinander in ein tiefes Backblech stellen. So viel kochend heißes Wasser dazugießen, dass die Gläser etwa 2 cm hoch im Wasser stehen. Die Päckchen im Ofen (unten, Umluft 140°) in 25 Minuten garen.
5 Inzwischen die Schalotten schälen und fein würfeln. Das restliche Öl in einem Topf erhitzen, die Schalotten darin 1–2 Minuten andünsten. Den Zucker darüberstreuen und leicht karamellisieren, dann mit Wein ablöschen. Fond und Lorbeerblätter dazugeben und alles aufkochen.
6 Den Sud offen bei mittlerer Hitze um die Hälfte einkochen lassen. Den Topf beiseitestellen und die Lorbeerblätter entfernen. Den Senf unterrühren. Die kalte Butter nach und nach unter die Sauce mixen. Die Sauce mit Salz und Pfeffer würzen. Die Spitzkohlpäckchen auf Teller stürzen. Die Sauce daraufgeben und mit den übrigen Schnittlauchröllchen bestreuen.

TIPPS Für Kohlrouladen die Kohlblätter nach dem Blanchieren immer zwischen ein angefeuchtetes Küchentuch legen und mehrmals mit einem Rollholz darüberrollen. So bricht die feste Blattstruktur auf und die Blätter lassen sich nach dem Füllen leichter einrollen.
Wer keinen Fleischwolf hat, kann das Fleisch für die Füllung auch im Blitzhacker fein zerkleinern. Das Fleisch muss dann eiskalt sein.

Rotkohlrouladen mit Enten-Apfel-Füllung

Für 4 Portionen: 6 mittelgroße Rotkohlblätter | Salz 2 Zwiebeln | 3 Zweige Majoran | 1 Zweig Rosmarin 50 g Walnusskerne | 2 kleine Äpfel (z. B. Elstar) 30 g + 75 g eiskalte Butter | 4 Entenkeulen | 1 Ei | Pfeffer aus der Mühle | 3 Zweige Thymian | 1 EL Wacholderbeeren | 50 g Gänseschmalz | 1 EL brauner Zucker 150 ml Rotwein | 3 EL Rotweinessig | 250 ml Entenfond (Glas) | 2 Lorbeerblätter | 2 Stangen Zimt | 3–4 Gewürznelken | 1 TL Speisestärke
Außerdem: Fleischwolf | Küchengarn | Mörser

1 Die Rotkohlblätter in sprudelnd kochendem Salzwasser 2–3 Minuten blanchieren. Die Blätter herausnehmen, kalt abschrecken und halbieren. Die mittlere Blattrippe jeweils entfernen. Die Kohlblätter nebeneinander auf eine Arbeitsfläche legen.
2 Inzwischen für die Füllung die Zwiebeln schälen. 1 Zwiebel fein würfeln. Majoran und Rosmarin waschen und trocken schütteln, die Blätter abzupfen und fein hacken. Die Walnusskerne klein hacken. Die Äpfel waschen, vierteln und entkernen. Die Viertel in kleine Würfel schneiden. 30 g Butter in einer Pfanne zerlassen. Zwiebelwürfel, Äpfel, Kräuter und Walnüsse darin etwa 1 Minute andünsten. Die Mischung etwas abkühlen lassen.
3 Die Entenkeulen von der Haut befreien. Das Fleisch vom Knochen schneiden und durch die feine Scheibe des Fleischwolfs drehen oder in sehr feine Würfel schneiden. Apfelmischung und Ei mit dem Fleisch mischen. Die Masse mit Salz und Pfeffer kräftig würzen.
4 Die Füllung jeweils in die Mitte der Blätter geben. Die Blätter seitlich einschlagen, aufrollen und mit Küchengarn zusammenbinden. Die übrige Zwiebel halbieren und in feine Streifen schneiden. Thymian waschen und trocken schütteln. Die Wacholderbeeren im Mörser leicht andrücken.
5 Das Gänseschmalz in einem Bräter erhitzen, die Rouladen darin unter mehrmaligem Wenden rundum anbraten, dann aus dem Bräter nehmen. Die Zwiebelstreifen in denselben Bräter geben und goldbraun anbraten. Den Zucker darüberstreuen und leicht karamellisieren lassen. Mit Wein und Essig ablöschen. Fond, Thymian, Lorbeerblätter, Wacholderbeeren, Zimtstangen und Nelken dazugeben.
6 Die Kohlrouladen in den Sud setzen, alles mit Salz und Pfeffer kräftig würzen. Die Rouladen zugedeckt bei mittlerer Hitze 20–25 Minuten schmoren lassen.
7 Die Rouladen aus dem Sud nehmen. Den Sud offen bei mittlerer Hitze um die Hälfte einkochen lassen. Den Sud durch ein Sieb in einen Topf passieren. Zum Binden die Stärke mit 2 EL kaltem Wasser anrühren, unter die Sauce rühren und einmal aufkochen lassen. 75 g kalte Butter nach und nach unterrühren. Die Sauce mit Salz und Pfeffer abschmecken. Je 3 Rouladen pro Portion mit der Sauce auf Tellern anrichten. Dazu passen Spätzle, Bandnudeln oder Kartoffelpüree.

Spitzkohlpäckchen mit Zander-Füllung

Rotkohlrouladen mit Enten-Apfel-Füllung

Wirsingrouladen mit Steinpilz-Wild-Füllung

Für 6 Portionen: 6 große Wirsingblätter | Salz 500 g Wildfleisch vom Hirsch oder Reh (aus der Keule oder Schulter) | ½ Bund glatte Petersilie | 2 Knoblauchzehen | 250 g Steinpilze | 1 EL + 75 g kalte Butter 2 TL Wildgewürz (siehe Tipp) | 1 Ei | 3 Schalotten 3 Zweige Thymian | 2 Zweige Rosmarin | 1 EL Wacholderbeeren | 50 g Butterschmalz | 150 ml Weißwein | 300 ml Wildfond (Glas) | 2–3 Lorbeerblätter | Pfeffer aus der Mühle | Speisestärke | 2 EL Preiselbeermarmelade (Glas)
Außerdem: Fleischwolf | Küchengarn | Mörser

1 Die Wirsingblätter in sprudelnd kochendem Salzwasser etwa 2 Minuten blanchieren. Die Blätter herausnehmen und kalt abschrecken. Die mittlere Blattrippe jeweils entfernen. Die Wirsingblätter nebeneinander auf eine Arbeitsfläche legen.
2 Inzwischen für die Füllung das Wildfleisch kalt abbrausen, mit Küchenpapier trocken tupfen und durch die feine Scheibe des Fleischwolfs drehen. Die Petersilie waschen und trocken schütteln, die Blätter abzupfen und fein hacken. Den Knoblauch schälen und 1 Zehe fein hacken. Die Pilze putzen, trocken abreiben (nicht waschen!) und würfeln.
3 1 EL Butter in einer Pfanne zerlassen, Pilze, Petersilie und Knoblauch darin etwa 1 Minute andünsten. Die Mischung mit dem Wildhackfleisch in eine Schüssel geben. Wildgewürz und Ei dazugeben und alles gründlich mischen.
4 Die Füllung jeweils in die Mitte der Wirsingblätter geben. Die Blätter seitlich einschlagen, aufrollen und mit Küchengarn zusammenbinden.
5 Die Schalotten schälen und in feine Scheiben schneiden. Den übrigen Knoblauch ebenfalls in dünne Scheiben schneiden. Thymian und Rosmarin waschen und trocken schütteln. Die Wacholderbeeren im Mörser leicht andrücken. Das Butterschmalz in einem Bräter erhitzen, die Rouladen darin unter mehrmaligem Wenden anbraten, dann herausnehmen.
6 Schalotten und Knoblauch in demselben Bräter goldbraun anbraten, dann mit Wein ablöschen. Fond, Thymian, Rosmarin, Wacholderbeeren und Lorbeerblätter hinzufügen. Die Wirsingrouladen in den Sud setzen. Den Sud mit Salz und Pfeffer kräftig würzen. Die Rouladen zugedeckt bei mittlerer Hitze etwa 20 Minuten schmoren lassen.
7 Die Wirsingrouladen herausnehmen. Den Sud offen um die Hälfte einkochen lassen, dann durch ein Sieb in einen kleinen Topf passieren. Zum Binden die Stärke mit 2 EL kaltem Wasser anrühren, unter die Sauce rühren und die Sauce aufkochen lassen. Die Preiselbeermarmelade unterrühren. 75 g kalte Butter nach und nach unter die Sauce rühren. Die Sauce mit Salz und Pfeffer kräftig würzen. Die Rouladen mit der Sauce auf Tellern anrichten. Dazu passen Semmelknödel oder Spätzle.

TIPP Wildgewürz selbst gemacht: Dafür 5 Wacholderbeeren, ½ Stange Zimt, 3 Gewürznelken, 10 schwarze Pfefferkörner, 3 Pimentkörner, 1 TL Kreuzkümmel im Mörser zerstoßen oder in einer Gewürzmühle mahlen. Passt gut zu Wildgerichten.

Kokosklebreis mit Mango

Bei einem Kochkurs auf Bali habe ich erstmalig erlebt, wie Reis als elegantes Dessert die Begehrlichkeit weckt. Der Klebreis wird – ähnlich dem Milchreis – sämig aufgekocht. Wer die gängige Darreichung mit Mango bereits kennt und schätzt, findet an fruchtigen Sushis sicher auch großen Gefallen.

Königsberger Klopse

Was sich mit Finesse und Noblesse auf dem Teller darbietet, ist eine alte ostpreußische Hoheit ersten Ranges: Feine Kalbsklößchen in einer hellen Mehlschwitze, deren Arrangement unvergleichlich extravagant ist und ich hoch schätze: Sardellen, Kapern, Weißwein und Zitrone geben sich ein Stelldichein und überraschen mit unvermuteter Leichtigkeit und Frische.

»Die helle Sauce schmeckt mit selbst gekochtem Kalbsfond noch viel besser. Dafür Kalbsknochen beim Metzger bestellen und nach dem Rezept für Rinderfond auf Seite 22 auf Vorrat zubereiten.«

5 Kalbshackfleisch, Ei, Senf, Kapern und Sardellenfilets in eine Schüssel geben. Das Brötchen gut ausdrücken und hinzufügen. Die Zwiebel-Speck-Mischung dazugeben. Die Masse mit Salz und Pfeffer würzen. Alles mit den Händen verkneten.

6 Aus der Fleischmasse mit angefeuchteten Händen etwa tischtennisballgroße Klopse formen.

7 Den Kalbsfond mit den Lorbeerblättern aufkochen und salzen. Die Klopse darin bei mittlerer Hitze in 10–15 Minuten gar ziehen lassen.

8 Alle Zutaten für die Sauce abwiegen, abmessen und bereitstellen.

13 Den Saft der Zitronenhälfte auspressen. Die Sauce mit Salz, Pfeffer, Cayennepfeffer und Zitronensaft abschmecken und mit dem Pürierstab aufschlagen.

14 Das Eigelb mit dem restlichen Wein verrühren.

15 Diese Mischung mit einem Schneebesen unter die heiße Sauce schlagen.

16 50 g eiskalte Butter in Stücken untermixen. Klopse und Sauce anrichten. Mit Petersilienblättern bestreuen und mit Kapernäpfeln garnieren. Dazu passen Salzkartoffeln und Rote-Bete-Salat.

Garnelen-Hähnchen-Klopse im Aromasud

Für 4–6 Portionen: 150 ml Milch | 1 altbackenes Brötchen 3–4 Frühlingszwiebeln | 3 Knoblauchzehen | 50 g frischer Ingwer | 3 rote Chilischoten | 12 mittelgroße Riesengarnelen | 250 g Hähnchenbrust (ohne Haut und Knochen) 2–3 EL ungeröstetes Sesamöl | 2–3 TL dunkle Sojasauce Salz | Pfeffer aus der Mühle | 1 TL brauner Zucker 3 Schalotten | 4 Stängel Zitronengras | 1 Bio-Limette 500 ml ungesüßte Kokosmilch (Dose) | 3–4 EL thailändische Fischsauce | 75 g kalte Butter

1 Für die Klopse die Milch erwärmen. Das Brötchen klein würfeln und in der lauwarmen Milch einweichen. Die Frühlingszwiebeln putzen, waschen, in sehr feine Ringe schneiden und die Ringe trocken tupfen. Knoblauch und Ingwer schälen. 1 Knoblauchzehe und die Hälfte des Ingwers fein reiben. Die Chilischoten längs halbieren, entkernen und waschen. 1 Schote fein hacken.
2 Die Riesengarnelen kalt abbrausen. Den Kopf durch Drehen mit den Fingern abtrennen und die Schwänze schälen. Die Garnelenschwänze am Rücken entlang einschneiden und den Darm entfernen. Die Hähnchenbrust klein würfeln. Beides im Mixer fein pürieren. Gehackter Chili, geriebener Ingwer und Knoblauch sowie 2 EL Sesamöl hinzufügen und zu einer glatten Fleischmasse verrühren.
3 Die Fleischmasse in eine Schüssel geben. Das Brötchen gut ausdrücken. Mit den Frühlingszwiebeln unter die Masse mischen. Die Masse mit Sojasauce, Salz, Pfeffer und Zucker kräftig würzen. Aus der Masse mit angefeuchteten Händen tischtennisballgroße Klopse formen.
4 Die Schalotten schälen und in dünne Scheiben schneiden. Den restlichen Ingwer und Knoblauch ebenfalls in dünne Scheiben schneiden. Das Zitronengras putzen, waschen und mit einer Pfanne zerstoßen. Die Limette heiß waschen und abtrocknen, die Schale fein abreiben und den Saft auspressen.
5 Das restliche Sesamöl erhitzen, Schalotten, Ingwer, Knoblauch, Chilihälften und Zitronengras darin 1–2 Minuten andünsten. Kokosmilch, Fischsauce, Limettenschale und -saft dazugeben. Den Sud mit Salz und Pfeffer kräftig würzen. Die Klopse in den Sud geben und bei kleiner Hitze 10–15 Minuten ziehen lassen, bis sie gar sind.
6 Die Klopse mit einer Schaumkelle herausnehmen und warm halten. Den Sud durch ein feines Sieb in einen anderen Topf gießen und offen bei mittlerer Hitze um etwa ein Drittel einkochen lassen. Die kalte Butter mit einem Pürierstab untermixen. Klopse und Sauce auf Tellern anrichten und servieren. Dazu passt gedämpfter Reis und Blattspinat.

Kreolisches Fischragout

Als Ragout zubereitet sagt Fisch manchem Skeptiker eher zu, weil das Filetieren und das Aussortieren der Gräten auf dem Teller entfällt. Als weitere Anregung habe ich eine Variante mit Muscheln in der Papierhülle gegart; eine Methode, die sich auf jedem Teller gut macht und sich auch auf andere Gerichte einfach übertragen lässt …

Kreolisches Fischragout (Kari)

Für 4 Portionen: 4–5 Knoblauchzehen | 25 g frischer Ingwer | 2 EL grobkörniges Meersalz | 2 TL schwarze Pfefferkörner | 2 Zwiebeln | 2 kleine rote Chilischoten 1 Bio-Zitrone | 500 g Kirschtomaten | 3–4 Zweige Thymian | 800 g Fischfilets mit oder ohne Haut (z. B. Rotbarsch, Red Snapper, Seeteufel, Dorade) | 2–3 EL Olivenöl | 2–3 TL Kurkumapulver | 2 EL brauner Zucker | 50 ml Rotweinessig
Außerdem: Mörser

1 Knoblauch und Ingwer schälen. Beides grob hacken. Mit Meersalz und Pfefferkörnern in einen Mörser geben.

2 Die Mischung mit dem Stößel zu einer feinen Paste zerstoßen.

3 Die Zwiebeln schälen, halbieren und in feine Streifen schneiden. Die Chilischoten längs halbieren, entkernen, waschen und fein hacken.

4 Die Zitrone heiß waschen, abtrocknen, längs halbieren und in Scheiben schneiden.

9 Die Zwiebel-Chili-Mischung mit Kurkumapulver würzen.

10 Die Tomaten und den Thymian dazugeben und unter die Zwiebeln mischen.

11 Den Zucker darüberstreuen und schmelzen lassen.

12 Das Ragout mit dem Essig ablöschen.

»Das Fischragout, auch als Kari bekannt, können Sie mit fast jedem Fisch und Meeresfrüchten wie Muscheln oder Garnelen zubereiten. Als raffinierte Beilage empfehle ich in Kokosmilch gedämpften Reis mit etwas Limettensaft und Schale von einer Bio-Limette verfeinert.«

5 Die Kirschtomaten waschen, von den Rispen streifen und je nach Größe halbieren. Den Thymian waschen und trocken schütteln, die Blättchen abzupfen und hacken.

6 Die Fischfilets kalt abbrausen, trocken tupfen und in etwa 3 cm breite Stücke schneiden.

7 Das Öl in einer flachen, breiten Schmorpfanne erhitzen, Zwiebelstreifen und Chili darin etwa 3 Minuten dünsten, bis sie glasig sind.

8 Dann die Knoblauch-Ingwer-Paste hinzufügen.

13 Etwa 150 ml Wasser unter Rühren dazugießen.

14 Das Ragout zugedeckt bei kleiner Hitze 15–20 Minuten köcheln lassen.

15 Die Zitronenscheiben und Fischstücke auf die Tomaten legen und untermischen.

16 Das Fischragout zugedeckt bei kleiner Hitze in etwa 10 Minuten fertig garen. Das Fischragout mit Salz würzen. Dazu passt Reis.

Muscheln auf kreolische Art

Für 4 Portionen: 2 Zwiebeln | 2 kleine rote Chilischoten 3–4 Knoblauchzehen | 25 g frischer Ingwer | 2 TL Meersalz | 1 TL schwarze Pfefferkörner | 500 g Kirschtomaten (nach Belieben rote und gelbe gemischt) | 3–4 Zweige Thymian | 2–3 EL Olivenöl | 2–3 TL Kurkumapulver 2 EL brauner Zucker | 50 ml Rotweinessig | 100 ml Fischfond (siehe Seite 23 oder Glas) | 28 Grünschalenmuscheln (küchenfertig, meist tiefgekühlt erhältlich; ersatzweise große Miesmuscheln) | schwarzer Pfeffer aus der Mühle Gartenkresse (nach Belieben)
Außerdem: Mörser | Backpapier

1 Die Zwiebeln schälen, halbieren und in feine Streifen schneiden. Die Chilischoten längs halbieren, entkernen, waschen und fein hacken. Knoblauch und Ingwer schälen. Beides zuerst hacken, dann im Mörser mit Meersalz und Pfefferkörnern zu einer feinen Paste zerstampfen.
2 Die Tomaten waschen und je nach Größe halbieren. Den Thymian waschen und trocken schütteln, die Blättchen abzupfen und hacken.
3 Das Öl in einem breiten Topf erhitzen, die Zwiebelstreifen darin etwa 3 Minuten dünsten. Die Knoblauch-Ingwer-Paste, Chili, Thymian und Kurkumapulver unterrühren.
4 Die Tomatenhälften untermischen. Den Zucker darüberstreuen und schmelzen lassen, dann mit Essig ablöschen. Den Fond dazugießen und alles zugedeckt bei kleiner Hitze etwa 5 Minuten köcheln lassen.
5 Inzwischen den Backofen auf 200° vorheizen. Vier Stück Backpapier (ca. 30 x 20 cm) nebeneinander auf eine Arbeitsfläche legen. Jeweils zwei Drittel von der Tomaten-Würzmischung darauf verteilen. Dann je 7 Muscheln in einer Reihe daraufsetzen. Die restliche Tomaten-Würzmischung über die Muscheln träufeln und mit Pfeffer würzen.
6 Jeweils ein zweites Stück Backpapier (etwas größer als das erste) darauflegen. Beide Bögen an den Seiten doppelt oder dreifach falzen, sodass aus den Päckchen kein Dampf entweichen kann. Die Päckchen mit Büroklammern fixieren und auf ein Backblech legen. Im Backofen (Mitte, Umluft 180°) in etwa 12 Minuten garen.
7 Die Päckchen herausnehmen und auf Teller setzen. Mit einem kleinen Messer oder einer Schere aufschneiden (Achtung, heißer Dampf entweicht!). Geschlossene Muscheln wegwerfen. Die Muscheln nach Belieben mit Kresse bestreuen und sofort servieren. Dazu passt Brot, gedämpfter Reis oder Pasta.

Lammpilaw

Reisfleisch ist mir aus meinen Lehr- und Wanderjahren ein Begriff mit wenig verlockendem Vorzeichen: Es wurde häufig als Resteverwertung verstanden – und entsprechend nichtssagend hat es auch geschmeckt. Diese türkische Inszenierung aber weiß damit Besseres anzufangen.

Lammpilaw

Für 4 Portionen: 4–5 mittelgroße Tomaten | 2 Zwiebeln | 2–3 Knoblauchzehen 500 g Lammschulter (ohne Knochen) | 250 g Langkornreis | 6 EL Olivenöl 50 g Butter | 1–2 TL Currypulver | 500 ml Lammfond (Glas) | Salz | Pfeffer aus der Mühle | 1 Aubergine | 3–4 Zweige Thymian | 3–4 Zweige Oregano | 2 Zweige Rosmarin | 1–2 EL Paprikapüree (z. B. Ajvar) | 1–2 Stängel Minze

Außerdem: Eiswasser

1 Die Tomaten auf der runden Seite kreuzweise einritzen. Die Tomaten in kochendem Wasser 20–30 Sekunden blanchieren, mit einer Schaumkelle herausnehmen und in Eiswasser abschrecken.

2 Die Tomaten häuten, vierteln und die Stielansätze entfernen. Die Tomatenviertel entkernen und würfeln.

3 Zwiebeln und Knoblauch schälen und klein würfeln.

4 Das Lammfleisch in 2–3 cm große Würfel schneiden.

9 Den Reis dazugeben und unterrühren. Den Pilaw salzen, pfeffern und zugedeckt weitere 20 Minuten garen, bis die Flüssigkeit fast aufgesogen ist.

10 Inzwischen die Aubergine waschen, putzen und in Würfel schneiden.

11 Die Auberginenwürfel in eine Schüssel geben, großzügig rundum salzen und etwa 10 Minuten ziehen lassen.

12 Thymian, Oregano und Rosmarin waschen und trocken schütteln, die Blätter und Nadeln abzupfen und hacken.

*»Sie lieben die Abwechslung?
Dann genießen Sie den Pilaw mal mit einer leicht süßlichen Note – Korinthen oder getrocknete Cranberrys passen wunderbar dazu.«*

5 Den Reis in einem Sieb unter fließend kaltem Wasser oder in einer Schüssel mit Wasser gründlich waschen, dann gut abtropfen lassen.

6 2 EL Olivenöl und Butter in einem breiten Topf erhitzen. Fleisch, Zwiebeln und Knoblauch darin 4–5 Minuten anbraten und mit Currypulver bestäuben.

7 Die Tomatenwürfel unter das Fleisch rühren. Das Fleisch zugedeckt bei mittlerer Hitze etwa 20 Minuten garen.

8 Den Fond dazugießen und aufkochen.

13 Die Auberginenwürfel in einem Sieb abtropfen lassen, auf Küchenpapier geben und mit zusätzlichem Küchenpapier trocken tupfen.

14 4 EL Öl in einer breiten Pfanne erhitzen, die Auberginenwürfel darin unter gelegentlichem Rühren in 5–6 Minuten goldbraun braten. Die Auberginenwürfel mit Pfeffer und Kräutern würzen.

15 Den Topf vom Herd nehmen, ein Küchentuch zwischen Topf und Deckel klemmen und den Pilaw etwa 10 Minuten ausdampfen lassen.

16 Anschließend den Pilaw mit Salz, Pfeffer und Paprikapüree abschmecken. Die Minze waschen und trocken schütteln, die Blätter grob zerzupfen. Mit den Auberginenwürfeln auf dem Lammpilaw verteilen.

Paprika mit Reis-Rosinen-Pilaw und Feta

Für 1 Auflaufform (ca. 20 x 25 cm): 150 ml Marsala (oder Gemüsefond aus dem Glas) | 40 g Rosinen 200 g Langkornreis | 1 rote Zwiebel | 2 Knoblauchzehen 4–5 EL Olivenöl | 2–3 EL Aceto balsamico bianco 750 ml Gemüsefond (Glas) | Salz | 2 rote Paprikaschoten 1 kleine rote Chilischote | 1 EL edelsüßes Paprikapulver Pfeffer aus der Mühle | 4 gelbe Spitzpaprika | 150 g Feta (griech. Schafskäse) | 50 g Pinienkerne | 2 Stängel Minze

1 Den Marsala erwärmen und die Rosinen darin 3–4 Stunden marinieren. Den Reis in einem Sieb unter fließend kaltem Wasser oder in einer Schüssel mit Wasser gründlich waschen, dann abtropfen lassen.

2 Zwiebel und Knoblauch schälen und fein würfeln. 2–3 EL Öl in einem Topf erhitzen, Zwiebel und Knoblauch darin etwa 1 Minute andünsten, dann mit Essig ablöschen. 400 ml Fond dazugießen und aufkochen. Den Reis dazugeben, salzen und zugedeckt bei kleiner Hitze in etwa 20 Minuten garen.

3 Inzwischen für die Sauce die roten Paprikaschoten halbieren, putzen, waschen und klein würfeln. Die Chilischote längs halbieren, entkernen, waschen und würfeln. 2 EL Öl in einem Topf erhitzen, Paprikawürfel und Chili darin 1–2 Minuten andünsten. Das Paprikapulver darüberstreuen und kurz mit andünsten. Den restlichen Fond angießen und zugedeckt bei mittlerer Hitze etwa 15 Minuten köcheln lassen. Den Topf beiseitestellen und die Sauce mit einem Pürierstab fein pürieren. Die Sauce mit Salz und Pfeffer kräftig würzen und in eine Auflaufform gießen.

4 Den Backofen auf 200° vorheizen. Den Spitzpaprika waschen und in kochendem Salzwasser 3–4 Minuten vorgaren. Den Spitzpaprika herausnehmen, eiskalt abschrecken, längs aufschneiden und entkernen. Den Feta zerbröckeln. Die Pinienkerne in einer kleinen Pfanne ohne Fett goldbraun rösten. Die Minze waschen und trocken schütteln, die Blätter in feine Streifen schneiden. Feta, Pinienkerne und die marinierten Rosinen unter den Reis mischen. Die Paprikahälften mit der Reismischung füllen und in die Paprikasauce setzen. Im Backofen (unten, Umluft 180°) etwa 20 Minuten backen. Den Pilaw mit Minze bestreuen und servieren.

Leipziger Allerlei

Machen Sie sich die Freude – bergen Sie einen außerordentlichen Schatz mit mir, der gewiss zu den verkanntesten deutschen Delikatessen gehört. So ist es mir eine echte Herzenssache, für diese Spezialität eine Lanze zu brechen und ihr wieder zu verdienten Ehren zu verhelfen. Handelt es sich doch um alles andere als um ein buntes »Allerlei« …

Leipziger Allerlei

Für 4 Portionen: 16–20 Flusskrebse (ersatzweise Shrimps, Riesengarnelen, Hummerfleisch) | Salz
1 Zwiebel | 1 Knoblauchzehe | 2 Möhren | ¼ Knollensellerie | 1–2 Stangen Staudensellerie | 2 Fleischtomaten | 4 junge Bundmöhren | 1 kleiner Kohlrabi | je 4 Stangen weißer und grüner Spargel | ¼ Blumenkohl | 16 frische Morcheln (oder getrocknete) | 1–2 EL Rapsöl | 1 EL Tomatenmark | 75 ml Weinbrand (oder Gemüsefond) | 150 ml weißer Portwein (oder Gemüsefond) | ½ Zitrone | 100 ml Sahne | Cayennepfeffer | 150 g TK-Erbsen | 75 g kalte Butter | kleine Dillzweige (nach Belieben)
Außerdem: Eiswasser

1 Die Flusskrebse in sprudelnd kochendem Salzwasser in etwa 4 Minuten garen. Den Backofen auf 200° vorheizen.

2 Die Flusskrebse mit einer Schaumkelle herausnehmen und in Eiswasser abschrecken.

3 Die Schwänze ausbrechen, dabei den Kopf vom Schwanz drehen, die Scheren abtrennen. Schalen mit der Küchenschere aufschneiden, das Fleisch herauslösen. Krebskarkassen und -nasen säubern, zerkleinern und auf ein Backblech legen. Im Ofen (Mitte, Umluft 180°) 10 Minuten trocknen lassen.

4 Zwiebel und Knoblauch schälen und hacken. Möhren und Sellerie schälen und in Stücke schneiden. Den Staudensellerie waschen, putzen und klein schneiden. Tomaten waschen, vierteln und die Stielansätze entfernen. Die Viertel würfeln.

9 Die Tomatenwürfel hinzufügen und unterrühren.

10 Anschließend den Portwein dazugießen.

11 Mit 1 l kaltem Wasser auffüllen, dann aufkochen. Alles bei mittlerer Hitze etwa 1 Stunde köcheln lassen.

12 Für die Sauce den Krustentierfond durch ein feines Sieb in einen Topf passieren. Den Saft der Zitronenhälfte auspressen.

»Wer sich scheut, lebende Flusskrebse zu kochen, nimmt stattdessen bereits gegarte und ausgelöste Flusskrebsschwänze. Alternativ können Sie auch Garnelen mit Schale verwenden und mit der abgelösten Schale wie beschrieben den Fond für die Sauce zubereiten.«

5 Bundmöhren und Kohlrabi schälen. Weißen Spargel ganz, grünen Spargel im unteren Drittel schälen und die holzigen Enden abschneiden. Kohlrabi vierteln und in dünne Scheiben schneiden. Möhren und Spargel längs halbieren. Blumenkohl waschen, putzen und in Röschen teilen.

6 Morcheln putzen, waschen und trocken tupfen. Getrocknete Morcheln in Wasser 2 Stunden einweichen. Für den Fond das Öl in einem breiten Topf erhitzen, Zwiebel, Knoblauch, getrocknete Schalen und Gemüsestücke darin unter Rühren 6–8 Minuten anrösten.

7 Das Tomatenmark unterrühren und kurz mitrösten.

8 Mit Weinbrand ablöschen und flambieren.

13 Die Sahne dazugießen und den Fond offen bei mittlerer Hitze etwa um die Hälfte auf 400 ml einkochen lassen. Die Sauce mit Salz, Cayennepfeffer und Zitronensaft würzen.

14 Spargel, Möhren, Kohlrabi und Blumenkohl in kochendem Salzwasser in etwa 4 Minuten bissfest garen.

15 Die unaufgetauten Erbsen und die Morcheln hinzufügen und etwa 2 Minuten mitgaren. Das Gemüse mit einer Schaumkelle herausnehmen und gut abtropfen lassen.

16 Die kalte Butter zur Sauce geben, mit einem Pürierstab schaumig aufmixen. Die Krebsschwänze unter die Sauce mischen und erwärmen. Die Flusskrebse mit Gemüse und Sauce auf Tellern anrichten. Nach Belieben mit kleinen Dillzweigen servieren.

Gemüsesalat mit Erbsencreme und Flusskrebsen

Für 4 Portionen: 12 Flusskrebse (ersatzweise Crevetten/ Shrimps, siehe Tipp Seite 340)
Krebsfond: 1 Zwiebel | 1 Knoblauchzehe | 1 Möhre
100 g Knollensellerie | 1 Stange Staudensellerie
1 Fleischtomate | 1 EL Rapsöl | 1 gehäufter TL Tomatenmark | 50 ml Weinbrand | 100 ml weißer Portwein
75 ml Sahne
Dressing: 2–3 EL Weißweinessig | 4–5 EL Traubenkernöl
Salz | Pfeffer aus der Mühle
Erbsencreme: 300 g TK-Erbsen | Salz | 2 Schalotten
125 g Butter | 50 g Crème fraîche | 1 Prise Zucker
Muskatnuss
Gemüsesalat: 8 junge Bundmöhren | 1 kleiner Kohlrabi
150 g Zuckerschoten | 12–16 frische Morcheln (oder getrocknete) | je 12 weiße und grüne Spargelspitzen
Salz | Pfeffer aus der Mühle | 3–4 mittelgroße Champignons | Bach- und Erbsenkresse (nach Belieben)
Außerdem: Eiswasser

1 Die Flusskrebse in sprudelnd kochendem Salzwasser in etwa 4 Minuten garen. Dann mit einer Schaumkelle herausnehmen und in Eiswasser abschrecken. Die Schwänze ausbrechen, dabei den Kopf vom Schwanz drehen und die Scheren abtrennen. Die Schalen mit der Küchenschere aufschneiden und das Fleisch herauslösen.
2 Die Krebskarkassen und -nasen säubern, zerkleinern und auf ein Backblech legen. Im Ofen (Mitte, Umluft 180°) etwa 10 Minuten trocknen lassen. Zwiebel und Knoblauch schälen und hacken. Möhre und Sellerie schälen und in Stücke schneiden. Den Staudensellerie waschen, putzen und klein schneiden. Die Tomate waschen, vierteln und die Stielansätze entfernen. Die Viertel würfeln.
3 Das Rapsöl in einem breiten Topf erhitzen, Zwiebel, Knoblauch, getrocknete Schalen und die vorbereiteten Gemüsestücke darin unter gelegentlichem Rühren 6–8 Minuten anrösten. Das Tomatenmark unterrühren und kurz mitrösten. Mit Weinbrand ablöschen und flambieren. Die Tomatenwürfel hinzufügen. Den Portwein dazugießen. Mit 750 ml kaltem Wasser auffüllen. Alles bei mittlerer Hitze etwa 1 Std. köcheln lassen.
4 Den Krebsfond durch ein feines Sieb in einen Topf passieren. Die Sahne dazugeben und offen auf etwa 100 ml einkochen lassen. Essig und Traubenkernöl mit einem Pürierstab untermixen. Das Dressing mit Salz und Pfeffer kräftig würzen und etwas abkühlen lassen.
5 Inzwischen die unaufgetauten Erbsen in sprudelnd kochendem Salzwasser etwa 1–2 Minuten blanchieren. Herausnehmen, in Eiswasser abschrecken und abtropfen lassen. 100 g Erbsen beiseitestellen. Die Schalotten schälen und fein würfeln. 50 g Butter und Schalotten in einer Pfanne so lange braten, bis die Butter eine nussbraune Farbe bekommt. Die Pfanne vom Herd nehmen. Die restlichen Erbsen, Schalotten-Butter-Mischung und Crème fraîche im Mixer fein pürieren. Das Püree mit Salz, Zucker und frisch geriebener Muskatnuss würzen.
6 Bundmöhren und Kohlrabi schälen. Die Möhren halbieren und den Kohlrabi in kleine Stücke schneiden. Die Zuckerschoten waschen und putzen. Die Morcheln putzen, waschen und trocken tupfen. Die getrockneten Morcheln in Wasser etwa 2 Stunden einweichen.
7 Das vorbereitete Gemüse und die Spargelspitzen in kochendem Salzwasser zugedeckt in 4–5 Minuten bissfest garen. Das Gemüse mit einer Schaumkelle herausnehmen und abtropfen lassen. 75 g Butter in einer breiten Pfanne zerlassen, Gemüse, Flusskrebsschwänze, übrige Erbsen und Morcheln darin 1–2 Minuten schwenken. Mit 1 Prise Zucker, Salz und Pfeffer würzen.
8 Die Champignons putzen, trocken abreiben und in dünne Scheiben schneiden oder hobeln. Die Erbsencreme auf Teller geben und mit dem Löffelrücken flach streichen. Gemüse, Morcheln und Flusskrebsschwänze daraufgeben. Die Champignonscheiben und nach Belieben die Kresse darauf verteilen. Mit dem Dressing beträufeln und servieren.

Marillenknödel

Diese fruchtig-süßen Bällchen wecken in mir echte Heimatgefühle, denn meine Mutter wusste sie wie keine andere zuzubereiten. Der Gedanke daran versetzt mich unversehens an den Familientisch zurück: Als kleiner Junge war dies eine meiner erklärten Lieblingsspeisen und stets von dem unausgesprochenen Wettbewerb begleitet, wer wohl die meisten davon verdrücken kann.

Marillenknödel

Für 4 Portionen: 750 g mehligkochende Kartoffeln | 150 g Butter | 100 g Zucker
125 g Semmelbrösel | 8 Aprikosen (Marillen) | 8 Stück Würfelzucker | 3 EL Marillenbrand (ersatzweise Aprikosen- oder Pfirsichsaft oder Aprikosensirup) | 2 Eigelb
100 g Mehl | 75 g Hartweizengrieß | Salz
Außerdem: Alufolie | Mehl zum Arbeiten | Puderzucker zum Bestäuben

1 Alle Zutaten abwiegen und bereitstellen. Den Backofen auf 200° vorheizen.

2 Die Kartoffeln waschen, in Alufolie wickeln und auf ein Backblech legen. Im Backofen (Mitte, Umluft 180°) in etwa 1 Stunde weich garen.

3 100 g Butter in einer großen Pfanne zerlassen, den Zucker dazugeben und unter Rühren schmelzen lassen.

4 Die Semmelbrösel dazugeben und unter Rühren hellbraun anrösten, dann beiseitestellen.

9 Die Kartoffeln durch eine Kartoffelpresse in eine Schüssel drücken.

10 Eigelbe, Mehl und Grieß hinzufügen. Alle Zutaten mit einem Kochlöffel zu einem glatten Teig verrühren.

11 Den Teig auf einer bemehlten Arbeitsfläche gut kneten und zu einer 25 cm langen Rolle (ca. 6 cm Ø) formen.

12 Die Teigrolle in 8 gleichgroße Stücke teilen.

»Schön locker wird der Kartoffelteig mit mehligkochenden Kartoffeln. Und ganz wichtig: Den Kartoffelteig nicht zu lange kneten, sondern alle Zutaten nur mit einem Kochlöffel leicht vermengen, sodass die Kartoffelstärke nicht verklebt.«

5 Die Aprikosen waschen, aufaber nicht durchschneiden und entsteinen.

6 Den Würfelzucker auf eine Platte setzen und mit dem Marillenbrand beträufeln.

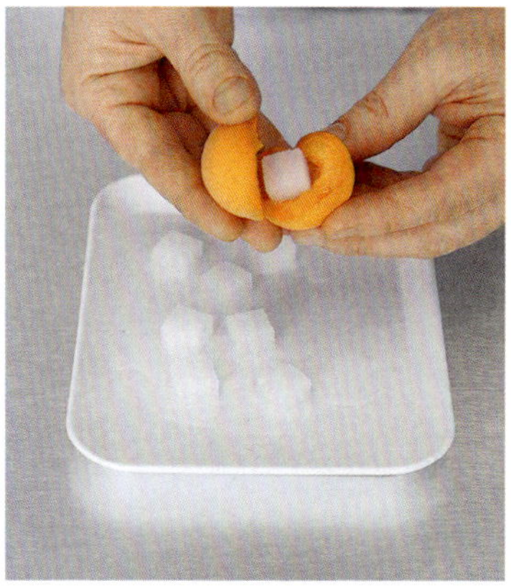

7 Den Würfelzucker in die Mulde der Aprikosen stecken. Die Aprikosenhälften wieder zusammendrücken.

8 Die weichen Kartoffeln auspacken und pellen.

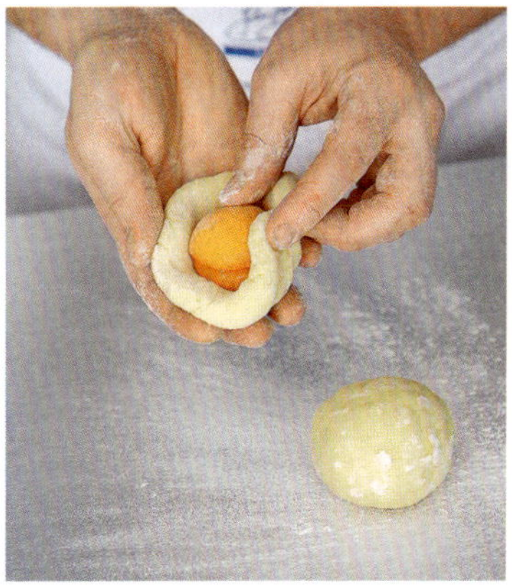

13 Jedes Teigstück auf einer bemehlten Arbeitsfläche zu einem runden flachen Fladen drücken und jeweils 1 Aprikose in die Mitte setzen. Den Teig mit bemehlten Händen vorsichtig über die Aprikose ziehen und zu einem Knödel formen.

14 Reichlich Salzwasser in einem großen Topf aufkochen. Die Knödel darin bei mittlerer Hitze in etwa 15 Minuten garen, dabei die Knödel öfter wenden. Das Wasser leicht unter dem Siedepunkt halten, damit die Knödel nicht zerfallen.

15 Die Knödel herausnehmen, abtropfen lassen und in der Bröselmasse wenden. Übrige Butter in einem kleinen Topf leicht bräunen. Die Knödel anrichten, mit Puderzucker bestäuben und mit der heißen braunen Butter beträufeln.

Zwetschgenknödel mit Zimt-Nuss-Brösel

Für 4 Portionen:
Vanillesauce: 2 Vanilleschoten | 250 ml Milch 250 ml Sahne | 40 g Zucker | 4 Eigelb
Knödel: 500 g mehligkochende Kartoffeln | 2 Eigelb 100 g Mehl | 50 g Hartweizengrieß | 8 kleine Zwetschgen 8 Stück Würfelzucker | Salz
Brösel: 75 g Butter | 50 g Semmelbrösel | 50 g gemahlene Haselnüsse | 1 TL Zimtpulver
Außerdem: Alufolie | Mehl zum Arbeiten | 1 runder Ausstecher (ca. 10 cm Ø) | Puderzucker zum Bestäuben

1 Für die Vanillesauce die Vanilleschoten längs aufschneiden und das Mark herauskratzen. Milch, Sahne, Zucker und Vanillemark in einem Topf aufkochen. Die Eigelbe in eine Schüssel geben. Die Vanillemilch langsam unter Rühren zu den Eigelben gießen. Die Mischung wieder in den Topf geben und bei kleiner bis mittlerer Hitze so lange rühren, bis die Sauce eine dickliche, cremige Konsistenz hat. Die Sauce durch ein Sieb passieren und abgedeckt im Kühlschrank vollständig auskühlen lassen.
2 Den Backofen auf 200° vorheizen. Für die Knödel die Kartoffeln in Alufolie wickeln, auf ein Backblech legen und im Backofen (Mitte, Umluft 180°) in etwa 1 Stunde weich garen. Die Kartoffeln herausnehmen, pellen und durch eine Kartoffelpresse in eine Schüssel drücken. Mit Eigelben, Mehl und Grieß mit den Händen zu einem glatten Teig verkneten.
3 Die Zwetschgen waschen, etwas aufschneiden und entsteinen. Jeweils 1 Stück Würfelzucker in die Zwetschgen drücken. Den Kartoffelteig auf einer bemehlten Arbeitsfläche etwa 1 cm dick ausrollen und mit dem Ausstecher 8 Kreise ausstechen. Je 1 Zwetschge mit einem Teigkreis umhüllen und den Teig zu Knödeln formen. Reichlich Salzwasser in einem großen Topf aufkochen. Die Knödel darin bei mittlerer Hitze etwa 10 Minuten ziehen lassen. Dabei das Wasser leicht unter dem Siedepunkt halten, damit die Knödel nicht zerfallen.
4 Inzwischen für die Brösel die Butter in einer Pfanne aufschäumen lassen, Semmelbrösel, Nüsse und Zimtpulver untermischen und unter Rühren leicht bräunen. Die Knödel herausnehmen, abtropfen lassen und in den Bröseln wenden. Die Knödel anrichten und mit Puderzucker bestäuben. Die Vanillesauce dazu reichen.

Martinsgans

Ich werde so häufig nach meiner Empfehlung für dieses Rezept gefragt, dass es hier keinesfalls fehlen darf. Vielleicht auch, weil es ein echtes Traditionsessen ist und auch noch einen festen Termin im Kalender hat. Doch das Gänsebratenessen nur auf den St.-Martins-Tag am 11. November festzulegen, erscheint mir zu kurz gedacht – dazu schmeckt es einfach viel zu fein.

Martinsgans

Für 4–6 Portionen: 2–3 Zwiebeln | 3 Äpfel | 1 Bio-Orange | 4–5 Zweige getrockneter Beifuß Salz | 1 Gans (ca. 4 kg) | 400 ml Geflügelfond (Glas) | 4 EL Sojasauce | 2 EL Zuckerrübensirup | 150 g Knollensellerie | 1 Möhre | 1 Stange Staudensellerie | 1 TL Wacholderbeeren 1 TL weiße Pfefferkörner | 3–4 Zweige Thymian | 1 EL Tomatenmark | 150 ml Rotwein 1 EL Speisestärke | 50 g kalte Butter | Pfeffer aus der Mühle
Außerdem: Küchengarn | Mörser

1 Die Zwiebeln schälen und grob würfeln. Die Äpfel waschen, vom Kerngehäuse befreien und ebenfalls in grobe Würfel schneiden. Die Orange heiß wachen, abtrocknen und mit Schale in Stücke schneiden.

2 Zwiebel, Äpfel und Orange in eine Schüssel geben. Den Beifuß mit den Fingern zerreiben und untermischen. Die Mischung mit Salz würzen.

3 Den Backofen auf 150° vorheizen. Die Gans innen und außen waschen und mit Küchenpapier trocken tupfen.

4 Die Flügel mit einem Messer abtrennen. Dafür die Haut und die Sehne einschneiden und den Knochen durch Drehen entfernen. Die Flügel für die Sauce beiseitelegen.

9 Danach die Gans aus dem Ofen nehmen. Die Temperatur auf 220° erhöhen. Den Fond in der Fettpfanne entfetten.

TIPP Zum Entfetten eine Entfettungskanne verwenden. Oder den Sud abkühlen lassen und das Fett vorsichtig abheben.

10 Die Hälfte der Sojasauce mit dem Zuckerrübensirup verrühren. Den Gänsebraten damit bestreichen und im Backofen (unten, Umluft 200°) weitere 25–30 Minuten braten.

11 Inzwischen für die Sauce Knollensellerie, Möhre und Staudensellerie putzen, schälen und würfeln. Wacholderbeeren und Pfefferkörner im Mörser zerdrücken. Thymian waschen und trocken schütteln.

12 Die Flügel grob zerkleinern. Etwas Gänsefett (z. B. Flomen oder Bratsud) in einem Topf erhitzen, die Flügel darin rundum anrösten. Das Gemüse dazugeben und 4–5 Minuten mitbraten.

»Damit die Haut schön kross und knusprig wird, müssen Sie die Gans zwischendurch wieder und wieder mit dem entstandenen Bratensud bestreichen – lieber einmal zu viel als zu wenig.«

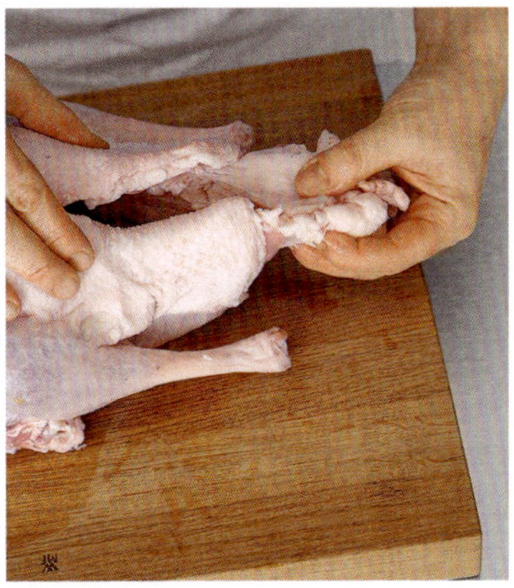

5 Das Gänsefett (Flomen) im Bauchraum lösen, entfernen und ebenfalls für die Sauce beiseitelegen.

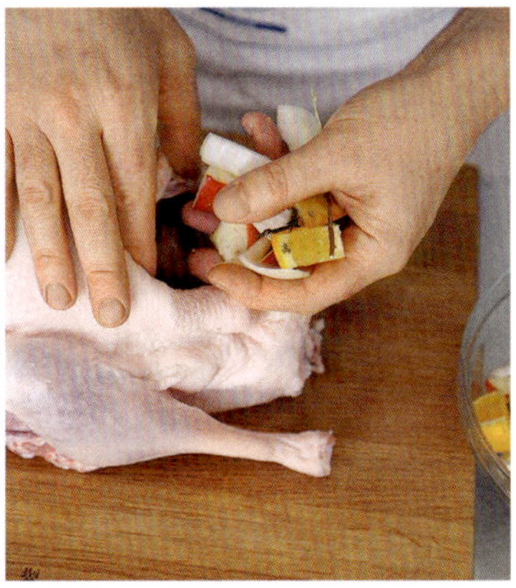

6 Die Gans innen und außen mit Salz kräftig würzen und mit der Hälfte der Apfel-Zwiebel-Mischung füllen.

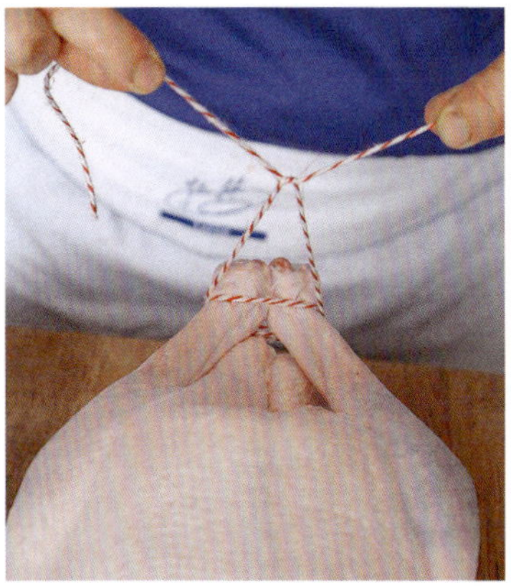

7 Die Keulen mit Küchengarn umwickeln. Das Garn am Knochen zusammenziehen und festbinden.

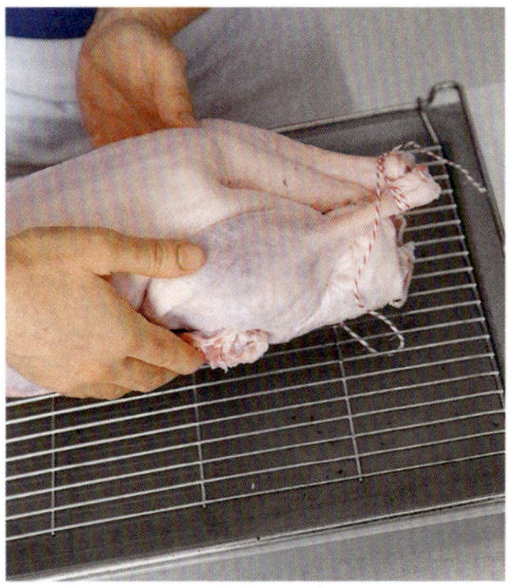

8 Den Fond in ein tiefes Backblech gießen. Die Gans auf einen Rost setzen und den Rost auf das Blech stellen. Die Gans im Backofen (unten, Umluft 130°) in etwa 3 Stunden garen. Dabei gelegentlich mit dem Sud übergießen.

13 Tomatenmark unterrühren und 1–2 Minuten mitrösten. Wacholderbeeren, Pfeffer und Thymianzweige hinzufügen und 6–8 Minuten mitrösten.

14 Bratensatz mit Rotwein ablöschen, die entfettete Brühe dazugießen. Sauce aufkochen und offen bei mittlerer Hitze ca. 30 Minuten einkochen lassen.

15 Sauce durch ein Sieb in einen Topf gießen. Mit übriger Sojasauce würzen. Stärke mit 2 EL Wasser verrühren. Zum Binden die Stärke unter die Sauce rühren und alles einmal aufkochen. Butter unterrühren. Sauce salzen, pfeffern. Gans in Stücken mit Sauce servieren.

TIPPS Das Wichtigste für einen perfekten Gänsebraten ist die Qualität der Gans! Deshalb am besten eine deutsche Mastgans in Bio-Qualität verwenden. Dazu passen Kartoffelknödel und Rotkohl.

Gans-Gröstl mit Maronen und Rosenkohl

Für 4 Portionen: 200 g Maronen | 600 g mittelgroße festkochende Kartoffeln | 1 TL Kümmelsamen | Salz 8–12 Röschen Rosenkohl | 1 Zwiebel | 2 Zweige Majoran 2 Stängel glatte Petersilie | 500 g Fleischreste vom Gänsebraten | 30 g Gänseschmalz | Pfeffer aus der Mühle 50 g Butter

1 Den Backofen auf 200° vorheizen. Die Maronen kreuzweise einritzen, auf ein Backblech geben und im Backofen (Mitte, Umluft 180°) etwa 10 Minuten rösten. Anschließend die Maronen etwas abkühlen lassen, schälen und je nach Größe halbieren oder vierteln.
2 Die Kartoffeln gründlich waschen, mit Schale und Kümmelsamen in kochendem Salzwasser 10–15 Minuten vorgaren. Dann die Kartoffeln abgießen, pellen und auskühlen lassen.
3 Inzwischen den Rosenkohl putzen, halbieren und in kochendem Salzwasser in etwa 5 Minuten weich garen. Den Rosenkohl herausnehmen, kalt abschrecken und trocken tupfen. Die Zwiebel schälen und fein würfeln. Majoran und Petersilie waschen und trocken schütteln, die Blätter hacken.
4 Das Gänsebratenfleisch von den Knochen und der Karkasse lösen und in mundgerechte Stücke schneiden.
5 Die Kartoffeln in etwa 0,5 cm dicke Scheiben schneiden. Das Gänseschmalz in einer breiten Pfanne erhitzen, die Kartoffelscheiben darin unter gelegentlichem Wenden in etwa 8 Minuten goldbraun anbraten.
6 Dann Zwiebelwürfel, Gänsefleisch, Rosenkohlhälften und Maronen hinzufügen und 6–8 Minuten mitbraten. Das Gröstl mit Salz und Pfeffer würzen. Zum Schluss Butter und Kräuter dazugeben und durch Rütteln der Pfanne unterschwenken.

TIPP Wenn's schnell gehen soll, anstelle von frischen Maronen vorgegarte aus dem Vakuumbeutel nehmen, diese wie im Rezept beschrieben grob hacken und mitbraten. Die vakuumverpackten Maronen finden Sie im Gemüseregal oder bei den Trockenfrüchten und Nüssen.

Minestrone

In dieser gehaltvollen Suppe sind die Aromen des Sommers mit den Nationalfarben und der bekannten Lebensfreude der Italiener vereint. Man nehme: eine satte Fülle an buntem Gemüse, reichlich frische Kräuter und einen erstklassigen Parmesan. Die Zutaten verändern sich von Region zu Region ein wenig, ebenso wie die Einlagen; in der Toskana und in Ligurien werden Nudeln bevorzugt, in der Lombardei eher Reis.

Minestrone

Für 4–6 Portionen: 3 Tomaten | 2 Möhren | 2 Stangen Staudensellerie | 6 kleine festkochende Kartoffeln | ½ Stange Lauch | 150 g breite Bohnen | ¼ Wirsing | 1 große Zwiebel | 2 Knoblauchzehen | 5–6 EL Olivenöl | 1 l Gemüsefond (Glas) | 2–3 Stängel Basilikum | ¼ Bund glatte Petersilie | 3 Zweige Thymian | 150 g TK-Erbsen 150 g Suppennudeln | Salz | Pfeffer aus der Mühle | einige Basilikumblätter zum Bestreuen | ca. 4 EL frisch geriebener Parmesan zum Bestreuen
Außerdem: Eiswasser

1 Die Tomaten auf der runden Seite mit einem spitzen Küchenmesser kreuzweise einritzen.

2 Die Tomaten in kochendem Wasser 20–30 Sekunden blanchieren, mit einer Schaumkelle herausnehmen und in Eiswasser abschrecken. Die Tomaten häuten, vierteln und die Stielansätze entfernen.

3 Die Tomatenviertel entkernen und grob würfeln.

4 Möhren putzen, schälen und schräg in Scheiben schneiden. Staudensellerie putzen, waschen, eventuell die Fäden abziehen. Kartoffeln schälen. Lauch und Bohnen putzen. Wirsing vom Strunk befreien. Kartoffeln und Gemüse waschen und klein schneiden.

9 Anschließend den Fond unter Rühren angießen.

10 Basilikum, Petersilie und Thymian waschen, trocken schütteln und die Kräuter in den Fond geben.

11 Die Suppe zugedeckt bei kleiner Hitze etwa 15 Minuten köcheln lassen.

12 Dann das restliche Gemüse und die unaufgetauten Erbsen dazugeben.

»In diesen beliebten italienischen Suppenklassiker gehört jede Menge frisches Gemüse. Je nach Saison können Sie die Gemüsesuppe beliebig variieren, zum Beispiel mit grünem oder weißem Spargel, Spitzkohl, Kohlrabi, Zuckerschoten oder Blumenkohl.«

5 Zwiebel und Knoblauch schälen und klein würfeln.

6 2 EL Öl in einem breiten Topf erhitzen, Zwiebel und Knoblauch darin glasig dünsten.

7 Möhren, Kartoffeln und Bohnen dazugeben und etwa 1 Minute mitdünsten.

8 Die Tomatenwürfel ebenfalls dazugeben.

13 Danach die Suppennudeln in die Gemüsesuppe geben.

14 Die Suppe zugedeckt bei kleiner Hitze weitere 8–10 Minuten garen, bis die Nudeln bissfest sind.

15 Abschließend die Suppe mit Salz und Pfeffer kräftig würzen.

16 Die Kräuterstängel entfernen. Die Minestrone in tiefen Tellern anrichten, mit dem restlichen Olivenöl beträufeln und mit Basilikumblättern und Parmesan bestreut servieren.

Pilz-Minestrone mit Knöpfle und Linsen

Für 4–6 Portionen: 4 Eier | Salz | Pfeffer aus der Mühle Muskatnuss | 350 g Mehl | 400 g gemischte Pilze (z. B. Champignons, Kräuterseitlinge, Shiitake-Pilze, Pfifferlinge, Steinpilze) | 1 Zwiebel | 2 Knoblauchzehen | ¼ Bund Petersilie | 3 Zweige Thymian | 2 Zweige Rosmarin | 5 EL Steinpilzöl (ersatzweise Trüffelöl) | 750 ml Gemüsefond (Glas) 150 g braune Linsen | 2 Lorbeerblätter | 100 g rote Linsen 1 Bund Schnittlauch | 2 EL dunkle Sojasauce

1 Für die Knöpfle die Eier mit 50 ml Wasser, Salz, Pfeffer und frisch geriebener Muskatnuss verrühren. Das Mehl nach und nach unterrühren. Den Knöpfleteig mit einem Kochlöffel so lange schlagen, bis er Blasen bildet.
2 Reichlich Salzwasser in einem Topf aufkochen, den Teig portionsweise mit einer Knöpflepresse hineindrücken oder aber durch ein Knöpflesieb in das kochende Wasser streichen. Die Knöpfle einmal aufkochen lassen, dann mit einem Sieblöffel herausnehmen, kalt abschrecken und auf Küchenpapier abtropfen lassen.
3 Die Pilze putzen, trocken abreiben (nicht waschen!) und je nach Größe halbieren, vierteln oder in Scheiben schneiden.
4 Zwiebel und Knoblauch schälen. Die Zwiebel halbieren und in dünne Streifen scheiden. Den Knoblauch fein würfeln. Die Kräuter waschen und trocken schütteln. 2 EL Öl in einem breiten Topf erhitzen, Zwiebel und Knoblauch darin etwa 1 Minute andünsten. Den Fond dazugießen, braune Linsen, Petersilie, Thymian, Rosmarin und Lorbeerblätter dazugeben und den Fond aufkochen. Die braunen Linsen zugedeckt bei kleiner Hitze etwa 20 Minuten köcheln lassen.
5 Die roten Linsen und die Pilze dazugeben und weitere 4 Minuten garen. Die Knöpfle untermischen und in der heißen Brühe 2–3 Minuten ziehen lassen. Den Schnittlauch waschen, trocken schütteln und in Röllchen schneiden. Petersilie, Thymian und Rosmarin entfernen. Die Suppe mit Sojasauce, Salz und Pfeffer kräftig würzen. Die Minestrone in tiefen Tellern anrichten, mit übrigem Öl beträufeln und mit Schnittlauchröllchen bestreut servieren.

Moussaka

Eine echt griechische Moussaka ist bedauerlicher Weise fernab ihrer Heimat recht selten zu haben, woran auch immer das liegen mag. Sie ist kräftig, weder fettig noch überwürzt oder matschig – nein, Auberginen, Kartoffeln und Hackfleisch werden fein geschichtet und goldbraun ausgebacken. Und eine erfrischende Joghurtsauce mit Zitrone oder Minze passt ausgezeichnet dazu.

Moussaka

Für 1 Auflaufform (ca. 20 x 30 cm Ø): 600 g große festkochende Kartoffeln
Salz | 1 große Zwiebel | 2 Knoblauchzehen | 3–4 Zweige Thymian
3–4 Zweige Oregano | 6 EL Olivenöl | 400 g gemischtes Hackfleisch
1 EL Tomatenmark | 100 ml Rotwein | 400 g gehackte Tomaten (Dose)
Pfeffer aus der Mühle | 1 gestrichener TL Zimtpulver | 80 g griechischer Hartkäse
(z. B. Graviera oder Kefalotiri, ersatzweise Parmesan) | 50 g Butter | 2 TL Mehl
500 ml Milch | Muskatnuss | 2 große Auberginen | Öl für die Form

1 Die Kartoffeln waschen und in kochendem Salzwasser in etwa 25 Minuten weich garen, anschließend abkühlen lassen.

2 Zwiebel und Knoblauch schälen und fein würfeln.

3 Thymian und Oregano waschen und trocken schütteln, die Blätter abzupfen und fein hacken.

4 3 EL Olivenöl in einer Pfanne erhitzen, Zwiebel und Knoblauch darin glasig dünsten. Das Hackfleisch dazugeben und anbraten, bis es krümelig ist.

9 Die Milch nach und nach dazugießen und unter ständigem Rühren aufkochen, bis eine sämige Sauce entsteht.

10 Den Käse unter die Sauce rühren. Die Sauce mit Salz und frisch geriebener Muskatnuss kräftig würzen.

11 Die Auberginen waschen, putzen und in etwa 0,5 cm dicke Scheiben schneiden. Die Scheiben auf ein Blech legen, mit Salz bestreuen und etwa 10 Minuten ziehen lassen. Dann mit einem sauberen Küchentuch trocken tupfen.

12 Übriges Olivenöl in einer Pfanne erhitzen, die Auberginenscheiben darin portionsweise von beiden Seiten in 2–3 Minuten goldbraun braten. Herausnehmen und auf Küchenpapier abtropfen lassen.

»Moussaka schmeckt wie viele Ofengerichte am nächsten Tag am besten. Und für eine vegetarische Variante können Sie das Hackfleisch durch 200 g Reis ersetzen und zum Garen zusätzlich 200 ml Gemüsefond zu den gehackten Tomaten geben.«

5 Das Tomatenmark dazugeben und unterrühren, dann mit dem Wein ablöschen.

6 Die gehackten Tomaten, Thymian und Oregano dazugeben und unterrühren.

7 Das Hackfleisch mit Salz, Pfeffer und Zimtpulver würzen. Das Hackfleisch offen bei kleiner Hitze etwa 25 Minuten köcheln lassen.

8 Für die helle Sauce den Käse reiben. Die Butter in einem Topf zerlassen, das Mehl dazugeben, glatt rühren und kurz anschwitzen.

13 Den Backofen auf 200° vorheizen. Die Kartoffeln pellen und in Scheiben schneiden.

14 Die Form mit Öl einfetten. Die Hälfte der Hackfleischsauce darin verteilen. Auberginen- und Kartoffelscheiben leicht überlappend in die Form legen.

15 Auf die Auberginen- und Kartoffelscheiben die Hälfte der Käsesauce verteilen.

16 Übrige Hackfleischsauce daraufgeben. Die übrigen Auberginen- und Kartoffelscheiben überlappend darauflegen. Restliche Sauce darauf verteilen. Moussaka im Ofen (Mitte, Umluft 180°) in etwa 35 Minuten goldbraun backen.

Auberginen-Tomaten-Röllchen

Für 4 Portionen: 1 große Aubergine | Salz | 1 Knoblauchzehe | 1 rote Zwiebel | 300 g Kirschtomaten | 30 g gehackte Mandeln | 4 Zweige Oregano | 300 g Rinderhackfleisch 3 EL Paniermehl | 100 g Feta (griech. Schafskäse) | 1 Ei Pfeffer aus der Mühle | 2–3 EL Olivenöl | 1 EL Zucker 2 EL Paprikapüree (z. B. Ajvar) | 2 EL Zitronensaft 300 g passierte Tomaten

1 Die Aubergine waschen, putzen und längs in etwa 1 mm dünne Scheiben schneiden (am besten mit der Aufschnittmaschine). Die Auberginenscheiben auf ein Backblech legen, salzen und etwa 20 Minuten ruhen lassen.
2 Inzwischen Knoblauch und Zwiebel schälen und fein würfeln. Die Kirschtomaten waschen und halbieren, dabei die Stielansätze entfernen. Die Mandeln in einer kleinen Pfanne ohne Fett goldbraun rösten, dann abkühlen lassen. Den Oregano waschen und trocken schütteln, die Blättchen abzupfen und fein hacken.
3 Das Hackfleisch und das Paniermehl in eine Schüssel geben. Den Feta zerbröckeln und dazugeben. Mandeln und Ei hinzufügen und alles mit den Händen gründlich verkneten. Die Hackfleischmasse mit Salz und Pfeffer kräftig würzen.
4 Die Auberginenscheiben mit Küchenpapier trocken tupfen. Je 2 Scheiben überlappend auf eine Arbeitsfläche legen, etwa 2 EL von der Hackfleischmasse daraufgeben und die Scheiben einrollen. Die Röllchen etwas flach drücken.
5 2 EL Öl in einer Schmorpfanne erhitzen, die Röllchen darin auf beiden Seiten 1–2 Minuten anbraten. Die Auberginenröllchen aus der Pfanne nehmen. Den Backofen auf 180° vorheizen.
6 Zwiebel, Knoblauch und Tomatenhälften in das Bratfett geben und 1–2 Minuten dünsten. Den Zucker darüberstreuen und schmelzen lassen. Das Paprikapüree unterrühren, dann mit dem Zitronensaft ablöschen. Die passierten Tomaten dazugeben und alles einmal aufkochen. Den Oregano unterrühren. Alles mit Salz und Pfeffer kräftig würzen.
7 Die Auberginenröllchen auf die Tomaten setzen, mit dem übrigen Öl beträufeln und im Backofen (Mitte, Umluft 160°) etwa 20 Minuten schmoren lassen. Dazu passt Reis.

Nasi Goreng

Mal ehrlich – Nasi Goreng wird immer öfter großzügig für viele Fantasierezepte verwendet, deren einzig gemeinsamer Nenner der gebratene Reis ist. Den feinen Unterschied habe ich auf meinen Malaysia-Reisen erfahren. Deshalb möchte ich Ihnen dieses asiatische Gericht auf meine Art neu ans Herz legen: mit exzellent abgestimmten Gewürzen, knackigem Gemüse und vor allem top-frisch zubereitet.

Nasi Goreng

Mal ehrlich – Nasi Goreng wird immer öfter großzügig für viele Fantasierezepte verwendet, deren einzig gemeinsamer Nenner der gebratene Reis ist. Den feinen Unterschied habe ich auf meinen Malaysia-Reisen erfahren. Deshalb möchte ich Ihnen dieses asiatische Gericht auf meine Art neu ans Herz legen: mit exzellent abgestimmten Gewürzen, knackigem Gemüse und vor allem top-frisch zubereitet.

Nasi Goreng

Für 4 Portionen: Salz | 200 g Duftreis | 1 Knoblauchzehe | 1 Stängel Zitronengras | 2 Kaffir-Limettenblätter | 1 kleiner Zucchino | 2 Stangen Staudensellerie | 1 rote Paprikaschote | 1 Möhre | 400 g Kalbsschnitzel | 2 Eier | 4 EL Sojaöl | 1 TL Currypulver | 4–5 EL helle Sojasauce | 2 EL Austernsauce | Pfeffer aus der Mühle
1 Bund Koriandergrün
Außerdem: Frischhaltefolie

1 Am Vortag 400 ml Wasser mit 1 gestrichenen TL Salz aufkochen und den Duftreis darin in 6–7 Minuten garen.

2 Dann den Reis in eine Schüssel geben, mit Frischhaltefolie abdecken und etwa 12 Stunden (oder über Nacht) stehen lassen. Nasi Goreng gelingt am besten mit kaltem gegarten Reis.

3 Den Knoblauch schälen und fein hacken. Das Zitronengras von der äußeren Schicht befreien und den Stängel fein hacken. Die Kaffir-Limettenblätter in sehr feine Streifen schneiden. Zucchino und Staudensellerie waschen und putzen.

4 Zucchino längs halbieren und in etwa 1 cm dicke Scheiben schneiden. Selleriestange in Scheiben schneiden. Die Paprikaschote halbieren, putzen, waschen und in etwa 1 cm große Rauten schneiden. Möhre putzen, schälen und in Streifen schneiden.

9 Das Fleisch in die Mitte des Woks geben und etwa 4 Minuten kräftig anbraten.

10 Dann das Fleisch mit dem Currypulver würzen.

11 Den Reis dazugeben und untermischen.

12 Das Nasi Goreng mit der Sojasauce würzen.

*»Duftreis ist häufig leicht parfümiert.
Wenn Ihnen das zu intensiv schmeckt, bereiten Sie das Nasi Goreng
mit Jasminreis zu – er hat ein eher zart duftendes Aroma.«*

5 Das Schnitzelfleisch in etwa 1 cm große Würfel oder Streifen schneiden.

6 Die Eier in einer Schüssel mit einer Gabel verquirlen.

7 Das Öl in einem Wok erhitzen, Knoblauch, Zitronengras und Kaffir-Limettenblätter dazugeben und 1–2 Minuten anbraten.

8 Das Gemüse hinzufügen und bei mittlerer Hitze unter Rühren etwa 5 Minuten braten, bis es bissfest ist. Das Gemüse an den Wokrand schieben.

13 Die Austernsauce unterrühren. Nasi Goreng mit Salz und Pfeffer abschmecken.

14 Die verquirlten Eier unterrühren und in 2–3 Minuten stocken lassen. Das Koriandergrün waschen und trocken schütteln, die Blätter klein schneiden. Das Nasi Goreng damit bestreuen.

TIPP Dazu passt ein **scharfer Gurkensalat:** Dafür 1 Salatgurke schälen, längs halbieren und entkernen. Die Hälften klein würfeln. Die Gurkenwürfel salzen und etwa 15 Minuten ziehen lassen. Inzwischen 50 g Crème fraîche mit dem Saft von ½ Limette verrühren. Nach und nach 1–2 TL Wasabipaste (Tube) unterrühren. Mit Salz, Pfeffer und 1 Prise Zucker würzen. ½ Bund Schnittlauch waschen, trocken schütteln und in Röllchen schneiden. Die Gurkenwürfel abtropfen lassen, dann mit den Schnittlauchröllchen unter die Wasabicreme rühren.

Nasi Goreng mit Rotbarsch und Gemüse

Für 4 Portionen: 200 g Basmatireis | Salz | 500 g Rotbarschfilet mit Haut | 100 g Zuckerschoten | 100 g Thai-Spargel | 150 g Mini-Maiskolben | 3 Frühlingszwiebeln 2 kleine Pak Choi (Asienladen, ersatzweise Mangold) 20 g frischer Ingwer | 1 Knoblauchzehe | 100 g Sojasprossen | 3 EL ungeröstetes Sesamöl | Pfeffer aus der Mühle 1 TL brauner Zucker | 1 TL Currypulver | 2–3 EL Sojasauce | 2 EL süßsaure Chilisauce | 2 EL Austernsauce

1 Am Vortag den Reis in einem Sieb unter fließend kaltem Wasser waschen. 400 ml Wasser mit 1 gestrichenen TL Salz aufkochen und den Reis darin in 6–7 Minuten garen. Dann den Reis in eine Schüssel geben und abgedeckt etwa 12 Stunden (oder über Nacht) stehen lassen. Nasi Goreng gelingt am besten mit kaltem gegarten Reis.
2 Am nächsten Tag den Fisch abbrausen, mit Küchenpapier trocken tupfen und quer zur Faser samt Haut in 1–2 cm breite Streifen schneiden. Zuckerschoten und Thai-Spargel putzen und waschen. Die Mini-Maiskolben waschen und halbieren. Frühlingszwiebeln und Pak Choi putzen, waschen und in Stücke schneiden. Ingwer und Knoblauch schälen und fein hacken. Die Sojasprossen waschen und abtropfen lassen.
3 Das Sesamöl in einem Wok oder einer breiten Pfanne erhitzen. Fischstreifen, Knoblauch und Ingwer dazugeben und in etwa 3 Minuten scharf anbraten, dann die Fischstreifen vorsichtig herausnehmen und warm halten.
4 Zuckerschoten, Thai-Spargel, Maishälften, Frühlingszwiebeln, Pak Choi und Reis in den Wok oder die Pfanne geben und bei mittlerer Hitze unter gelegentlichem Rühren etwa 4 Minuten braten. Mit Salz, Pfeffer und Zucker würzen. Alles mit Currypulver bestäuben und kurz mitbraten. Das Nasi Goreng mit Sojasauce, Chili- und Austernsauce abschmecken. Die gebratenen Fischstreifen und Sojasprossen behutsam unterheben. Das Nasi Goreng anrichten und servieren.

INFO Thai-Spargel kommt, wie der Name verrät, aus Thailand und wächst wie deutscher Spargel zuerst unter der Erde und wird durch Sonnenlicht grün. Er ähnelt sowohl im Aussehen als auch im Geschmack dem grünen Spargel. Die Stangen sind jedoch kleiner und dünner. Thai-Spargel wird wie grüner Spargel nicht geschält, nur die Enden werden entfernt. Man kann ihn roh oder kurz blanchiert braten.

Nasi Goreng mit Entenbrust und Ananas

Für 4 Portionen: 200 g Basmatireis | Salz | 2 Entenbrüste mit Haut (à ca. 250 g) | 1 rote Paprikaschote | 1 gelbe Paprikaschote | 4 Frühlingszwiebeln | 1 Ananas 20 g frischer Ingwer | 1–2 Knoblauchzehen | 3 EL ungeröstetes Sesamöl | Salz | Pfeffer aus der Mühle 1 TL brauner Zucker | 1 TL Currypulver | 2–3 EL Sojasauce | 2 EL süßsaure Chilisauce | 2 EL Austernsauce

1 Am Vortag den Reis in einem Sieb unter fließend kaltem Wasser waschen. 400 ml Wasser mit 1 gestrichenen TL Salz aufkochen und den Reis darin in 6–7 Minuten garen. Dann den Reis in eine Schüssel geben und abgedeckt etwa 12 Stunden (oder über Nacht) stehen lassen. Nasi Goreng gelingt am besten mit kaltem gegarten Reis.
2 Am nächsten Tag die Entenbrüste abbrausen, mit Küchenpapier trocken tupfen und quer zur Faser samt Haut in dünne Scheiben schneiden. Die Paprikaschoten halbieren, putzen, waschen und die Hälften in feine Streifen schneiden. Die Frühlingszwiebeln putzen, waschen und in kurze Stücke schneiden. Die Ananas großzügig schälen, dabei die »Augen« entfernen. Die Ananas vierteln und den harten Strunk entfernen. Die Ananasviertel in Scheiben schneiden. Ingwer und Knoblauch schälen und fein hacken.
3 Das Sesamöl in einem Wok oder einer breiten Pfanne erhitzen. Entenstreifen, Knoblauch und Ingwer dazugeben und in etwa 3 Minuten scharf anbraten, dann die Entenstreifen herausnehmen und warm halten.
4 Paprikastreifen, Frühlingszwiebeln, Ananas und den gegarten Reis in den Wok oder die Pfanne geben und bei mittlerer Hitze unter gelegentlichem Rühren etwa 4 Minuten braten. Mit Salz, Pfeffer und Zucker würzen. Alles mit Currypulver bestäuben und kurz mitbraten. Das Nasi Goreng mit Sojasauce, Chili- und Austernsauce abschmecken. Die gebratenen Entenstreifen unterheben. Das Nasi Goreng anrichten und servieren.

oben: Nasi Goreng mit Rotbarsch und Gemüse | unten: Nasi Goreng mit Entenbrust und Ananas

Ossobuco

Es müssen nicht immer Filetspitzen sein, auch mit einfacheren Stückchen lassen sich – gewusst wie – vortreffliche Geschmackserlebnisse erzielen. Für die Mailänder gehören Ossobuco und Gremolata untrennbar zusammen. Ich löse diese Abhängigkeiten auch gerne mal auf …

Ossobuco mit Gremolata

Für 4 Portionen:
Ossobuco: 2 große Zwiebeln | 4 Möhren | 4 Stangen Staudensellerie | 4 Beinscheiben vom Kalb (à 250–300 g) | Salz | Pfeffer aus der Mühle | ca. 2 EL Mehl | 50 g Butter | 4 EL Sonnenblumenöl 150 ml Weißwein | 250 ml Kalbs- oder Rinderfond (Glas) | 150 g passierte Tomaten | 1 Bouquet garni (je 2 Zweige Thymian, glatte Petersilie, Basilikum und Rosmarin, 2 Lorbeerblätter)
Gremolata: 3 Zweige Thymian | 1 Zweig Rosmarin | 4 Stängel glatte Petersilie | 1 Knoblauchzehe 1 Bio-Zitrone | 4 EL Olivenöl

1 Den Backofen auf 180° vorheizen. Die Zwiebeln schälen. Möhren putzen und schälen. Den Staudensellerie waschen und putzen. Die Hälfte der Zwiebeln und des Gemüses in walnussgroße Stücke, den Rest in kleine Würfel schneiden.

2 Die Beinscheiben abbrausen und trocken tupfen, dann das Fleisch salzen, pfeffern und leicht mit Mehl bestreuen.

3 Die Hälfte der Butter mit 2 EL Sonnenblumenöl in einem großen Bräter erhitzen, das Fleisch darin auf beiden Seiten kurz anbraten. Die Beinscheiben aus dem Bräter nehmen und das Fett abgießen.

4 Die restliche Butter und das übrige Sonnenblumenöl in den Bräter geben und erhitzen. Die größeren Zwiebel- und Gemüsestücke darin 1–2 Minuten anrösten.

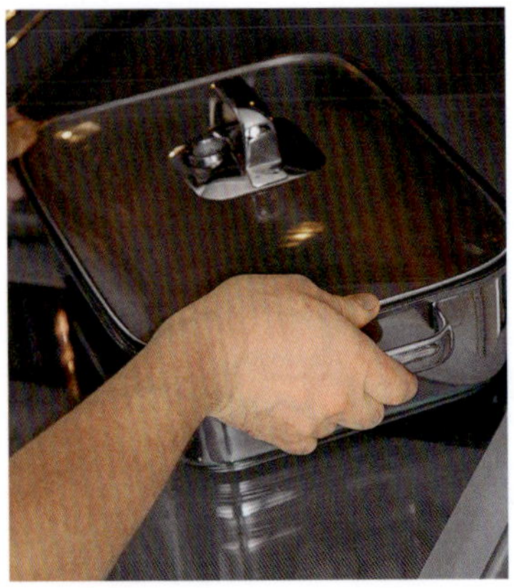

9 Das Fleisch zugedeckt im Ofen (unten, Umluft 160°) etwa 2 Stunden 30 Minuten schmoren lassen. Das Fleisch zwischendurch immer wieder wenden. Dabei eventuell etwas Wasser angießen.

10 Die Beinscheiben herausnehmen und warm stellen. Sauce und Schmorgemüse durch ein Sieb in eine Schüssel passieren.

11 Alle Zutaten für die Gremolata bereitstellen.

12 Thymian, Rosmarin und Petersilie waschen und trocken schütteln, die Blättchen und Nadeln abzupfen und sehr fein hacken.

»Bei sehr zart gewachsenen Beinscheiben kann sich schon vor dem Garen das Fleisch vom Knochen lösen. Dagegen hilft, die Beinscheiben außen mit Küchengarn festzubinden. Dann bleibt das Fleisch schön kompakt und gart gleichmäßig.«

5 Anschließend mit dem Weißwein ablöschen.

6 Den Kalbsfond unter Rühren in den Bräter gießen.

7 Die passierten Tomaten hinzufügen.

8 Fleisch und Bouquet garni auf das Gemüse legen.

TIPP Kein Schmorfleisch ohne Bouquet garni, das Gewürzsträußchen aus Petersilienstängel, Thymianzweig und Lorbeerblatt, das von Anfang an mitgekocht wird und Gerichten ein zartes Aroma verleiht.

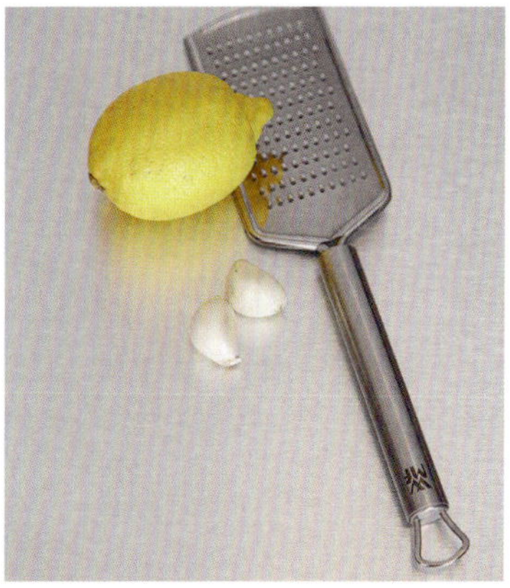

13 Den Knoblauch schälen und fein reiben. Die Zitrone heiß waschen, abtrocknen und die Schale fein abreiben.

14 2 EL Olivenöl in einer Pfanne erhitzen, Thymian, Rosmarin und Petersilie darin etwa 1 Minute anschwitzen. Knoblauch und Zitronenschale dazugeben und untermischen.

15 Das restliche Olivenöl in einer Schmorpfanne erhitzen, die Gemüsewürfel darin 2–3 Minuten andünsten. Die passierte Sauce dazugießen.

16 Das Gemüse zugedeckt bei kleiner Hitze in etwa 15 Minuten weich garen. Ossobuco, Gemüse und Sauce auf Tellern anrichten. Mit der Gremolata bestreuen. Dazu passen breite Bandnudeln oder Polenta.

Ossobuco mit Kümmel-Bier-Sauce

Für 4 Portionen: 1 Zwiebel | 1 Knoblauchzehe 2 Möhren | 2 Stangen Staudensellerie | 1 EL Kümmelsamen | 4 Beinscheiben vom Schwein (à 250–300 g; beim Metzger vorbestellen) | Salz | Pfeffer aus der Mühle 2 EL Mehl | 3–4 Zweige Thymian | 30 g Butterschmalz 1 EL Tomatenmark | ca. 150 ml Dunkelbier | 250 ml Rinderfond (siehe Seite 22 oder Glas) | 2 Lorbeerblätter 1 EL Speisestärke | 1 EL brauner Zucker | 75 g kalte Butter

1 Den Backofen auf 180° vorheizen. Zwiebel und Knoblauch schälen. Die Zwiebel würfeln. Möhren und Staudensellerie putzen, schälen und ebenfalls in Würfel schneiden. Knoblauch und Kümmelsamen fein hacken. Die Beinscheiben kalt abbrausen und mit Küchenpapier trocken tupfen. Die Schwarten am Rand mehrmals einschneiden. Die Beinscheiben salzen, pfeffern und leicht mit Mehl bestreuen. Den Thymian waschen und trocken schütteln.
2 Das Butterschmalz in einem großen Bräter erhitzen, die Beinscheiben darin auf beiden Seiten jeweils 2–3 Minuten anbraten. Das Fleisch aus dem Bräter nehmen. Die Gemüsewürfel in denselben Bräter geben und darin 2–3 Minuten anrösten. Das Tomatenmark unterrühren und kurz mitrösten, dann mit Bier ablöschen. Den Fond dazugießen.
3 Die angebratenen Beinscheiben in den Sud legen. Lorbeerblätter, Thymian und Knoblauch-Kümmel-Mischung hinzufügen. Das Fleisch zugedeckt auf den Boden des Backofens stellen und etwa 2 Stunden schmoren lassen. Das Fleisch zwischendurch wenden. Wenn nötig, noch etwas Dunkelbier dazugießen.
4 Die weichen Beinscheiben aus dem Sud nehmen und warm halten. Sauce und Schmorgemüse durch ein Sieb in einen anderen Topf passieren. Die Sauce mit Salz und Pfeffer würzen. Zum Binden die Stärke mit 2–3 EL kaltem Wasser anrühren, unter die Sauce rühren und die Sauce einmal aufkochen. Zucker und kalte Butter nach und nach unterrühren. Das Ossobuco mit der Sauce auf Tellern anrichten. Dazu passen Semmelknödel und Krautsalat.

Ossobuco mit Lamm

Für 4 Portionen: 1 Zwiebel | 2 Knoblauchzehen | 2 Möhren ¼ Knollensellerie | 8 Beinscheiben vom Lamm (à 150–200 g; beim Metzger vorbestellen) | Salz | Pfeffer aus der Mühle | 2 EL Mehl | 3 EL Olivenöl | 1 EL Tomatenmark | 150 ml Rotwein | 300 ml Lammfond (Glas) 150 g passierte Tomaten | 1 Bouquet garni (je 2 Zweige Thymian, glatte Petersilie, Basilikum, Rosmarin und 2 Lorbeerblätter) | 3–4 Tomaten | 150 g schwarze Oliven (ohne Stein) | 2–3 Zweige Oregano | 2–3 Zweige Thymian 2 Zweige Rosmarin

1 Den Backofen auf 180° vorheizen. Zwiebel und Knoblauch schälen und würfeln. Möhren und Sellerie putzen, schälen und ebenfalls in Würfel schneiden. Die Beinscheiben kalt abbrausen und mit Küchenpapier trocken tupfen. Das Fleisch salzen, pfeffern und leicht mit Mehl bestreuen.
2 Das Öl in einem großen Bräter erhitzen, die Beinscheiben darin auf beiden Seiten jeweils 2–3 Minuten anbraten. Das Fleisch aus dem Bräter nehmen. Die Gemüsewürfel in denselben Bräter geben und 2–3 Minuten anrösten. Das Tomatenmark unterrühren und kurz mitrösten, dann mit dem Rotwein ablöschen. Lammfond und passierte Tomaten dazugeben. Die angebratenen Beinscheiben und das Bouquet garni hinzufügen. Das Fleisch zugedeckt auf den Boden des Backofens stellen und 1 Stunde 30 Minuten bis 2 Stunden schmoren lassen. Das Fleisch zwischendurch wenden. Wenn nötig, etwas Wasser dazugießen.
3 Inzwischen die Tomaten auf der runden Seite kreuzweise einritzen. Die Tomaten in kochendem Wasser 20–30 Sekunden blanchieren, mit einer Schaumkelle herausnehmen, kalt abschrecken und häuten. Die Stielansätze entfernen. Die Tomaten in Viertel schneiden, entkernen und in Würfel schneiden. Die Oliven in Ringe schneiden. Oregano, Thymian und Rosmarin waschen und trocken schütteln, die Blättchen und Nadeln abzupfen und fein hacken.
4 Die weichen Beinscheiben aus dem Sud nehmen und warm halten. Die Sauce und das Schmorgemüse durch ein Sieb in einen anderen Topf passieren. Tomatenwürfel, Olivenringe und Kräuter unter die Sauce rühren. Die Sauce kräftig mit Salz und Pfeffer würzen. Ossobuco und Sauce auf Tellern anrichten. Dazu passen eine cremige Polenta und Bohnensalat.

oben: Ossobuco mit Kümmel-Bier-Sauce | unten: Ossobuco mit Lamm

Pad Thai

Thailand zählt zu meinen liebsten Reisezielen – und die Küche dort schätze ich als eine der besten der Welt, weil sie sich nicht in überflüssigen Kapriolen verliert, sondern gekonnt auf das Wesentliche konzentriert: frische und hochwertige Zutaten. Holen wir also den Wok aus dem Schrank und bereiten uns Reisnudeln mit »Allem-was-das-Herz-begehrt« zu.

Pad Thai

Für 4 Portionen: 12–16 mittelgroße Riesengarnelen | 150 g Zuckerschoten | 3–4 Frühlingszwiebeln | 100 g neutraler Tofu | 50 g ungesalzene Erdnüsse | 100 g Bambussprossen (Dose) | 2 kleine rote Chilischoten | 20 g frischer Ingwer | 2 Knoblauchzehen | 3–4 Stängel Koriandergrün | 200 g Reisnudeln | Salz | 2–3 EL Erdnussöl | 150 g Sojasprossen | 3 EL Fischsauce | 1–2 TL Tamarindenpaste | Pfeffer aus der Mühle | 2 Eier

1 Die Riesengarnelen kalt abbrausen. Den Kopf mit den Fingern durch Drehen abtrennen und die Schwänze schälen. Die Garnelenschwänze am Rücken entlang einschneiden und den Darm entfernen.

2 Die Zuckerschoten putzen, waschen und diagonal halbieren.

3 Die Frühlingszwiebeln putzen, waschen und schräg in kurze Stücke schneiden.

4 Den Tofu in etwa 1 cm große Würfel schneiden.

9 Zuckerschoten und Frühlingszwiebeln in die Mitte des Woks geben und in 1–2 Minuten kräftig anbraten.

10 Die Bambussprossen hinzufügen und 1–2 Minuten mitbraten.

11 Tofu und Sojasprossen in den Wok geben und unter Rühren 1–2 Minuten braten.

12 Anschließend die Reisnudeln in den Wok geben.

»Sie können die Reisbandnudeln selbst zubereiten oder auch als Instant-Produkt im Asienladen kaufen. Von A bis Z selbst gemacht, ist das Erlebnis natürlich ein anderes – aber hier ist der Kompromiss durchaus gestattet.«

5 Die Erdnüsse in einer kleinen Pfanne ohne Fett rösten, dann abkühlen lassen und grob hacken. Die Bambussprossen in einem Sieb abtropfen lassen.

6 Die Chilischoten waschen, putzen und je nach Schärfe mit den Kernen hacken. Ingwer und Knoblauch schälen und klein hacken. Koriandergrün waschen und trocken schütteln, die Blätter zerzupfen.

7 Die Reisnudeln in kochendem Salzwasser in etwa 6 Minuten bissfest garen. Anschließend in ein Sieb abgießen und kalt abschrecken.

8 Das Öl in einem Wok erhitzen. Knoblauch, Ingwer, Chili und Garnelen darin bei mittlerer Hitze unter Rühren etwa 2 Minuten braten. Alles an den Rand des Woks schieben.

13 Alles mit Fischsauce, Tamarindenpaste, Salz und Pfeffer abschmecken.

TIPP Tamarinde wird oft statt Zitrone oder Essig verwendet. Sie ist getrocknet in Blockform oder als Paste in Gläschen erhältlich.

14 Die Eier in einer Schüssel verquirlen und über die Mischung im Wok gießen. Dann die Eier untermischen, bis sie gestockt sind. Koriandergrün und Erdnüsse über das Pad Thai streuen.

Pad Thai mit Rindfleisch und Mais

Für 4 Portionen: 500 g Rinderfilet (oder Rindersteak) 1 kleine rote Chilischote | 25 g frischer Ingwer | 2 Knoblauchzehen | 3 EL Sojasauce | 1–2 TL edelsüßes Paprikapulver | 50 ml Rinderfond (siehe Seite 22 oder Glas) 2 TL Speisestärke | 1 rote Paprikaschote | 1 gelbe Paprikaschote | 150 g Mini-Maiskolben | 100 g Bambussprossen (Dose) | 3–4 Frühlingszwiebeln | 200 g Reisnudeln | Salz 2 EL Sesamöl | 1 EL Honig | 1–2 TL Tamarindenpaste Pfeffer aus der Mühle

1 Das Fleisch kalt abbrausen, mit Küchenpapier trocken tupfen und quer zur Faser in dünne Scheiben schneiden. Die Fleischscheiben in eine Schüssel geben.
2 Die Chilischote längs halbieren, entkernen, waschen und klein würfeln. Ingwer und Knoblauch schälen und ebenfalls klein würfeln. Für die Marinade Chili, Ingwer und Knoblauch mit Sojasauce, Paprikapulver, Fond und Speisestärke verrühren. Die Marinade unter die Fleischscheiben mischen. Das Fleisch abgedeckt etwa 15 Minuten marinieren lassen.
3 Inzwischen die Paprikaschoten halbieren, putzen, waschen und die Hälften in feine Streifen schneiden. Die Mini-Maiskolben waschen und halbieren. Die Bambussprossen in einem Sieb abtropfen lassen. Die Frühlingszwiebeln putzen, waschen und schräg in Stücke schneiden.
4 Die Reisnudeln in kochendem Salzwasser nach Packungsangabe in etwa 6 Minuten bissfest garen. Dann die Reisnudeln in ein Sieb abgießen und kalt abschrecken.
5 Die Rindfleischscheiben in einem Sieb abtropfen lassen, dabei die Marinade in einer Schüssel auffangen. Das Öl in einem Wok erhitzen, Fleisch mit Knoblauch, Ingwer und Chili darin bei mittlerer Hitze unter Rühren 2–3 Minuten braten. Das Fleisch herausnehmen und mit der Marinade mischen.
6 Paprikastreifen, Maishälften und Frühlingszwiebeln in die Mitte des Woks geben und bei mittlerer Hitze 2–3 Minuten kräftig anbraten. Bambussprossen und Reisnudeln dazugeben und untermischen. Rindfleisch, Marinade und Honig hinzufügen und unter die Mischung heben. Alles mit Tamarindenpaste, Salz und Pfeffer abschmecken.

Paella

Welch ein verheißungsvoller Anblick, wenn sich Safranreis, Fisch und Fleisch im farbenprächtigen Aufzug hitzig zischend in der großen spanischen Kupferpfanne anbieten. Die Paella beweist sich durch Üppigkeit und braucht ein gewisses Format – das wäre doch eine schöne Gelegenheit, mal wieder Gäste einzuladen!

Paella

Für 4 Portionen: 1 Zwiebel | 2 Knoblauchzehen | 1 rote Paprikaschote | 2 Hühnerbrüste mit Haut (à ca. 150 g) | 8 mittelgroße Riesengarnelen mit Kopf und Schale | 4 Langostinoschwänze (Kaisergranat) | 5–6 EL Olivenöl | Salz | Cayennepfeffer | 1 TL edelsüßes Paprikapulver | ½ TL Safranfäden | 100 g passierte Tomaten | ca. 600 ml kräftiger Geflügelfond (Glas) | 600 g Miesmuscheln | 250 g Paellareis | 100 g TK-Erbsen (oder frische ausgepalte) Pfeffer aus der Mühle | 6 Zitronenspalten zum Garnieren

1 Zwiebel und Knoblauch schälen und fein würfeln.

2 Die Paprikaschote vierteln, putzen, waschen und in kleine Würfel schneiden.

3 Die Hühnerbrüste kalt abbrausen, trocken tupfen und in mundgerechte Stücke schneiden. Riesengarnelen und Langostinos abbrausen und mit Küchenpapier trocken tupfen.

4 2–3 EL Olivenöl in einer breiten ofenfesten Pfanne oder einer Paellapfanne erhitzen, die Hühnerbruststücke darin 2–3 Minuten anbraten. Mit Salz und 1 Prise Cayennepfeffer würzen. Fleischstücke herausnehmen und beiseitestellen.

9 Die Safranfäden dazugeben.

TIPP Safran hat je nach Qualität, Lagerung und Alter ein unterschiedliches Aroma. Geben Sie die Fäden nach und nach dazu, damit der Safran nicht zu stark durchschmeckt.

10 Die passierten Tomaten ebenfalls in die Pfanne geben.

11 Mit dem Fond ablöschen. Alles bei kleiner Hitze etwa 10 Minuten köcheln lassen. Die Muscheln in einer Schüssel oder in einem Sieb unter fließend kaltem Wasser gründlich säubern. Geöffnete Exemplare wegwerfen.

12 Den Backofen auf 180° vorheizen. Den Reis in die Pfanne mit dem Sud streuen und etwa 5 Minuten köcheln lassen.

»Perfekt, wenn Sie eine spezielle Paellapfanne mit zwei seitlichen Griffen haben. Die Paella gelingt aber auch gut in einer Servierpfanne oder in einem ovalen Bräter.«

5 Die Riesengarnelen in die Pfanne geben und auf jeder Seite etwa 2 Minuten braten.

6 Die Langostinoschwänze hinzufügen und 1–2 Minuten mitbraten. Riesengarnelen und Langostinoschwänze herausnehmen und beiseitestellen.

7 1 EL Olivenöl in dieselbe Pfanne geben, Zwiebel und Knoblauch darin 1–2 Minuten dünsten. Die Paprikawürfel hinzufügen und kurz mit andünsten.

8 Die Zwiebelmischung mit Paprikapulver würzen.

13 Dann die unaufgetauten Erbsen untermischen.

14 Hühnerbruststücke, Riesengarnelen und Langostini auf dem Reis verteilen.

15 Die Muscheln darauflegen. Das restliche Olivenöl darüberträufeln. Alles mit Salz und Pfeffer würzen.

16 Die Paella im Ofen (Mitte, Umluft 160°) in etwa 20 Minuten garen. Die Pfanne aus dem Ofen nehmen, geschlossene Muscheln entfernen. Die Paella mit Zitronenspalten garnieren.

Gefüllte Tomaten mit Paella-Reissalat

Für 4 Portionen: 150 g Paellareis | ½ TL Safranfäden 1 TL edelsüßes Paprikapulver | 2–3 EL passierte Tomaten 300 ml Geflügelfond (Glas) | 100 g TK-Erbsen | 1 rote Zwiebel | 2 Knoblauchzehen | 200 g Hähnchenbrustfilet (ohne Haut und Knochen) | 7–8 EL Olivenöl | Salz Cayennepfeffer | 3 EL Aceto balsamico bianco | 8 mittelgroße Strauchtomaten | 12 kleine, gekochte Crevetten ohne Schale | Meersalz | schwarzer Pfeffer aus der Mühle 1 Prise Zucker

1 Reis, Safranfäden, Paprikapulver, passierte Tomaten und Fond in einen Topf geben. Alles aufkochen und den Reis zugedeckt bei kleiner Hitze unter gelegentlichem Rühren in etwa 20 Minuten garen. Etwa 4 Minuten vor Ende der Garzeit die unaufgetauten Erbsen untermischen.
2 Inzwischen Zwiebel und Knoblauch schälen und würfeln. Das Fleisch kalt abbrausen, trocken tupfen und ebenfalls in Würfel schneiden. 2 EL Öl in einer Pfanne erhitzen, Zwiebel, Knoblauch und Fleisch darin 2–3 Minuten anbraten. Das Fleisch mit Salz und Cayennepfeffer würzen. Mit Essig ablöschen und das Fleisch beiseitestellen.
3 Die Tomaten kreuzweise einschneiden, in kochendem Wasser etwa 30 Sekunden blanchieren, dann herausnehmen und kalt abschrecken. Die Tomaten häuten. An der Seite mit den Stielansätzen einen Deckel abschneiden und die Tomaten mit einem Teelöffel aushöhlen.
4 Crevetten, Fleischwürfel samt Knoblauch und Zwiebel sowie 2 EL Öl unter den gegarten Reis mischen. Den Reis mit Salz und Cayennepfeffer abschmecken und die Tomaten damit füllen. Die Tomatendeckel darauflegen. Die gefüllten Tomaten mit dem restlichen Öl beträufeln und mit Meersalz, Pfeffer und Zucker würzen.

TIPP Die Bezeichnung **»Crevette«** ist eine Handelsbezeichnung für etwa 3–4 cm große Garnelen, die gekocht und bereits gepult, manchmal in einer Lake, angeboten werden. Sie eignen sich hervorragend für kalte Salate und Vorspeisen, weil sie zuvor weder gekocht noch geschält werden müssen.

Paella-Tarte

Für 1 Quicheform (ca. 24 cm Ø): 250 g Mehl | 100 g weiche Butter | Salz | 100 g Frischkäse | 1 Eigelb | 1 Zwiebel | 2 Knoblauchzehen | 3 EL Olivenöl | 150 g Paellareis | ½ TL Safranfäden | 1 TL edelsüßes Paprikapulver | 50 g passierte Tomaten | 400 ml Geflügelfond (Glas) | 100 g TK- Erbsen | 100 g Hähnchenbrust | 4–6 Riesengarnelenschwänze | 100 g Chorizo (spanische scharfe Paprikawurst) | Pfeffer aus der Mühle | 3 Eier | 125 ml Milch | 50 g frisch geriebener Parmesan | Muskatnuss
Außerdem: Frischhaltefolie | Butter für die Form | Mehl zum Arbeiten.

1 Mehl, Butter, Salz, Frischkäse und Eigelb in einer Rührschüssel zuerst mit den Knethaken des Handrührgeräts, dann mit den Händen zu einem glatten Teig verkneten. Den Teig in Frischhaltefolie wickeln und etwa 1 Stunde im Kühlschrank ruhen lassen.
2 Inzwischen Zwiebel und Knoblauch schälen und fein würfeln. 2 EL Olivenöl in einer Pfanne erhitzen, Zwiebel und Knoblauch darin 1–2 Minuten andünsten. Reis, Safran, Paprikapulver, passierte Tomaten und Fond dazugeben. Den Reis offen bei kleiner Hitze unter gelegentlichem Rühren in etwa 15 Minuten garen. Den Topf beiseitestellen und die unaufgetauten Erbsen untermischen. Alles abkühlen lassen.
3 Hähnchenbrust kalt abbrausen, trocken tupfen und in Würfel schneiden. Garnelenschwänze schälen und den Darm entfernen. Die Garnelenschwänze quer halbieren. Die Wurst pellen und in Scheiben schneiden. Die Hähnchenbrust mit Salz und Pfeffer würzen. 1 EL Öl in einer Pfanne erhitzen, die Hähnchenbrustwürfel darin unter Wenden etwa 1 Minuten anbraten.
4 Den Backofen auf 200° vorheizen. Die Form einfetten. Den Teig auf einer bemehlten Arbeitsfläche etwa 3 mm dick ausrollen und die Form damit auslegen. Die Reismischung auf dem Teigboden verteilen. Hähnchenbrustwürfel, Chorizoscheiben und Garnelenstücke darauf verteilen.
5 Eier, Milch und Parmesan in einem hohen Rührbecher mit dem Pürierstab verquirlen. Mit Salz, Pfeffer und frisch geriebener Muskatnuss kräftig würzen. Den Guss über die Reismischung gießen. Die Quiche im Backofen (unten, Umluft 180°) in etwa 40 Minuten goldbraun backen. Wird die Oberfläche zu schnell braun, die Quiche mit Alufolie abdecken.

Gemüse-Paella

Für 4 Portionen: 3–4 Zweige Thymian | 3–4 Zweige Oregano | 2 Zweige Rosmarin | 1 rote Zwiebel | 2 Knoblauchzehen | 5–6 EL Olivenöl | 1 TL edelsüßes Paprikapulver | 100 g passierte Tomaten | 600 ml Gemüsefond (Glas) | ½ TL Safranfäden | 1 rote Paprikaschote | 1 gelbe Paprikaschote | 1 Zucchino | 1 kleine Aubergine | Salz | Cayennepfeffer | 10 Kirschtomaten | 200 g Paellareis

1 Die Kräuter waschen und trocken schütteln, die Blätter und Nadeln abzupfen und fein hacken. Zwiebel und Knoblauch schälen und fein würfeln. 2 EL Olivenöl in einem Topf erhitzen, Zwiebel und Knoblauch darin 1–2 Minuten andünsten, dann mit Paprikapulver bestreuen. Passierte Tomaten, Kräuter, Fond und Safran hinzufügen und bei kleiner Hitze etwa 10 Minuten köcheln lassen.
2 Inzwischen die Paprikaschoten halbieren, putzen, waschen und in Würfel schneiden. Zucchino und Aubergine waschen, putzen und ebenfalls in Würfel schneiden. 2 EL Olivenöl in einer ofenfesten und breiten Pfanne erhitzen, die Paprikawürfel darin unter gelegentlichem Rühren 3–4 Minuten anbraten. Mit Salz und Cayennepfeffer kräftig würzen.
3 Den Backofen auf 200° vorheizen. Die Kirschtomaten waschen, halbieren und von den Stielansätzen befreien. Tomatenhälften und Reis unter das Gemüse rühren und aufkochen, dann alles bei kleiner Hitze etwa 5 Minuten köcheln lassen. Das restliche Olivenöl darüberträufeln. Die Gemüse-Paella mit Salz und Cayennepfeffer würzen. Die Pfanne auf den Boden des Backofens stellen und die Paella in 15–20 Minuten fertig garen.

Paella-Tarte

Gemüse-Paella

Peking-Ente

Das größte Geheimnis der Peking-Ente – und zugleich auch ihr Qualitätsausweis – ist das saftige feste Fleisch unter der perfekt lackierten goldbraunen Außenhaut. Ich habe all meinen Charme gebraucht, um einem chinesischen Meisterkoch seine ganze Weisheit zu entlocken und lege dieses Geheimnis hiermit offen …

Peking-Ente

Für 4 Portionen: 1 Ente (küchenfertig, 1,8–2 kg) | 2–3 EL Zuckerrübensirup | 2–3 EL dunkle Sojasauce | 200 g Weizenmehl | ½ TL Salz
10 Frühlingszwiebeln | 1 große Salatgurke | 150 g Hoisinsauce (Asienladen)
Außerdem: kleine Holzspieße | Küchengarn | Mehl zum Arbeiten
3–4 EL Erdnussöl

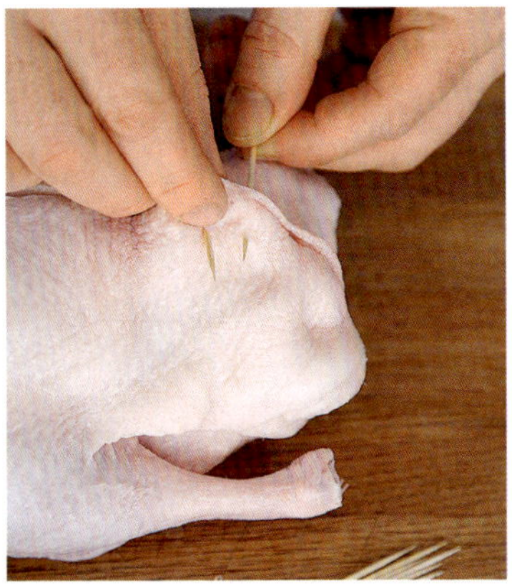

1 Die Ente innen und außen waschen und mit Küchenpapier trocken tupfen. Die hintere Öffnung mit den kleinen Holzspießchen schließen.

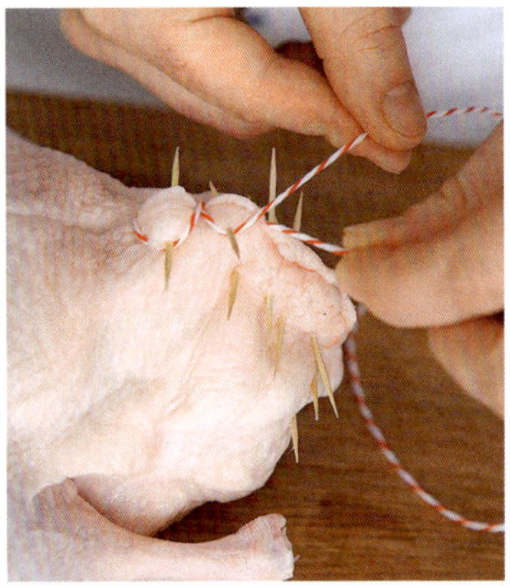

2 Dann das Küchengarn kreuzweise um die Holzspießchen binden und verknoten.

3 Am Hals die Haut einschneiden und mit einer Pumpe (z. B. für Luftballons) so aufblasen, dass sich die Haut vom Körper löst. So wird die Haut knusprig.

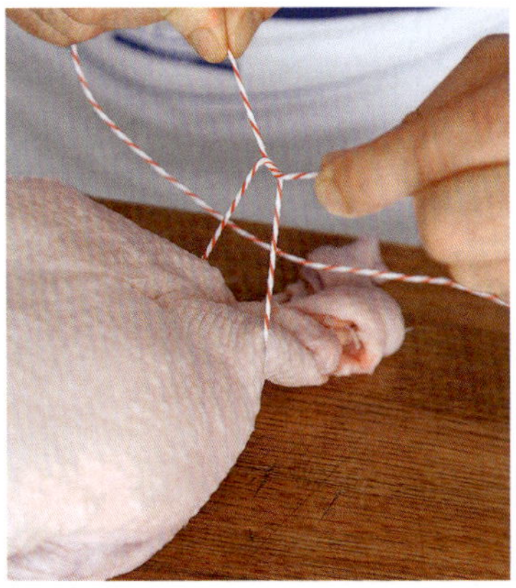

4 Die Haut am Halsende mit Küchengarn so festbinden, dass die Luft nicht mehr entweichen kann.

9 Am nächsten Tag den Ofen auf 160° Umluft vorheizen. Die Ente mit der Brustseite nach oben auf einen Rost mit Fettpfanne legen. Im Ofen (unten) 1 Stunde 30 Minuten bis 2 Stunden braten. Herausnehmen, kurz abkühlen lassen und die Flüssigkeit ablaufen lassen.

10 Für die Pfannkuchen das Mehl in eine Schüssel sieben. Das Salz hinzufügen.

11 Nach und nach 200 ml kochendes Wasser dazugießen und mit den Quirlen des Handrührgeräts glatt verkneten. Den Teig mit einem feuchten Tuch abdecken und etwa 20 Minuten ruhen lassen.

12 Aus dem Teig etwa 16 kleine Kugeln formen und die Kugeln auf einer bemehlten Arbeitsfläche flach drücken.

»Traditionell wird die Peking-Ente an einem runden Tisch serviert, auf dem in der Mitte eine runde, drehbare Platte steht. Auf diese Platte werden Fleisch, Pfannkuchen, Gurke, Frühlingszwiebeln und Hoisinsauce gestellt, sodass sich jeder die Pfannkuchen selbst belegen kann.«

5 Die Ente über einen breiten Topf mit kochend heißem Wasser hängend halten und rundherum mit dem Wasser überbrühen. Die Ente mit Küchenpapier trocken tupfen und in eine flache Schüssel legen.

6 Für die Glasur 100 ml Wasser mit dem Zuckerrübensirup in einem Topf aufkochen.

7 Die Sojasauce dazugeben und die Mischung etwa 2 Minuten köcheln lassen.

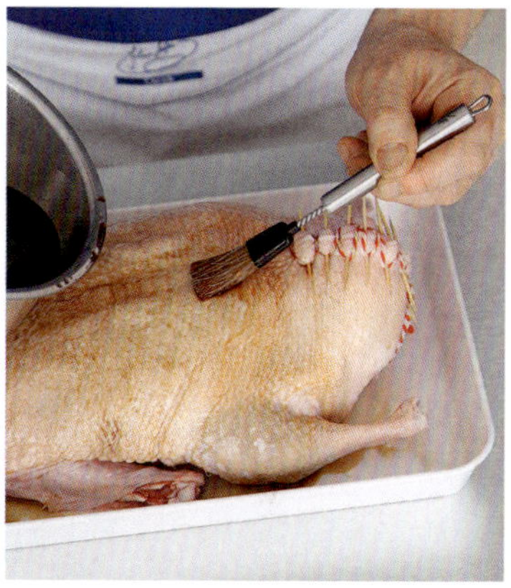

8 Die Entenhaut mit der Glasur bestreichen. Die Ente 12–16 Stunden an einem luftigen, trockenen und kühlen Ort aufhängen und die Haut trocknen. Die Haut in den ersten beiden Stunden immer wieder mit Glasur bestreichen, dabei die Haut nicht verletzen.

13 Die Teigstücke mit einem Nudelholz dünn ausrollen.

14 Eine Pfanne dünn mit Erdnussöl einfetten, die Teigfladen nacheinander darin auf beiden Seiten braten, bis der Teig Blasen wirft.

15 Inzwischen die Frühlingszwiebeln putzen, waschen und längs in Streifen schneiden. Die Gurke schälen, zuerst in Scheiben, dann die Scheiben in Stifte schneiden.

16 Die knusprige Entenhaut vom Fleisch lösen und in Rauten schneiden. Brustfleisch in dünne Scheiben schneiden. Pfannkuchen mit Hoisinsauce bestreichen. Fleisch, Haut, Frühlingszwiebelstreifen und Gurkenstifte darauf verteilen.

Wachtelbrust mit süß-scharfer Pflaumensauce

Für 4 Portionen: 1 rote Zwiebel | 10 g frischer Ingwer 3 Pflaumen | 2 rote Chilischoten | 2–3 EL Zucker 150 ml Pflaumenwein | 3 EL Hoisinsauce (Asienladen) 1 Limette | Salz | Pfeffer aus der Mühle | 1 mittelgroße Salatgurke | 1 kleine Stange Lauch | 3 Stängel Koriandergrün | 1 EL Honig | 2–3 EL Sesamöl | 1 EL Reisessig 4 Wachteln | 50 g Butterschmalz | 100 g Weizenmehl 2 Eier | 1 TL Backpulver | 75 ml Milch | 2 EL Sesamsamen (nach Belieben) | 1 Kästchen Shiso-Kresse (nach Belieben)

1 Für die Sauce Zwiebel und Ingwer schälen und in Scheiben schneiden. Die Pflaumen waschen, halbieren, entsteinen und würfeln. Die Chilischoten längs halbieren, entkernen, waschen und 1 Chilischote in kleine Stücke schneiden.
2 Den Zucker in einem Topf hellbraun karamellisieren lassen. Zwiebel, Ingwer, Chili und Pflaumen unterrühren, dann mit Pflaumenwein ablöschen. Die Hoisinsauce dazugeben und alles aufkochen. Die Sauce offen bei kleiner Hitze etwa 20 Minuten köcheln lassen.
3 Die Sauce mit einem Pürierstab pürieren und durch ein feines Sieb in einen Topf passieren. Den Saft der Limette auspressen. Die Pflaumensauce offen weitere 4 Minuten einkochen lassen. Die Sauce mit Salz, Pfeffer und Limettensaft würzen und abkühlen lassen.
4 Inzwischen die Gurke schälen, längs vierteln und entkernen. Die Viertel in dünne Scheiben schneiden. Den Lauch putzen, längs halbieren, gründlich waschen und in dünne Streifen schneiden. Das Koriandergrün waschen und trocken schütteln, die Blätter abzupfen und grob hacken. Die übrige Chilischote in feine Streifen schneiden. Chili, Gurke, Lauch, Honig, Koriandergrün, Sesamöl und Reisessig verrühren. Den Salat mit Salz und Pfeffer würzen.
5 Den Backofengrill vorheizen. Die Wachteln kalt abbrausen, mit Küchenpapier trocken tupfen. 1 EL Butterschmalz in einer ofenfesten Pfanne erhitzen, die Wachteln darin auf der Brustseite 3–4 Minuten anbraten. Die Wachteln auf den Rücken legen und gleichmäßig mit der Pflaumensauce bestreichen. Die Wachteln unter dem Backofengrill (Mitte) in etwa 10 Minuten goldbraun braten.
6 Das Mehl in eine Schüssel sieben. Mit Eiern, 1 Prise Salz, Backpulver und Milch zu einem glatten Teig verrühren. Aus dem Teig 8 Pfannkuchen backen. Dafür das restliche Butterschmalz in einer Pfanne erhitzen, je 1 EL Teig dazugeben und den Teig auf jeder Seite etwa 2 Minuten backen. Die Pfannkuchen herausnehmen und warm halten, bis alle Pfannkuchen gebacken sind. Nach Belieben die Sesamsamen in einer Pfanne ohne Fett rösten, dann abkühlen lassen.
7 Die Wachtelbrüste und Keulen rechts und links von den Knochen schneiden. Je 1 Pfannkuchen und 1 Keule mit etwas von der restlichen Pflaumensauce auf Tellern anrichten. Den Gurken-Lauchsalat auf den Pfannkuchen verteilen und je 1–2 Wachtelbrüstchen daraufsetzen. Nach Belieben mit gerösteten Sesamsamen und Shiso-Kresse bestreuen und servieren.

INFO Shiso-Kresse wird im Handel meist als Mix von vier Sorten angeboten: Shiso Purple, Shiso Green, Daikon Kresse und Mustard Kresse. Sie bereichern die feine Küche mit einer Vielfalt an Aromen und sehen durch ihre verschiedenen Formen und Farben sehr dekorativ aus.

Piroggen

In Polen wird gerne gefeiert und der Tisch ist dabei stets reich gedeckt. Wer einmal in slawischen Ländern auf Reisen war, wird sicher mit diesen kleinen Halbmonden Bekanntschaft gemacht haben. Ob süß, salzig oder pikant – sie zählen zu den typischen Spezialitäten und werden ganz unterschiedlich gefüllt. Ich schwöre auf meinen Hefeteig und habe mich auf die herzhaften Snackvarianten konzentriert.

Piroggen

Für 18 Stück:
Hefeteig: 200 ml Milch | ½ Würfel frische Hefe (21 g) | 400 g Mehl | 1 TL Zucker | 50 g Butter | 1 Ei
1 Prise Salz | 1 Eigelb
Füllung: 1 Zwiebel | 1 Knoblauchzehe | 4–5 mittelgroße Champignons | 100 g durchwachsener Speck | 200 g Rinderhackfleisch | Salz | Pfeffer aus der Mühle | ca. 1 TL edelsüßes Paprikapulver
Außerdem: Frischhaltefolie | Backpapier | Mehl zum Arbeiten | 1 runder Ausstecher (ca. 10 cm Ø)

1 Die Milch lauwarm erwärmen. Die Hefe in die Milch bröckeln und darin auflösen. Ein Drittel von dem Mehl sowie den Zucker dazugeben und verrühren. Den Vorteig zugedeckt an einem warmen Ort etwa 20 Minuten gehen lassen.

2 Die Zutaten für die Füllung abwiegen und bereitstellen. Zwiebel und Knoblauch schälen und in feine Würfel schneiden.

3 Die Champignons putzen, trocken abreiben und in sehr kleine Würfel schneiden.

4 Den Speck zuerst in Scheiben, dann in kleine Würfel schneiden.

TIPP Den Speck vor dem Schneiden etwa 10 Minuten ins Tiefkühlfach legen, dann lässt er sich leichter klein schneiden.

9 Den aufgegangenen Vorteig hinzufügen und mit den Knethaken des Handrührgeräts (oder der Küchenmaschine) zu einem glatten und geschmeidigen Teig verkneten.

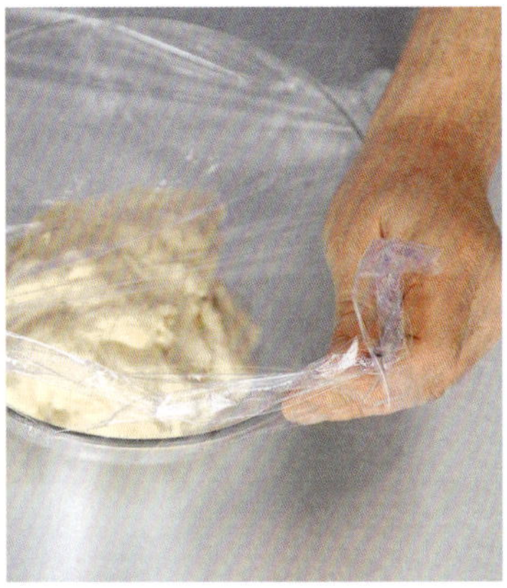

10 Den Teig zugedeckt an einem warmen Ort etwa 1 Stunde gehen lassen.

11 Den Ofen auf 180° vorheizen. Ein Backblech mit Backpapier auslegen. Den Teig auf einer bemehlten Arbeitsfläche etwa 0,5 cm dick ausrollen. Aus dem Teig mit einem Ausstecher Kreise ausstechen.

12 Das Eigelb mit wenig Wasser verquirlen. Jeweils in die Mitte der Teigkreise etwas Füllung geben. Die Teigränder mit etwas Eigelb bestreichen. Die Teigkreise zu einem Halbkreis zusammenklappen.

»Piroggen schmecken nicht nur mit Hefeteig sehr gut, sondern auch mit Mürbe- oder Filoteig. Und je nach Füllung mische ich gern noch Zitronen-, Limetten- oder Orangenschale unter den Teig.«

5 Den Speck in einer heißen breiten Pfanne auslassen. Zwiebel, Knoblauch und Champignons hinzufügen und 3–4 Minuten mitbraten.

6 Das Hackfleisch in eine Schüssel geben. Die Speckmischung dazugeben und alles gut vermischen.

7 Die Hackfleischmasse mit Salz, Pfeffer und Paprikapulver würzen und abkühlen lassen.

8 Für den Teig das restliche Mehl in eine Rührschüssel (oder in die Schüssel der Küchenmaschine) geben. Butter, Ei und Salz dazugeben.

13 Die Ränder der Halbkreise mit einer Gabel andrücken.

14 Die Piroggen nebeneinander auf das Backblech legen. Mit übrigem Eigelb bestreichen.

15 Die Piroggen im Backofen (Mitte, Umluft 160°) in etwa 20 Minuten goldbraun backen.

Gefüllte Piroggen

Für 18 Stück:
Hefeteig: 200 ml Milch | ½ Würfel frische Hefe (21 g)
400 g Mehl | 1 TL Zucker| 50 g Butter | 1 Ei | 1 Prise Salz
Füllung: nach Wahl (siehe Rezepte rechts)
Außerdem: Backpapier | 1 Eigelb | Mehl zum Arbeiten
1 runder Ausstecher (ca. 10 cm Ø)

1 Die Milch lauwarm erwärmen. Die Hefe in die Milch bröckeln und darin auflösen. Ein Drittel von dem Mehl sowie den Zucker dazugeben und verrühren. Den Vorteig zugedeckt an einem warmen Ort etwa 20 Minuten gehen lassen.
2 Für den Teig das restliche Mehl in eine Rührschüssel (oder in die Schüssel der Küchenmaschine) geben. Butter, Ei und Salz dazugeben.
3 Den aufgegangenen Vorteig hinzufügen und mit den Knethaken des Handrührgeräts (oder der Küchenmaschine) zu einem glatten und geschmeidigen Teig verkneten. Den Teig abgedeckt an einem warmen Ort etwa 1 Stunde gehen lassen.
4 Inzwischen die gewünschte Füllung nach dem jeweiligen Rezept in der rechten Spalte vorbereiten.
5 Den Backofen auf 180° vorheizen. Das Backblech mit Backpapier auslegen. Das Eigelb mit wenig Wasser verquirlen. Den Teig auf einer bemehlten Arbeitsfläche etwa 0,5 cm dick ausrollen.
6 Aus dem Teig mit einem Ausstecher Kreise ausstechen. Jeweils in die Mitte der Teigkreise etwas Füllung geben. Die Teigränder mit etwas verquirltem Eigelb bestreichen. Die Teigkreise zu einem Halbmond zusammenklappen. Die Ränder der Piroggen mit einer Gabel andrücken.
7 Die Piroggen nebeneinander auf das Backblech legen, mit dem übrigen Eigelb bestreichen. Die Piroggen im Backofen (Mitte, Umluft 160°) in etwa 20 Minuten goldbraun backen.

4 x anders gefüllt

Spinat-Feta-Piroggen
Je 1 Zwiebel und Knoblauchzehe schälen und klein würfeln. 5 in Öl eingelegte getrocknete Tomaten abtropfen lassen, dabei 2 EL Tomatenöl auffangen. Die getrockneten Tomaten in kleine Würfel schneiden. 150 g Baby-Spinat verlesen, waschen und abtropfen lassen. Das Tomatenöl in einer Pfanne erhitzen, Zwiebel, Knoblauch und Tomatenwürfel darin kurz andünsten. 30 g Pinienkerne dazugeben und 2–3 Minuten mitbraten. Den Baby-Spinat hinzufügen, zusammenfallen lassen und unterrühren. Mit Salz und Pfeffer aus der Mühle kräftig würzen. Die Mischung abkühlen lassen. Dann 100 g Feta (griech. Schafskäse) zerbröckeln, dazugeben und untermischen.

Lachs-Kartoffel-Piroggen
Je 1 Zwiebel und Knoblauchzehe schälen und klein würfeln. 200 g Pellkartoffeln (vom Vortag) pellen und ebenfalls klein würfeln. 200 g Lachsfilet ohne Haut in feine Würfel schneiden. 2 Stängel Dill waschen und trocken schütteln, die Dillspitzen abzupfen und fein schneiden. 3–4 EL Olivenöl in einer Pfanne erhitzen, Zwiebel und Knoblauch darin glasig dünsten, dann die Mischung in eine Schüssel geben. Kartoffeln, Lachs, Dill und 100 g Crème fraîche hinzufügen und alles vermischen. Die Füllung mit Salz und Pfeffer aus der Mühle kräftig würzen.

Zwiebel-Speck-Piroggen
2 Zwiebeln und 1 Knoblauchzehe schälen und klein würfeln. 150 g durchwachsenen Speck zuerst in Scheiben, dann in kleine Würfel schneiden. 100 g Emmentaler Käse grob reiben oder klein würfeln. 2 Zweige Majoran waschen und trocken schütteln, die Blätter abzupfen und klein hacken. Den Speck in einer heißen Pfanne bei mittlerer Hitze knusprig und goldbraun auslassen, Zwiebeln und Knoblauch dazugeben und 2–3 Minuten mitdünsten. Den Majoran hinzufügen und untermischen. Die Mischung mit Salz und Pfeffer aus der Mühle kräftig würzen und abkühlen lassen. Dann den Käse untermischen.

Entenbrust-Pilz-Piroggen
2 Frühlingszwiebeln putzen, waschen und in feine Ringe schneiden. 1 Knoblauchzehe schälen und klein würfeln. 200 g frische Entenbrust in sehr kleine Würfel schneiden. 6 Shiitake-Pilze trocken abreiben, die Stiele abschneiden und wegwerfen, die Pilzköpfe klein schneiden. 2 EL geröstetes Sesamöl in einer Pfanne erhitzen, Frühlingszwiebeln, Knoblauch, Pilze und 1 EL helle Sesamsamen darin etwa 2 Minuten andünsten. Dann die Mischung in eine Schüssel geben und die Entenbrustwürfel untermischen. Mit 2 EL Hoisinsauce, Salz und Pfeffer aus der Mühle kräftig würzen.

Ratatouille

Geschmortes Gemüse à la saison et à la Provence – ob kalt oder warm, als Solist oder Begleiter zu Fisch oder Fleisch – es ist vermutlich so bekannt, dass es dazu kaum vieler Worte braucht. Der gleichnamige Film hat es als »Confit Byaldi« zu Ansehen gebracht und mein Ofengratin kommt diesem sehr nahe …

Ratatouille

Für 4–6 Portionen: 2 gelbe Paprikaschoten | 2 rote Paprikaschoten
500 g Strauchtomaten | 250 g Zwiebeln | 2–3 Knoblauchzehen
250 g Zucchini | 250 g Auberginen | 2 Zweige Rosmarin | 3–4 Zweige
Thymian | 75–100 ml Olivenöl | Salz | Pfeffer aus der Mühle
Außerdem: Eiswasser | Olivenöl für das Backblech

1 Den Backofengrill vorheizen. Das Backblech mit Öl einfetten. Die Paprikaschoten halbieren, putzen und waschen. Die Hälften mit der Hautseite nach oben auf das Backblech legen und unter dem heißen Grill in etwa 10 Minuten garen.

2 Die Tomaten auf der runden Seite mit einem spitzen Küchenmesser kreuzweise einritzen.

3 Die Tomaten in kochendem Wasser 20–30 Sekunden blanchieren, mit einer Schaumkelle herausnehmen und in Eiswasser abschrecken.

4 Die Tomaten häuten, vierteln und die Stielansätze entfernen. Die Tomatenviertel entkernen.

9 Ein Drittel von dem Olivenöl in einem breiten Schmortopf erhitzen, die Zucchini darin 2–3 Minuten anbraten. Die Zucchini salzen, pfeffern und aus dem Topf nehmen.

10 Das zweite Drittel von dem Olivenöl in dem Schmortopf erhitzen, die Auberginenwürfel darin 4–5 Minuten anbraten. Mit Salz und Pfeffer würzen und ebenfalls herausnehmen.

11 Das restliche Olivenöl in dem Schmortopf erhitzen, Zwiebeln und Knoblauch darin braten, bis sie goldbraun sind. Die Tomatenwürfel dazugeben.

12 Zucchini und Auberginen ebenfalls zu den Zwiebeln in den Schmortopf geben.

Ratatouille

Für 4–6 Portionen: 2 gelbe Paprikaschoten | 2 rote Paprikaschoten
500 g Strauchtomaten | 250 g Zwiebeln | 2–3 Knoblauchzehen
250 g Zucchini | 250 g Auberginen | 2 Zweige Rosmarin | 3–4 Zweige
Thymian | 75–100 ml Olivenöl | Salz | Pfeffer aus der Mühle
Außerdem: Eiswasser | Olivenöl für das Backblech

1 Den Backofengrill vorheizen. Das Backblech mit Öl einfetten. Die Paprikaschoten halbieren, putzen und waschen. Die Hälften mit der Hautseite nach oben auf das Backblech legen und unter dem heißen Grill in etwa 10 Minuten garen.

2 Die Tomaten auf der runden Seite mit einem spitzen Küchenmesser kreuzweise einritzen.

3 Die Tomaten in kochendem Wasser 20–30 Sekunden blanchieren, mit einer Schaumkelle herausnehmen und in Eiswasser abschrecken.

4 Die Tomaten häuten, vierteln und die Stielansätze entfernen. Die Tomatenviertel entkernen.

9 Ein Drittel von dem Olivenöl in einem breiten Schmortopf erhitzen, die Zucchini darin 2–3 Minuten anbraten. Die Zucchini salzen, pfeffern und aus dem Topf nehmen.

10 Das zweite Drittel von dem Olivenöl in dem Schmortopf erhitzen, die Auberginenwürfel darin 4–5 Minuten anbraten. Mit Salz und Pfeffer würzen und ebenfalls herausnehmen.

11 Das restliche Olivenöl in dem Schmortopf erhitzen, Zwiebeln und Knoblauch darin braten, bis sie goldbraun sind. Die Tomatenwürfel dazugeben.

12 Zucchini und Auberginen ebenfalls zu den Zwiebeln in den Schmortopf geben.

»Damit die Gemüsestückchen schön bissfest bleiben und nicht zerkochen oder matschig werden, sollten Sie das Gemüse auf keinen Fall zu klein schneiden. Und für den Geschmack ein richtig gutes Olivenöl verwenden.«

5 Zwiebeln und Knoblauch schälen. Die Zwiebeln halbieren und in Streifen, den Knoblauch in Scheiben schneiden.

6 Zucchini und Auberginen waschen, putzen und würfeln.

7 Rosmarin und Thymian waschen und trocken schütteln, Nadeln und Blättchen abzupfen und fein hacken.

8 Die schwarz gewordene Haut von den Paprikahälften abziehen oder abschaben. Die gehäuteten Paprikahälften in Stücke schneiden.

13 Die gehäuteten Paprikastücke hinzufügen.

14 Rosmarin und Thymian zum Gemüse geben und unterrühren.

15 Das Gemüse kräftig mit Salz und Pfeffer würzen.

16 Das Ratatouille zugedeckt bei kleiner Hitze 15–20 Minuten schmoren lassen.

Ratatouille-Gratin

Für 1 Auflaufform (ca. 15 x 24 cm): 2 rote Paprikaschoten | 1 rote Chilischote | 1 TL edelsüßes Paprikapulver | 2 TL rosenscharfes Paprikapulver | Meersalz | 500 ml Gemüsefond (Glas) | 1 rote Zwiebel | 2 Knoblauchzehen | 4 EL Olivenöl | 1 EL brauner Zucker | 2–3 EL Rotweinessig | 2 TL Speisestärke | schwarzer Pfeffer aus der Mühle | 3–4 Zweige Thymian | 1 Zweig Rosmarin | 1 grüner Zucchino | 1 gelber Zucchino | 1 Aubergine (z. B. eine asiatische längliche Sorte) | 4–5 mittelgroße Romanatomaten
Außerdem: 1 Leinen- oder Passiertuch zum Passieren

1 Die Paprikaschoten halbieren, putzen, waschen und die Hälften in grobe Stücke schneiden. Die Chilischote längs halbieren, entkernen, waschen und grob zerkleinern. Paprikastücke, Chili, beide Paprikapulversorten, Salz und Fond in einen Mixer geben und sehr fein pürieren. Das Püree durch ein sauberes Tuch in einen Topf pressen. Den Paprikasud aufkochen und offen bei mittlerer Hitze auf 300 ml einkochen lassen.
2 Inzwischen Zwiebel und Knoblauch schälen und sehr fein würfeln. 2 EL Öl in einem Topf erhitzen, Zwiebel und Knoblauch darin etwa 1 Minute andünsten. Den Zucker darüberstreuen und leicht karamellisieren lassen, dann mit dem Essig ablöschen. Den eingekochten Paprikasud dazugießen. Die Speisestärke mit wenig kaltem Wasser anrühren und unter Rühren dazugeben, alles einmal aufkochen. Die Sauce mit Salz und Pfeffer kräftig würzen. Zwei Drittel davon in eine Auflaufform gießen.
3 Den Backofen auf 180° vorheizen. Thymian und Rosmarin waschen und trocken schütteln, die Blättchen und Nadeln abzupfen und fein hacken. Zucchini und Aubergine waschen, putzen und in etwa 2 mm dicke Scheiben schneiden oder hobeln. Die Tomaten waschen, von den Stielansätzen befreien und ebenfalls in dünne Scheiben schneiden.
4 Die Gemüsescheiben abwechselnd dachziegelartig in die Auflaufform mit der Sauce schichten. Die restliche Paprikasauce gleichmäßig auf dem Gemüse verteilen. Thymian und Rosmarin darüberstreuen. Das Gratin mit Salz und Pfeffer würzen und mit dem übrigen Öl beträufeln. Im Backofen (Mitte, Umluft 160°) in etwa 35 Minuten garen.

VARIANTE

Nach Belieben das Gemüse zusätzlich noch mit 50 g frisch geriebenem Parmesan oder Grana Padano bestreuen, mit Öl beträufeln und gratinieren.

TIPP Die **asiatische Aubergine** aus dem Asienladen ist eine längliche, gurkenförmige, dunkel-violette Sorte. Sie eignet sich optisch sehr gut für den Auflauf, da alle Scheiben nach dem Schneiden oder Hobeln den gleichen Durchmesser haben und sich gleichmäßig einschichten lassen. Für das Rezept können Sie natürlich auch die handelsübliche ovale Aubergine nehmen.

Rinderfilet Wellington

Saftiges Rinderfilet auf den Punkt zartrosa gegart, umhüllt von der berühmten Duxelle und einem goldbraunen Mantel aus Blätterteig: Mit diesem ruhmreichen Meisterstück unterstreicht das britische Königreich seine oft unterschätzte Küche. Die Zubereitung ist etwas aufwendig. Aber tasten Sie sich mit mir wie gewohnt Schritt für Schritt vor – ich zeige Ihnen, wie es vollendet gelingt.

Rinderfilet Wellington

Für 6 Portionen: 500 g Champignons | 2–3 Schalotten | 1 Knoblauchzehe
4 Stängel glatte Petersilie | 1 Mangold | 800 g Rinderfilet (am besten ein Mittelstück) | Salz | Pfeffer aus der Mühle | 30 g Butterschmalz | 100 g Rinderhackfleisch | 50 ml eiskalte Sahne | 500 g Blätterteig (aus dem Kühlregal)
Zum Bestreichen: 1 Eigelb | 1–2 EL Sahne
Außerdem: Eiswasser | Backpapier für das Backblech | Mehl zum Arbeiten
1 Teigrädchen

1 Die Champignons putzen, trocken abreiben und mit dem Messer fein hacken. Schalotten und Knoblauch schälen und klein würfeln.

2 Die Petersilie waschen und trocken schütteln, die Blätter abzupfen und fein hacken.

3 Den Mangold putzen und waschen. Die Mangoldblätter abschneiden, dicke Blattrippen herausschneiden. Die Blätter in kochendem Wasser etwa 1 Minute blanchieren, mit einer Schaumkelle herausnehmen und in Eiswasser abschrecken.

4 Die Mangoldblätter leicht überlappend auf ein sauberes Tuch legen und trocken tupfen.

9 Hackfleisch und kalte Sahne im Mixer oder Blitzhacker fein pürieren. Die Fleischmasse mit Salz und Pfeffer würzen und in eine Schüssel geben.

10 Die Pilze dazugeben und untermischen. Die Masse mit Salz und Pfeffer würzen und abkühlen lassen. Den Backofen auf 200° vorheizen. Ein Backblech mit Backpapier auslegen.

11 Den Blätterteig auf einer bemehlten Arbeitsfläche etwa 30 x 40 cm groß ausrollen. Vom Teig mit einem Teigrädchen vier etwa 1 cm breite Streifen abschneiden und beiseitelegen. Die untere Hälfte des Teiges etwa 0,5 cm dick mit der Pilzmasse bestreichen.

12 Das umwickelte Filet auf die Pilzmasse setzen und in den Blätterteig einwickeln.

»Lassen Sie das Fleisch nach dem Anbraten etwa 10 Minuten ruhen, damit es sich entspannt. So tritt weniger Fleischsaft aus und der Teig weicht nicht so schnell durch.«

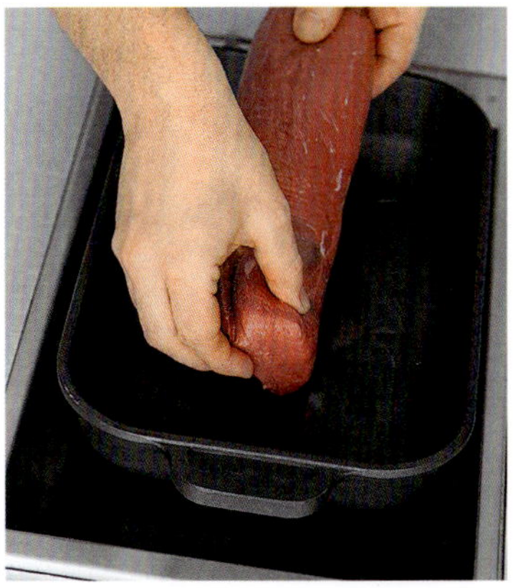

5 Das Rinderfilet von Haut und Sehnen befreien, mit Salz und Pfeffer würzen. 1 EL Butterschmalz in einem Bräter oder einer Pfanne erhitzen, das Filet darin rundum anbraten. Das Fleisch herausnehmen und abtupfen.

6 Das Filet auf den Mangold legen und mithilfe des Tuches in den Mangold wickeln.

7 Übriges Butterschmalz erhitzen, Schalotten und Knoblauch darin 1–2 Minuten andünsten. Champignons hinzufügen und 1–2 Minuten mitdünsten. Die Pilze mit Salz und Pfeffer würzen. Petersilie untermischen.

8 Die Pilze in ein Sieb abgießen, gut abtropfen und abkühlen lassen.

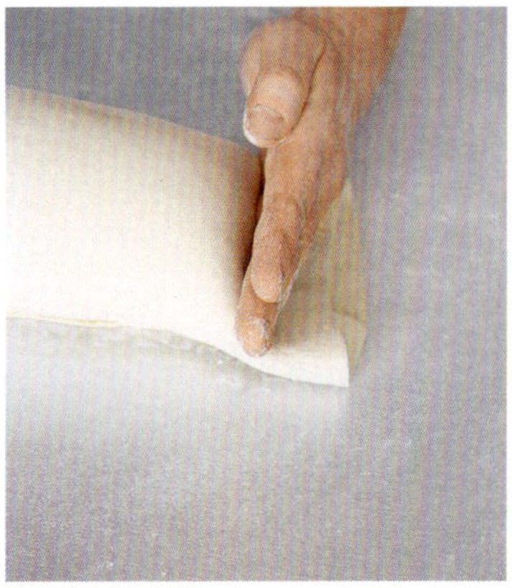

13 Die Teigenden links und rechts fest andrücken. Das Filet mit der Nahtseite nach unten auf das Backblech legen.

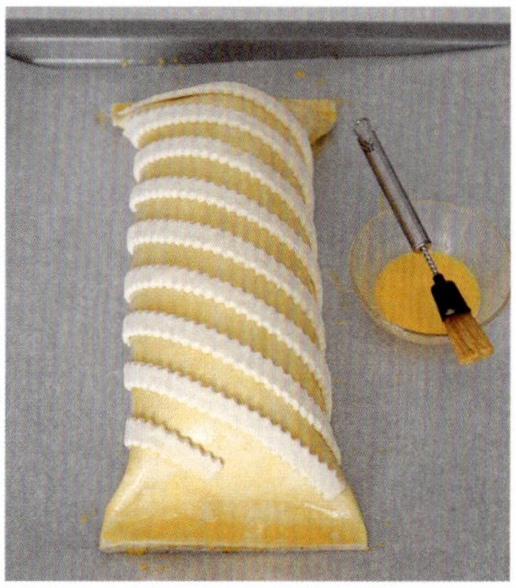

14 Eigelb und Sahne verquirlen. Den Blätterteig mit einem Backpinsel rundum damit bestreichen. Die Teigstreifen darauflegen und ebenfalls mit verquirltem Eigelb bestreichen.

15 Das Filet im Ofen (Mitte, Umluft 180°) in etwa 40 Minuten goldbraun backen. Das Fleisch ist dann »medium« gegart. Wer möchte, lässt das Filet noch mit Backpapier abgedeckt weitere 10 Minuten garen. Danach etwa 10 Minuten ruhen lassen.

TIPP Dazu passt **Trüffelrahmsauce:** Dafür ca. 30 g Perigord-Trüffel fein hacken und in 1 EL Trüffelöl kurz dünsten. Den Bratensatz mit 75 ml Madeira ablöschen und mit 250 ml dunklem Kalbsfond (Fertigprodukt) aufgießen. 125 ml Sahne dazugießen, alles aufkochen und offen bei mittlerer Hitze um die Hälfte einkochen lassen. Die Sauce salzen und pfeffern. 30 ml Sahne mit einer Gabel steif schlagen und unter die Sauce ziehen.

Seeteufelfilet Wellington mit Riesengarnelen

Für 4–6 Portionen: 1 Mangold | 500 g große Riesengarnelen | 800 g Seeteufelfilet (ohne Haut und Gräten)
50 ml eiskalte Sahne | Salz | Pfeffer aus der Mühle
½ TL Kurkumapulver | 500 g Blätterteig (fertig ausgerollt aus dem Kühlregal, ca. 30 x 40 cm)
Außerdem: Backpapier | Mehl zum Arbeiten | 1 Eigelb
1–2 EL Sahne

1 Den Mangold putzen und waschen. Die Mangoldblätter abschneiden, dicke Blattrippen herausschneiden. Die Blätter in kochendem Wasser etwa 1 Minute blanchieren, herausnehmen und kalt abschrecken. Die Blätter leicht überlappend auf ein sauberes Küchentuch legen und trocken tupfen.
2 Die Riesengarnelen kalt abbrausen. Den Kopf durch Drehen abtrennen und die Schwänze schälen. Die Garnelenschwänze am Rücken entlang einschneiden und den Darm entfernen. Die Garnelenschwänze gründlich waschen, trocken tupfen und fein hacken oder durch den Fleischwolf drehen.
3 Das Seeteufelfilet kalt abbrausen, mit Küchenpapier trocken tupfen. 150 g Filet abschneiden und klein würfeln. Die Fischwürfel mit der kalten Sahne in einem Mixer fein pürieren. Die Fischmasse mit Salz, Pfeffer und Kurkumapulver kräftig würzen. Die gehackten Garnelen untermischen.
4 Das restliche Seeteufelfilet mit Salz und Pfeffer würzen. Das Filet auf den Mangold legen und mithilfe des Tuches in den Mangold wickeln. Den Backofen auf 200° vorheizen. Ein Backblech mit Backpapier auslegen.
5 Den Blätterteig auf eine bemehlte Arbeitsfläche legen. Vom Teig vier etwa 1 cm breite Streifen abschneiden und beiseitelegen. Die untere Hälfte des Teiges gleichmäßig mit der Garnelenmasse bestreichen. Das umwickelte Fischfilet daraufsetzen und einmal rundum in den Blätterteig einschlagen. Die Blätterteigrolle auf das Backblech setzen. Die Teigenden links und rechts fest andrücken.
6 Eigelb und Sahne verquirlen. Die Blätterteigrolle damit bestreichen. Die Teigstreifen darauflegen und ebenfalls mit verquirltem Eigelb bestreichen. Im Backofen (unten, Umluft 180°) in etwa 25 Minuten goldbraun backen. Das Filet herausnehmen und mit einem elektrischen Messer oder einem Sägemesser in Scheiben schneiden und servieren.

TIPP Dazu passt gedämpfter Spargel oder **Rucola-Tomaten-Salat.** Für den Salat 100 g Rucola putzen, waschen und trocken schleudern. 12–16 kleine Tomaten waschen und halbieren. 1 Salatgurke schälen und in Scheiben schneiden. Rucola, Tomatenhälften und Gurken in einer Schüssel mischen. Für das Dressing 4 EL Öl und 2 EL Aceto balsamico mit Salz und Pfeffer verrühren. Das Dressing unter den Salat mischen.

Lammfilet Wellington

Für 4–6 Portionen: 1 Mangold | 800 g Lammrückenfilets (Lammlachse, ohne Haut und Sehnen) | 100 ml eiskalte Sahne | Salz | Pfeffer aus der Mühle | 5 in Öl eingelegte getrocknete Tomaten | 50 g Pinienkerne | 2–3 EL schwarze Oliven (ohne Stein) | 2 Zweige Rosmarin | 2 Zweige Thymian | 2 EL Olivenöl | 500 g Blätterteig (fertig ausgerollt aus dem Kühlregal, ca. 30 x 40 cm)
Außerdem: Backpapier | Mehl zum Arbeiten | 1 Eigelb 1–2 EL Sahne

1 Den Mangold putzen und waschen. Die Mangoldblätter abschneiden, dicke Blattrippen herausschneiden. Die Blätter in kochendem Wasser etwa 1 Minute blanchieren, herausnehmen und kalt abschrecken. Die Blätter auf ein sauberes Küchentuch legen und trocken tupfen.
2 Etwa 200 g Lammfilet abschneiden und klein würfeln. Die Lammwürfel mit der kalten Sahne in einem Mixer fein pürieren. Die Fleischmasse mit Salz und Pfeffer würzen.
3 Die eingelegten Tomaten abtropfen lassen. Die Pinienkerne in einer kleinen Pfanne ohne Fett rösten, dann abkühlen lassen und hacken. Tomaten und Oliven klein würfeln. Rosmarin und Thymian waschen und trocken schütteln, die Nadeln und Blätter abzupfen und fein hacken. Tomaten, Pinienkerne, Oliven und Kräuter unter die Lammmasse rühren. Die Masse mit Salz und Pfeffer kräftig abschmecken.
4 Die restlichen Lammlachse mit Salz und Pfeffer würzen. Das Öl in einer Pfanne erhitzen, die Lammlachse darin etwa 2 Minuten rundum anbraten. Das Fleisch aus der Pfanne nehmen und mit Küchenpapier abtupfen, dann auf den Mangold legen und mithilfe des Tuches in den Mangold wickeln.
5 Den Backofen auf 200° vorheizen. Ein Backblech mit Backpapier auslegen. Den Blätterteig auf eine bemehlte Arbeitsfläche legen. Vom Teig vier etwa 1 cm breite Streifen abschneiden und beiseitelegen. Die untere Hälfte des Teiges gleichmäßig mit der Lammmasse bestreichen. Das mit Mangold umwickelte Fleisch daraufsetzen und einmal rundum in den Blätterteig einschlagen. Die Blätterteigrolle auf das Backblech setzen. Die Teigenden links und rechts fest andrücken.
6 Eigelb und Sahne verquirlen. Die Blätterteigrolle damit bestreichen. Die Teigstreifen darauflegen und ebenfalls mit verquirltem Eigelb bestreichen. Im Backofen (unten, Umluft 180°) in 25–30 Minuten goldbraun backen. Das Fleisch ist dann auf den Punkt gegart. (Ein Bratthermometer verwenden: 54° Kerntemperatur sind perfekt.) Das Filet herausnehmen und etwa 5 Minuten ruhen lassen. Mit einem elektrischen Messer oder einem Sägemesser in Scheiben schneiden und servieren.

TIPP Dazu passt **Bohnensalat:** Dafür 150 g getrocknete weiße Bohnenkerne über Nacht in Wasser einweichen. Am nächsten Tag die Bohnen abgießen und in frischem kochenden Wasser in 30–45 Minuten weich garen. Dann abgießen. 150 g Stangenbohnen und 200 g Keniabohnen waschen, putzen und in Stücke schneiden. Beides mit 150 g ausgelösten Saubohnenkernen in kochendem Salzwasser in 4–5 Minuten bissfest blanchieren. Herausnehmen und in Eiswasser abschrecken. Die Bohnen in eine Schüssel geben. 6 Kirschtomaten waschen, halbieren und unter die Bohnen mischen. 1 rote Zwiebel und 2 Knoblauchzehen schälen und fein würfeln. 2 EL Olivenöl in einer Pfanne erhitzen, beides darin glasig dünsten, dann mit 2–3 EL Aceto balsamico bianco ablöschen. Die Zwiebel-Knoblauch-Mischung unter die Bohnen mischen. 2 Zweige Bohnenkraut waschen und trocken schütteln. Die Blätter abzupfen, mit 2 EL Ahornsirup und 3 EL Olivenöl verrühren und zu den Bohnen geben. Den Salat gut durchmischen, mit Salz und Pfeffer würzen.

Salade Niçoise

Mir sind bisher nur wenige Salate mit einer solch langen Zutatenliste untergekommen, doch alles hat seine Berechtigung. Natürlich kann man hier und da eines um das andere ersetzen – aber Eier, Thunfisch und Sardellen sowie Senf für das Dressing sollten immer dabei sein!

Salade Niçoise

Für 4 Portionen: 250 g festkochende Kartoffeln | Salz | 200 g Kirschtomaten | 4 Eier
1 große rote Zwiebel | 1 Bund Radieschen | 150 g grüne Bohnen | 3 Stängel glatte Petersilie | 3 Stängel Basilikum | 2–3 Zweige Oregano | 1 Dose Thunfisch im eigenen Saft (185 g Inhalt) | 3 EL Rotweinessig | 1 TL Dijon-Senf | Pfeffer aus der Mühle | 5–6 EL Olivenöl | 1 Knoblauchzehe | 1 Bund Brunnenkresse | ca. 30 g junger Spinatsalat | 1 Kopf Romanasalat | 50 g schwarze Oliven (ohne Stein) | 5–6 Sardellenfilets (in Salzlake)
Außerdem: Eiswasser

1 Die Kartoffeln gründlich waschen und mit Salzwasser bedeckt in etwa 20 Minuten gar kochen. Dann abgießen und abkühlen lassen.

2 Die Tomaten waschen und halbieren. Die Eier in etwa 8 Minuten hart kochen, dann herausnehmen und kalt abschrecken.

3 Die Zwiebel schälen und in feine Ringe schneiden.

4 Die Radieschen waschen, putzen und in dünne Scheiben schneiden.

9 Das Öl nach und nach mit einem Schneebesen unterschlagen, bis die Salatsauce sämig ist.

10 Den Knoblauch schälen und fein reiben. Knoblauch und gehackte Kräuter unterrühren.

11 Die Eier pellen und in Spalten schneiden.

12 Die Kartoffeln pellen und halbieren.

»Ob diese Salatkreation ursprünglich aus Nizza stammt, kann ich nicht sagen. Eines weiß ich aber sicher, dieser Sommersalat ist einer meiner liebsten, weil er alles perfekt verbindet, was die provenzalische Küche zu bieten hat.«

5 Die Bohnen waschen, putzen und je nach Größe halbieren. Die Bohnen in kochendem Salzwasser 4–5 Minuten garen, dann herausnehmen, in Eiswasser abschrecken und gut abtropfen lassen.

6 Petersilie, Basilikum und Oregano waschen und trocken schütteln, die Blätter abzupfen und fein hacken.

7 Alle Zutaten für das Dressing bereitstellen. Den Thunfisch gut abtropfen lassen und in mundgerechte Stücke zupfen.

8 Für das Dressing den Essig mit Senf, Salz und Pfeffer gründlich verrühren, bis sich das Salz aufgelöst hat.

13 Kresse und Spinatsalat verlesen. Romanasalat putzen und in grobe Stücke teilen. Alles waschen und trocken schleudern. Die vorbereiteten Salatzutaten mit Oliven und Sardellen anrichten. Das Dressing darüberträufeln. Mit Pfeffer übermahlen.

Thunfisch-Carpaccio mit gebackenem Ei

Für 4 Portionen: 8 kleine festkochende Kartoffeln | Salz 250 g Keniabohnen | 6 Radieschen | 8 Kirschtomaten 1 kleine Zwiebel | 1 Knoblauchzehe | 50 g schwarze Oliven (ohne Stein) | 4–5 EL Olivenöl | 1 EL Aceto balsamico bianco | 1 EL Honig | Pfeffer aus der Mühle | 5 Eier (davon 4 Größe L) | Mehl zum Wenden | 100 g Paniermehl 400 ml Pflanzenöl (z. B. Sonnenblumenöl) | 2 Thunfischfilets (à ca. 250 g, Sushiqualität) | Meersalz

1 Die Kartoffeln waschen und in kochendem Salzwasser in etwa 20 Minuten weich garen. Anschließend abgießen, abkühlen lassen, pellen und in Scheiben schneiden.
2 Inzwischen die Bohnen waschen und putzen. Die Bohnen in kochendem Salzwasser in etwa 4 Minuten bissfest garen. Dann herausnehmen, kalt abschrecken und längs halbieren. Die Radieschen putzen und in dünne Scheiben schneiden oder hobeln. Die Tomaten waschen und je nach Größe halbieren oder vierteln. Radieschen, Tomaten, Bohnen und Kartoffelscheiben in eine Schüssel geben.
3 Für das Dressing Zwiebel und Knoblauch schälen und klein würfeln. Die Oliven fein hacken. 2 EL Olivenöl in einer Pfanne erhitzen, Zwiebel, Knoblauch und Oliven darin 1–2 Minuten andünsten, dann mit Essig ablöschen. Honig und 2–3 EL Olivenöl unterrühren. Das Dressing mit Radieschen, Tomaten, Bohnen und Kartoffeln mischen. Den Salat mit Salz und Pfeffer würzen und durchziehen lassen.
4 4 Eier (Größe L) in kochendem Wasser in etwa 7 Minuten garen, dann herausnehmen, kalt abschrecken und pellen. Das übrige Ei verquirlen. Die gekochten Eier salzen, zuerst in Mehl wenden, dann durch das verquirlte Ei ziehen und in Paniermehl wenden. Das Pflanzenöl erhitzen, die Eier darin goldbraun und knusprig ausbacken. Die Eier herausnehmen und auf Küchenpapier abtropfen lassen.
5 Die Thunfischfilets kalt abbrausen, mit Küchenpapier trocken tupfen. Das übrige Olivenöl in einer Pfanne erhitzen, die Thunfischfilets darin auf jeder Seite ½ Minute braten. Den Fisch herausnehmen und auf Küchenpapier abtropfen lassen.
6 Die Thunfischfilets mit einem scharfen Messer in etwa 0,5 cm dicke Scheiben schneiden. Je 4 Thunfischscheiben mit 1 gebackenen Ei und dem Bohnen-Kartoffel-Salat auf Tellern anrichten. Den Thunfisch mit Meersalz und Pfeffer würzen.

Saltimbocca

Altbekannt, aber vor allem bewährt und zeitlos gut – römisches Saltimbocca. Es ist keineswegs mein Anliegen, die Welt immer neu zu erfinden; manches kann man nicht besser, sondern bestenfalls einmal ganz anders machen: Lassen Sie doch auch einmal Lamm, Seeteufel oder Kaninchen »in den Mund springen« …

Saltimbocca

Für 4 Portionen: 6 Kalbsschnitzel (à ca. 60 g) | 12 Salbeiblätter | 6 Scheiben Parmaschinken | 3–4 EL Olivenöl | Salz | Pfeffer aus der Mühle
Sauce: 50 g kalte Butter | 75 g in Öl eingelegte getrocknete Tomaten
75 ml Marsala | 150 ml dunkler Kalbsfond (Fertigprodukt) | 100 ml Sahne
Salz | Pfeffer aus der Mühle
Außerdem: Frischhaltefolie | Öl für die Folie | Plattiereisen | 12 kleine Holzspieße | Alufolie | 2 Bio-Zitronen

1 Ein Stück Frischhaltefolie dünn mit Öl bestreichen. Die Schnitzel jeweils darauflegen, mit einer zweiten, dünn geölten Folie bedecken und mit einem Plattiereisen oder schweren Stieltopf dünn klopfen.

2 Jeweils 2 Salbeiblätter auf jedes Kalbsschnitzel legen.

TIPP Salbei duftet würzig-frisch, kann leicht bitter und seifig schmecken, wenn Sie zu viel verwenden. Frischer Salbei entfaltet sein Aroma am besten, wenn Sie die Blätter in etwas Butter oder Öl anbraten.

3 Je 1 Scheibe Schinken auf die Schnitzel mit Salbei legen.

4 Schinken und Salbei mit kleinen Holzspießen feststecken.

9 Alle Zutaten für die Sauce bereitstellen. Die kalte Butter in Würfel schneiden.

10 Die getrockneten Tomaten abtropfen lassen und in kleine Würfel schneiden.

11 Den Bratensatz in der Pfanne mit Marsala ablöschen. Den Fond dazugießen und alles verrühren.

12 Die Sahne dazugeben, alles aufkochen und etwa 3 Minuten einkochen lassen.

»Übersetzt bedeutet Saltimbocca »Spring in den Mund«. Eine schöne Vorstellung, die mir bei diesen zarten, aromatischen Schnitzelchen besonders gut gefällt.«

5 Anschließend die belegten Schnitzel halbieren.

6 Das Olivenöl in einer breiten Pfanne erhitzen, die Schnitzel darin bei mittlerer Hitze auf jeder Seite 2 Minuten braten.

7 Das Fleisch mit Salz und Pfeffer würzen.

8 Die Schnitzel aus der Pfanne nehmen und mit Alufolie abgedeckt warm halten.

13 Die kalten Butterwürfel zum Binden unter die Sauce rühren.

14 Die Tomatenwürfel dazugeben. Die Sauce mit Salz und Pfeffer kräftig abschmecken. Zitronen heiß waschen, abtrocknen und in Spalten schneiden. Mit Saltimbocca und Sauce anrichten. Dazu passen Pasta oder frisches Ciabattabrot.

Saltimbocca mit Polenta, Schweinefilet und Kürbis

Für 4 Portionen: 250 ml Milch | 500 ml Geflügelfond (Glas) | Salz | Pfeffer aus der Mühle | Muskatnuss 150 g Instant-Polenta | 50 g frisch geriebener Parmesan 400 g Muskat- oder Butternuss-Kürbis | 400 g Schweinefilet (ohne Haut und Sehnen) | 4 Scheiben Parmaschinken 4 EL Olivenöl | 1 TL Zucker | 12 Salbeiblätter | 50 g Butter 100 ml Kalbsfond (Glas) | 2 EL Aceto balsamico bianco Außerdem: 5 cm tiefes Backblech (ca. 20 x 30 cm) | Backpapier | Frischhaltefolie | 1 runder Ausstecher (ca. 6 cm Ø)

1 Milch mit Geflügelfond in einem Topf aufkochen und mit Salz, Pfeffer und frisch geriebener Muskatnuss würzen. Die Polenta in die kochende Flüssigkeit rühren und unter Rühren aufkochen, dann die Polenta weitere 3–4 Minuten köcheln lassen. Dabei weiterrühren und die Polenta vollständig ausquellen lassen. Den Parmesan unterrühren. Das Blech mit Backpapier auslegen. Die heiße Polenta daraufgeben und mit einer Palette gleichmäßig verstreichen, mit Frischhaltefolie abdecken und etwa 3 Stunden in den Kühlschrank stellen.
2 Inzwischen den Kürbis in etwa 0,5 cm dicke Scheiben schneiden. Mit einem Ausstecher 8–12 Kreise aus den Scheiben ausstechen. Mit einem Ausstecher aus der kalten Polenta 12 Kreise ausstechen.
3 Das Schweinefilet kalt abbrausen, mit Küchenpapier trocken tupfen und in etwa 1,5 cm dicke Scheiben schneiden. Die Fleischscheiben mit der flachen Messerseite etwas dünner drücken. Eine beschichtete Pfanne erhitzen, die Schinkenscheiben darin ohne Fett auf beiden Seiten in etwa 2 Minuten knusprig braten. Dann auf Küchenpapier abtropfen lassen. Jede Scheibe in 2 Stücke brechen.
4 2 EL Öl in derselben Pfanne erhitzen, die Kürbisscheiben darin auf jeder Seite 2–3 Minuten braten. Die Scheiben mit Zucker bestreuen und den Zucker leicht karamellisieren lassen. Den Kürbis mit Salz und Pfeffer würzen, aus der Pfanne nehmen und warm halten.
5 Das restliche Öl in der Pfanne erhitzen, die Polentascheiben darin auf beiden Seiten in 2–3 Minuten goldbraun braten und ebenfalls warm halten.
6 Die Filetscheiben mit Salz und Pfeffer würzen. Den Salbei waschen und trocken tupfen. Die Butter in einer Pfanne zerlassen, Filetscheiben und Salbeiblätter darin auf jeder Seite etwa 1 Minute braten. Die Pfanne beiseitestellen. Fleisch und Salbei herausnehmen. Kalbsfond und Essig unter den Bratensatz rühren und in 2–3 Minuten sämig einkochen lassen.
7 Je 3 Polentascheiben in der Mitte der Teller anrichten. Darauf jeweils 2 Filetscheiben, 2 Schinkenscheiben, 2–3 Kürbisscheiben und einige Salbeiblätter schichten. Mit etwas Bratenfond beträufeln und servieren.

Lamm-Saltimbocca mit Artischocken-Kartoffel-Salat

Für 4 Portionen: 400 g kleine festkochende Kartoffeln (z. B. Drillinge oder Bamberger Hörnchen) | Salz | 5 kleine Artischocken | ½ Zitrone | 200 g breite Stangenbohnen 12 Kirschtomaten | 3 Stängel glatte Petersilie | 1 rote Zwiebel | 1 Knoblauchzehe | 7 EL Olivenöl | 2–3 EL Weißweinessig | 150 ml Geflügelfond (Glas) | 1 TL mittelscharfer Senf | 1 EL Ahornsirup | Pfeffer aus der Mühle | 4–6 Scheiben Parmaschinken | 8–12 Lammkoteletts (à ca. 50 g) 8–12 mittelgroße Salbeiblätter

1 Die Kartoffeln waschen und in kochendem Salzwasser in etwa 20 Minuten weich garen. Dann die Kartoffeln abgießen und abkühlen lassen.
2 Inzwischen die Artischocken putzen, dabei die äußeren harten Blätter abreißen, die restlichen harten, äußeren Stellen bis zum Stiel abschälen. Das Heu aus der Blütenmitte mit einem Teelöffel herauskratzen. Die Artischocken vierteln und in eine Schüssel mit Wasser und der Zitronenhälfte legen.
3 Die Bohnen waschen, putzen und in etwa 3 cm lange Stücke schneiden. Die Artischockenviertel abtropfen lassen. Dann mit den Bohnen in kochendem Salzwasser in etwa 6 Minuten garen. Die Tomaten waschen, halbieren und die Stielansätze entfernen.
4 Die Kartoffeln pellen und in etwa 0,5 cm dicke Scheiben schneiden. Bohnen und Artischocken herausnehmen und abtropfen lassen. Die Petersilie waschen und trocken schütteln, die Blätter zerzupfen. Kartoffeln, Bohnen, Artischocken, Petersilie und Tomatenhälften in eine Schüssel geben.
5 Zwiebel und Knoblauch schälen und würfeln. 2 EL Öl in einer Pfanne erhitzen, Zwiebel und Knoblauch darin glasig dünsten, dann mit Essig ablöschen. Fond, Senf und Ahornsirup dazugeben und bei kleiner Hitze etwa 2 Minuten köcheln lassen. Die Marinade kräftig mit Salz und Pfeffer würzen. 3 EL Öl unter die Marinade rühren. Die heiße Marinade zu den Salatzutaten geben und untermischen. Den Salat etwa 15 Minuten ziehen lassen. Anschließend mit Salz und Pfeffer abschmecken.
6 Inzwischen den Parmaschinken längs halbieren. Das Fleisch der Lammkoteletts etwas flach drücken. Die Salbeiblätter waschen, trocken tupfen und jeweils 1 Salbeiblatt auf die Koteletts legen. Das Fleisch mit je 1 Scheibe Parmaschinken umwickeln. Das restliche Öl in einer Pfanne erhitzen, die Koteletts darin auf jeder Seite etwa 4 Minuten braten. Mit Salz und Pfeffer würzen. Koteletts und Salat anrichten und servieren.

Saltimbocca mit Polenta, Schweinefilet und Kürbis

Lamm-Saltimbocca mit Artischocken-Kartoffel-Salat

Kabeljau-Saltimbocca mit Melonen-Gurken-Salat

Für 4 Portionen: 1 große Salatgurke | ¼ Wassermelone ½ Bund Basilikum | 2 kleine rote Zwiebeln | 6 EL Olivenöl 2 EL Aceto balsamico bianco | 1 EL Honig | Salz | Pfeffer aus der Mühle | 4 Kabeljaufilets (ohne Haut und Gräten, à ca. 200 g) | ½ Zitrone | 8 Salbeiblätter | 4 Scheiben Parmaschinken | 50 g Butter

1 Die Gurke schälen, längs halbieren und entkernen. Die Gurkenhälften würfeln. Die Wassermelone entkernen, schälen und in etwa 1 cm dicke Scheiben schneiden, diese ebenfalls in Würfel schneiden. Das Basilikum waschen und trocken schütteln, die Blätter fein schneiden. Gurkenwürfel, Melonenwürfel und Basilikum in eine große Schüssel geben.
2 Die Zwiebeln schälen, halbieren und in feine Streifen schneiden. 2 EL Öl in einer Pfanne erhitzen, die Zwiebeln darin 1–2 Minuten andünsten, dann mit Essig ablöschen und den Honig unterrühren. Das Dressing etwas abkühlen lassen. Das Dressing und 2 EL Öl unter die Gurken- und Melonenwürfel mischen. Den Salat mit Salz und Pfeffer würzen.
3 Die Kabeljaufilets kalt abbrausen und mit Küchenpapier trocken tupfen. Den Saft der Zitronenhälfte auspressen. Die Fischfilets mit Salz und Pfeffer würzen und mit Zitronensaft beträufeln. Die Salbeiblätter waschen und trocken tupfen. Jedes Fischfilet mit 2 Salbeiblättern belegen und mit jeweils 1 Scheibe Parmaschinken umwickeln.
4 Das restliche Öl in einer Pfanne erhitzen, die Kabeljaufilets darin auf jeder Seite 4–5 Minuten braten. Die Butter hinzufügen, aufschäumen lassen und den Fisch damit mehrmals übergießen. Die Fischfilets nach Belieben halbieren und auf dem Melonen-Gurken-Salat anrichten.

Salzburger Nockerl

Eine der Spezialitäten der Mozartstadt: Sie wird in Anlehnung an die Salzburger Hausberge traditionell mit drei puderbezuckerten Wipfeln serviert. Geschmacklich braucht es etwas Raffinesse, damit das ofenwarme Dessert vollends auf der Zunge zergeht.
Leckere Fruchtsaucen sind eine ideale Ergänzung, da die süße Nascherei sich gut mit feinherber Säure verträgt.

Salzburger Nockerl

Für 4 Portionen: 1 Vanilleschote | 125 ml Milch | 50 g Butter | 1 TL Zimtpulver
8 Eiweiß | 1 Prise Salz | 75 g Zucker | 5 Eigelb | ½ Bio-Zitrone | 1 EL Vanillezucker
40 g Mehl | Butter für die Form | Puderzucker zum Bestäuben

1 Alle Zutaten abwiegen und bereitstellen. Die Vanilleschote längs aufschneiden und das Mark mit dem Messerrücken herauskratzen.

2 Milch mit Vanillemark, Butter und Zimtpulver in einem Topf aufkochen, den Topf vom Herd nehmen und die Vanillemilch etwa 15 Minuten ziehen lassen.

3 Eine ovale Auflaufform mit Butter gut einfetten.

4 Die Vanillemilch in die Auflaufform gießen.

9 Das Mehl mit einem feinen Sieb auf den Eischnee sieben.

10 Die Eigelbmischung ebenfalls zum Eischnee geben.

11 Mehl und Eigelbe behutsam unter den Eischnee heben.

12 Von der Masse mit einer Teigkarte 3–4 große Nockerln abstechen und nebeneinander auf die Vanillemilch in der Auflaufform setzen.

»Neben Kaiserschmarrn und Marillenknödel sind Salzburger Nockerl die bekannteste Nachspeise aus meiner Heimat Österreich. Mit diesem Rezept und Ihrem Fingerspitzengefühl werden Ihnen die Berge aus luftigem Teig sicher gelingen.«

5 Eiweiße und Salz in einer Schüssel mit den Quirlen des Handrührgeräts steif schlagen.

6 Sobald der Eischnee steif ist, den Zucker langsam einrieseln lassen und alles 1–2 Minuten weiterschlagen.

7 Den Backofen auf 225° vorheizen. Die Eigelbe in eine Schüssel geben. Die Zitronenhälfte heiß waschen, abtrocknen und die Schale fein abreiben und dazugeben.

8 Den Vanillezucker hinzufügen und die Eigelbe glatt verrühren.

13 Die Nockerl im Backofen (Mitte, Umluft 200°) etwa 15 Minuten backen. Die Form herausnehmen. Die Nockerl mit Puderzucker bestäuben und sofort servieren.

Kokos-Nockerl mit Kirschgrütze

Für 4–6 Auflaufförmchen (à 7–8 cm Ø): 250 g TK-Kirschen | 75 g Gelierzucker 3:1 | 1 Vanilleschote | getrockneter Chili aus der Mühle | 3 Eigelb | 2–3 EL Kokospulver (Asienladen) | 2 EL Kokoslikör (nach Belieben) | 4 Eiweiß | 1 Prise Salz | 50 g Zucker | 25 g Mehl
Außerdem: 30 g Butter und Zucker für die Förmchen | Puderzucker zum Bestäuben | Spritzbeutel mit Lochtülle

1 Für die Grütze die Kirschen auftauen lassen, je nach Größe halbieren oder vierteln und mit dem Gelierzucker in einen Topf geben. Die Vanilleschote längs aufschneiden, das Mark herauskratzen und mit 1 Prise Chili zu den Kirschen geben. Die Kirschen aufkochen, dann bei mittlerer Hitze unter gelegentlichem Rühren etwa 4 Minuten sprudelnd kochen lassen. Die Grütze in eine Schüssel geben und abgedeckt abkühlen lassen.
2 Den Backofen auf 225° vorheizen. Die Butter zerlassen. Die Förmchen mit zerlassener Butter einfetten und mit Zucker ausstreuen. Die Kirschgrütze zu etwa einem Drittel in die Förmchen füllen.
3 Die Eigelbe mit Kokospulver und nach Belieben mit Likör glatt rühren. Eiweiße und Salz mit den Quirlen des Handrührgeräts sehr steif schlagen. Dabei nach und nach den Zucker einrieseln lassen. Die Eigelb-Kokos-Mischung auf den Eischnee geben, das Mehl darübersieben und beides behutsam unterheben. Die Masse in einen Spritzbeutel mit Lochtülle füllen und auf die Kirschgrütze spritzen.
4 Die Förmchen auf ein Backblech setzen. Die Nockerl im Backofen (unten, Umluft 200°) in etwa 10 Minuten goldbraun backen. Die Nockerl aus dem Backofen nehmen, mit Puderzucker bestäuben und sofort servieren.

Schoko-Nockerl mit Orangengrütze

Für 4–6 Auflaufförmchen (à 7–8 cm Ø): 3 Orangen (davon 1 Bio-Orange) | 75 g Gelierzucker 3:1 | 1 Prise Zimtpulver | 3 Eigelb | 2 EL Orangenlikör (nach Belieben) | 4 Eiweiß | 1 Prise Salz | 50 g Zucker | 20 g Mehl | 20 g Kakaopulver
Außerdem: 30 g Butter und Zucker für die Förmchen | Spritzbeutel mit Lochtülle | Puderzucker zum Bestäuben

1 Die Bio-Orange heiß waschen, abtrocknen und die Schale fein abreiben. Alle Orangen mit einem scharfen Messer so schälen, dass auch das Weiße der Schale mit entfernt wird. Das Fruchtfleisch in kleine Würfel schneiden, dabei eventuell die Kerne entfernen.
2 Orangenwürfel, Orangenschale, Gelierzucker und Zimtpulver in einen kleinen Topf geben und aufkochen, dann bei mittlerer Hitze unter häufigem Rühren etwa 4 Minuten sprudelnd kochen lassen. Die Grütze in eine Schüssel geben und abgedeckt abkühlen lassen.
3 Den Backofen auf 225° vorheizen. Die Butter zerlassen. Die Förmchen mit zerlassener Butter einfetten und mit Zucker ausstreuen. Die Orangengrütze etwa zu einem Drittel in die Förmchen füllen.
4 Die Eigelbe nach Belieben mit Likör verrühren. Eiweiße und Salz mit den Quirlen des Handrührgeräts sehr steif schlagen. Dabei nach und nach den Zucker einrieseln lassen. Mehl und Kakaopulver vermischen. Die Eigelb-Likör-Mischung auf den Eischnee geben, die Mehl-Kakao-Mischung darübersieben und beides behutsam unterheben. Die Masse in einen Spritzbeutel mit Lochtülle füllen und auf die Orangengrütze spritzen.
5 Die Förmchen auf ein Backblech setzen. Die Nockerl im Backofen (unten, Umluft 200°) in etwa 10 Minuten goldbraun backen. Mit Puderzucker bestäuben und sofort servieren.

Satéspieße mit Erdnusssauce

Exotisch-pikant eingelegt, Stückchen für Stückchen von Hand aufgespießt und über dem offenen Feuer gegrillt, sind diese leckeren Spießchen in asiatischen Ländern eine feste Größe. Ob Hühnchen, Lamm oder Schweinefleisch, die Zutaten und Zubereitung sind sehr unterschiedlich, aber in einem Punkt ist man sich einig – und dem schließe ich mich begeistert an: Es darf mit den Fingern gegessen werden!

Satéspieße mit Erdnusssauce

Für 4 Portionen:
Marinade: 75 ml Kokosmilch (Dose) | 2 EL Sojasauce | 2 EL Honig | ½ EL rote Currypaste | 500 g Hähnchenbrustfilet (ohne Haut und Knochen)
Erdnusssauce: 1 kleine rote Chilischote | 75 g Erdnüsse | 75 ml Kokosmilch (Dose) | 100 g Erdnussbutter | 2 EL Sojasauce | ½ EL rote Currypaste | ½ Limette ca. 1 EL brauner Zucker | 2–3 Stängel Koriandergrün
Außerdem: Frischhaltefolie | 16 lange Holzspieße | Limettenspalten (nach Belieben)

1 Alle Zutaten für die Marinade und Sauce abwiegen, abmessen und bereitstellen.

2 Für die Marinade die Hälfte der Kokosmilch in eine Schüssel geben. 2 EL Sojasauce und Honig dazugeben.

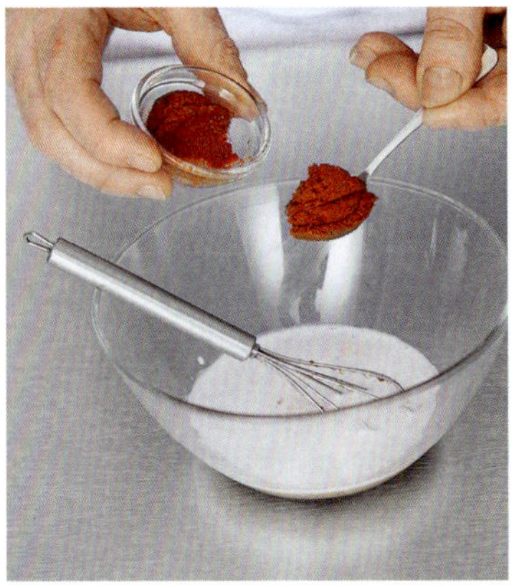

3 Die Currypaste zur Kokosmilch geben.

4 Alles mit einem Schneebesen glatt verrühren.

9 Die Erdnüsse, die Chiliwürfel und die Kokosmilch in eine Schüssel geben.

10 Die Erdnussbutter, Sojasauce und Currypaste dazugeben und alles verrühren.

11 Den Saft der Limettenhälfte auspressen. Die Erdnusssauce mit Limettensaft und braunem Zucker abschmecken.

12 Das Koriandergrün waschen und trocken schütteln, die Blätter abzupfen und fein hacken.

»Diese thailändischen Fleischspießchen mit Erdnusssauce machen süchtig. Deshalb lohnt es sich, die Sauce gleich auf Vorrat zu kochen, anschließend in Schraubgläser zu füllen, gut zu verschließen und kühl aufzubewahren. Dann bei Bedarf genießen.«

5 Die Hähnchenbrustfilets kalt abbrausen, mit Küchenpapier trocken tupfen und längs in dünne Streifen schneiden.

6 Die Fleischstreifen in eine flache Form geben. Die Marinade darübergießen. Die Fleischstreifen mit Frischhaltefolie abdecken und 2–4 Stunden marinieren lassen.

7 Die Holzspieße in einer flachen Schale mit Wasser einweichen.

8 Für die Sauce die Chilischote längs halbieren, entkernen, waschen und klein würfeln. Die Erdnüsse in einer Pfanne ohne Fett rösten und abkühlen lassen, dann fein hacken.

13 Das Koriandergrün unter die Erdnusssauce rühren.

14 Die Hähnchenstreifen aus der Marinade nehmen, abtropfen lassen und wellenartig auf die eingeweichten Holzspieße stecken.

15 Die Spieße auf einem Grill oder in einer Grillpfanne auf jeder Seite 2–3 Min. grillen oder braten. Dabei die Spieße mehrmals mit der Marinade bestreichen. Dann mit der Erdnusssauce und nach Belieben mit Limettenspalten servieren.

Gegrillte Garnelensatés mit Tomatendip

Für 4 Portionen: 12 Riesengarnelen | ½ Zitrone | 2 Zweige Rosmarin | 2–3 EL BBQ-Sauce (siehe Seite 28) 5 EL Olivenöl | 250 g Kirschtomaten | 1 rote Chilischote 1 rote Zwiebel | 1 Knoblauchzehe | 2–3 EL brauner Zucker | 2–3 EL Aceto balsamico bianco | Salz | Pfeffer aus der Mühle | 1 Prise Zimtpulver | 2 Stängel Basilikum Außerdem: 12 lange Holzspieße

1 Die Holzspieße in einer flachen Schale mit Wasser einweichen. Riesengarnelen kalt abbrausen. Den Kopf durch Drehen abtrennen und die Schwänze schälen. Die Garnelenschwänze am Rücken entlang einschneiden und den Darm entfernen. Die Garnelenschwänze kalt abbrausen, trocken tupfen und jeweils längs auf Holzspieße stecken.
2 Für die Marinade den Saft der Zitronenhälfte auspressen. Den Rosmarin waschen und trocken schütteln, die Nadeln abstreifen und fein hacken. Mit BBQ-Sauce, 2 EL Öl und Zitronensaft verrühren. Die Garnelenspieße mit der Marinade begießen und 2–3 Stunden marinieren lassen.
3 Inzwischen für den Dip die Tomaten waschen, halbieren und die Stielansätze entfernen. Die Chilischote längs halbieren, entkernen, waschen und fein würfeln. Zwiebel und Knoblauch schälen und in feine Würfel schneiden.
4 Das restliche Öl erhitzen, Zwiebel, Knoblauch und Chili darin 1–2 Minuten andünsten. Den braunen Zucker darüberstreuen und leicht karamellisieren lassen, dann mit Essig ablöschen. Die Tomatenhälften hinzufügen und bei kleiner bis mittlerer Hitze 6–8 Minuten köcheln lassen. Mit Salz, Pfeffer und Zimtpulver würzen. Die Tomaten abkühlen lassen. Das Basilikum waschen und trocken schütteln, die Blätter abzupfen, fein hacken und unter die Tomaten rühren.
5 Die Garnelenspieße abtropfen lassen, salzen und pfeffern und auf einem heißen Grill oder in einer Grillpfanne auf jeder Seite 2–3 Minuten grillen oder braten. Den Tomatendip dazu servieren.

Gebackene Forellensatés mit Zitronencreme

Für 4 Portionen: 1 Bio-Zitrone | 3 Zweige Zitronenthymian 100 g Mayonnaise (siehe Tipp Seite 220 oder Glas) 200 g Doppelrahmfrischkäse | Salz | Cayennepfeffer Zucker | 8 Forellenfilets (mit Haut und ohne Gräten, à ca. 60 g) | 50 g Paniermehl | 50 g Hartweizengrieß 100 g Butterschmalz Außerdem: 8 lange Holzspieße

1 Die Zitrone heiß waschen und abtrocknen, die Schale fein abreiben und den Saft auspressen. Den Zitronenthymian waschen und trocken schütteln, die Blättchen abzupfen und fein hacken. Den gehackten Zitronenthymian mit 2–3 TL Zitronensaft, Zitronenschale, Mayonnaise und Frischkäse verrühren. Die Zitronencreme mit Salz, Cayennepfeffer und 1 Prise Zucker würzen.
2 Die Forellenfilets kalt abbrausen, mit Küchenpapier trocken tupfen und wellenartig auf die Holzspieße stecken. Die Spieße mit Salz, Cayennepfeffer und dem restlichen Zitronensaft würzen. Das Paniermehl mit dem Grieß auf einem Teller mischen, die Spieße darin wenden.
3 Das Butterschmalz in einer breiten Pfanne erhitzen, die Forellensatés darin auf beiden Seiten in etwa 5 Minuten knusprig und goldbraun ausbacken. Die Forellensatés herausnehmen, auf Küchenpapier abtropfen lassen und mit der Zitronencreme servieren.

Gegrillte Garnelensatés mit Tomatendip

Gegrillte Forellensatés mit Zitronencreme

Gegrillte Rosmarin-Kaninchen-Satés

**Für 4 Portionen: 12 lange kräftige Zweige Rosmarin
6 Kaninchenrückenfilets (ohne Haut und Sehnen)
2 Knoblauchzehen | 4 EL Olivenöl | ½ TL Chiliflocken
1 EL Honig | Salz | Pfeffer aus der Mühle**

1 Für die Spieße etwa zwei Drittel der Rosmarinnadeln von den Zweigen streifen und anderweitig verwenden (siehe Tipp).
2 Die Kaninchenrückenfilets kalt abbrauen, mit Küchenpapier trocken tupfen und längs halbieren. Die Fleischstreifen wellenartig auf die Rosmarinzweige stecken.
3 Den Knoblauch schälen und fein reiben. Für die Marinade den geriebenen Knoblauch mit Öl, Chiliflocken und Honig verrühren. Die Kaninchensatés damit bestreichen und etwa 30 Minuten marinieren lassen.
4 Die marinierten Kaninchensatés mit Salz und Pfeffer würzen. Die Kaninchenspieße auf einen heißen Grill oder in eine Grillpfanne legen und auf jeder Seite 2–3 Minuten grillen. Dazu passt Apfel-Rosmarin-Kompott (Rezept siehe rechte Spalte).

TIPP Für ein aromatisches Rosmarinöl die abgestreiften Rosmarinnadeln in 300 ml hochwertigem Olivenöl einlegen.

Entensatés mit Apfel-Rosmarin-Kompott

**Für 4 Portionen: 3 mittelgroße Äpfel (z. B. Elstar)
2–3 Zweige Rosmarin | 50 g Butter | 50 g Zucker
100 ml Weißwein | 1 TL Speisestärke | ½ Limette | Salz
Pfeffer aus der Mühle | 2 Entenbrüste ohne Haut (à ca. 300 g) | 8 lange Zimtstangen | 3–4 EL Hoisinsauce (Asienladen, siehe Info Seite 222) | 2–3 EL Sonnenblumenöl**

1 Für das Kompott die Äpfel waschen, entkernen und klein würfeln. Den Rosmarin waschen und trocken schütteln, die Nadeln abstreifen und fein hacken. Die Butter in einem Topf zerlassen, die Apfelwürfel darin 2–3 Minuten dünsten. Den Zucker darüberstreuen und leicht karamellisieren lassen. Den Weißwein dazugießen und den Rosmarin unterrühren. Die Stärke mit wenig kaltem Wasser anrühren, unter das Kompott rühren und einmal aufkochen. Den Saft der Limettenhälfte auspressen und unter das Apelkompott rühren. Mit Salz und Pfeffer würzen. Das Kompott abkühlen lassen.
2 Die Entenbrüste kalt abbrausen, mit Küchenpapier trocken tupfen und längs in dünne Streifen schneiden. Die Zimtstangen längs halbieren und mit einem Messer an einem Ende spitz zuschneiden. Die Entenstreifen wellenartig auf die halbierten Zimtstangen aufspießen.
3 Die Entenspieße dünn und gleichmäßig mit Hoisinsauce bestreichen. Das Öl in einer Pfanne erhitzen, die Entenspieße darin auf jeder Seite 3–4 Minuten braten. Die Entensatés mit Salz und Pfeffer würzen, anrichten und mit dem Apfel-Rosmarin-Kompott servieren.

Schweinefleisch süßsauer

Aus Schweinefleisch wird oft zu wenig gemacht und zu häufig bleibt es bei dem Gewohnten. Mit einigen asiatischen Anleihen lässt sich da schnell Abhilfe und Abwechslung schaffen. Sauer und süß, bitter und salzig – es klingt alles an und der kompositorische Grundgedanke ist beliebig erweiterbar …

Stifado

Ein leckeres griechisches Schmorgericht, das einmal mehr durch den Reiz warmer Gewürze besticht: Zimt, Kreuzkümmel und Nelken lassen orientalische Einflüsse vermuten und werden mit Rotwein und Orange pointiert abgerundet. Klassisch wird Stifado mit frischem Brot serviert, doch ich verzichte lieber darauf und konzentriere mich voll auf das feine Fleisch.

Stifado

Für 4 Portionen: 500 g Perlzwiebeln | 2 Knoblauchzehen | 1 kg Rindfleisch (aus der Schulter) | 4 Gewürznelken | 1 TL Kreuzkümmelsamen | 1 EL grobes Meersalz 1 TL schwarze Pfefferkörner | 1 Bio-Orange | 2–3 EL Olivenöl | 2 EL Tomatenmark 50 ml fruchtiger, trockener Rotwein | 2 Zweige Thymian | 2 Zweige Rosmarin 2 Lorbeerblätter | 2 Stangen Zimt | Salz | Pfeffer aus der Mühle | 2 EL Speisestärke 1 EL frisch gehackte Petersilie
Außerdem: Mörser

1 Perlzwiebeln und Knoblauch schälen. Die Zwiebeln je nach Größe halbieren. Den Knoblauch fein hacken.

TIPP Die Perlzwiebeln vor dem Schälen etwa 10 Minuten in warmem Wasser einweichen.

2 Das Fleisch mit kaltem Wasser abbrausen, mit Küchenpapier trocken tupfen und in etwa 3 cm große Würfel schneiden.

3 Nelken, Kreuzkümmelsamen, Meersalz und Pfefferkörner in einen Mörser geben und mit dem Stößel zerdrücken.

4 Die Orange heiß waschen und abtrocknen, die Schale der Orange mit einem Sparschäler dünn abschälen. Den Saft der Orange auspressen.

9 Den Wein dazugießen und den Bratensatz damit lösen.

10 Orangensaft und Orangenschale unter den Sud rühren.

11 Thymian und Rosmarin waschen und trocken schütteln. Kräuterzweige, Lorbeerblätter und Zimtstangen dazugeben.

12 Die Perlzwiebel-Knoblauch-Mischung hinzufügen und alles aufkochen.

»Gewürzt wird die griechische Gulaschversion mit vielen, vor allem süßlichen Gewürzen. Die sollen das Gericht an heißen Sommertagen besonders bekömmlich machen. Als Beilage passt Polenta dazu.«

5 Das Olivenöl in einer großen, breiten Schmorpfanne erhitzen. Die Zwiebeln darin 2–3 Minuten anbraten, den Knoblauch dazugeben und kurz mitbraten. Beides aus der Schmorpfanne nehmen und beiseitestellen.

6 Das Fleisch in die Pfanne geben und bei großer Hitze auf allen Seiten kräftig anbraten.

7 Das Fleisch mit der zerdrückten Gewürzmischung würzen.

8 Das Tomatenmark dazugeben und unterrühren.

13 Das Stifado zugedeckt bei kleiner Hitze etwa 1 Stunde 30 Minuten schmoren lassen.

14 Danach offen etwa 1 weitere Stunde schmoren lassen, dabei gelegentlich umrühren. Salzen und pfeffern. Stärke mit 2 EL kaltem Wasser anrühren, zum Binden unter die Sauce rühren und alles einmal aufkochen. Stifado anrichten, mit Petersilie bestreuen.

Stifado mit Kaninchen und Herbstgemüse

Für 4 Portionen: 6–8 kleine Zwiebeln (ersatzweise Schalotten) | 2 Knoblauchzehen | 3–4 Zweige Thymian 2–3 Zweige Rosmarin | 1 Kaninchen (ca. 1,5 kg, vom Metzger in Stücke teilen lassen) | Salz | Pfeffer aus der Mühle | 4 EL Olivenöl | 2–3 Lorbeerblätter | 400 ml trockener Weißwein | 300 ml Geflügelfond (Glas) | 1 EL Tomatenmark | 400 g Hokkaido-Kürbis (ersatzweise Muskat- oder Butternuss-Kürbis) | 250 g Petersilienwurzeln | 3 Pflaumen | 100 g kernlose helle Weintrauben | 200 g Maronen (vakuumverpackt) | 1 TL Zucker | 75 g kalte Butter

1 Den Backofen auf 200° vorheizen. Die Zwiebeln schälen und halbieren. Den Knoblauch schälen und mit dem Messer andrücken. Die Kräuter waschen und trocken schütteln. Die Kaninchenstücke rundum mit Salz und Pfeffer würzen. 2 EL Öl in einem Bräter erhitzen. Fleischstücke, Zwiebelhälften, Kräuterzweige, Lorbeerblätter und Knoblauch dazugeben und 4–5 Minuten anbraten.

2 Kaninchenteile und Zwiebelhälften aus dem Bräter nehmen, den Bratensatz mit Wein ablöschen. Den Fond dazugießen und das Tomatenmark unterrühren, dann alles aufkochen. Kaninchenstücke und Zwiebeln in den Bräter geben und zugedeckt auf dem Boden des Backofens (Umluft 180°) etwa 45 Minuten schmoren lassen.

3 Inzwischen den Kürbis waschen und entkernen. Petersilienwurzeln putzen, schälen und in mundgerechte Stücke schneiden. Die Pflaumen waschen, halbieren und entsteinen. Die Hälften in Spalten teilen. Die Trauben waschen und in kleine Rispen teilen.

4 Das restliche Öl in einer Pfanne erhitzen. Kürbis, Petersilienwurzeln, Pflaumen, Trauben und Maronen dazugeben und 4–5 Minuten anbraten. Mit Salz und Pfeffer kräftig würzen. Den Zucker darüberstreuen und leicht karamellisieren lassen. Die Mischung zum Kaninchen in den Bräter geben und etwa 35 Minuten mitschmoren lassen.

5 Den Bräter aus dem Backofen nehmen. Den Fond in einen Topf gießen, aufkochen und offen bei mittlerer Hitze um ein Drittel einkochen lassen. Die kalte Butter nach und nach unter die Sauce mixen. Die Sauce mit Salz und Pfeffer kräftig würzen und über Gemüse und Kaninchen verteilen. Das Stifado im Bräter servieren. Dazu passen Kartoffelpüree, cremige Polenta (siehe Tipp Seite 132) oder breite Bandnudeln.

Szegediner Gulasch

Nur zu gerne würde ich den Österreichern dieses Krautgulasch auf die Fahnen schreiben, doch das ist nur die halbe Wahrheit. Lassen wir den Ungarn ihren feinsäuerlich-rahmigen Besitz und wenden uns einer Neuauflage mit Kartoffeln und Fleischwurst zu, deren Herkunft keine so große Rolle spielt …

Szegediner Gulasch

Für 4 Portionen: 500 g Zwiebeln | 1 kg Schweineschulter | 2–3 Knoblauchzehen
1 TL Kümmelsamen | 80 g Schweineschmalz | Salz | Pfeffer aus der Mühle
2–3 EL Tomatenmark | 1–2 EL edelsüßes Paprikapulver | 1 Bio-Zitrone | 2 Lorbeerblätter | ca. 800 ml Rinderfond (siehe Seite 22 oder Glas) | 300 g Sauerkraut
200 g Crème fraîche | 2 EL Paprikapüree (z. B. Ajvar)
Außerdem: Mörser

1 Die Zwiebeln schälen, halbieren und die Hälften in dünne Streifen schneiden.

2 Das Fleisch kalt abbrausen, trocken tupfen und in etwa 3 cm große Würfel schneiden.

3 Knoblauch schälen, grob würfeln und mit Kümmelsamen im Mörser fein zerdrücken.

4 Das Schmalz in einem Bräter erhitzen, die Zwiebelstreifen darin in etwa 8 Minuten goldbraun braten. Die Zwiebeln aus dem Bräter nehmen und beiseitestellen.

9 Den Rinderfond unter Rühren angießen und aufkochen.

10 Die gebratenen Zwiebeln hinzufügen und untermischen.

11 Das Gulasch zugedeckt bei kleiner Hitze etwa 2 Stunden 30 Minuten schmoren lassen, bis das Fleisch weich ist. Dabei gelegentlich umrühren.

12 Etwa 30 Minuten vor Ende der Garzeit das Sauerkraut dazugeben, untermischen und mitgaren.

»Wann immer Sie die Möglichkeit haben, Paprikagewürze aus Ungarn zu beziehen, greifen Sie zu. »Különleges« ist meine erste Wahl: mittelscharf, mit einzigartiger Farbe und sensationellem Geschmack – garantiert die beste Qualität. Mir ist kein Produkt mit vergleichbarer Pigmentintensität bekannt.«

5 Das Fleisch in denselben Bräter geben und rundum 3–4 Minuten braten.

6 Das Fleisch mit Salz und Pfeffer kräftig würzen.

7 Tomatenmark, Kümmel-Knoblauch-Mischung und Paprikapulver dazugeben und mitrösten.

8 Die Zitrone heiß waschen und abtrocknen, die Schale fein abreiben. Lorbeerblätter und Zitronenschale ebenfalls hinzufügen und kurz mitrösten.

13 Lorbeerblätter entfernen. Die Crème fraîche unter das Gulasch rühren und erwärmen.

14 Das Gulasch mit Salz und Pfeffer würzen. Das Paprikapüree unterrühren und erwärmen. Dazu passen Bandnudeln.

Kartoffel-Fleischwurst-Gulasch

Für 4–6 Portionen: 250 g Zwiebeln | 2 Knoblauchzehen 1 TL Kümmelsamen | 1 kg große vorwiegend festkochende Kartoffeln | 1 Bio-Zitrone | 50 g Butterschmalz 25 g edelsüßes Paprikapulver | 2 Lorbeerblätter 2 EL Tomatenmark | 750 ml Rinderfond (siehe Seite 22 oder Glas) | 500 g Fleischwurst | 250 g Sauerkraut 150 g Crème fraîche | 2 EL Paprikapüree (z. B. Ajvar) Majoranblättchen (nach Belieben)

1 Zwiebeln und Knoblauch schälen und klein würfeln. Den Kümmel fein hacken oder im Mörser zerstoßen und mit dem Knoblauch mischen. Die Kartoffeln schälen und in mundgerechte Stücke schneiden. Die Zitrone heiß waschen und abtrocknen, die Schale fein abreiben.
2 Das Butterschmalz in einem Bräter erhitzen, die Zwiebeln darin in etwa 5 Minuten goldbraun anbraten. Die Kartoffelstücke dazugeben und etwa 4 Minuten mitbraten.
3 Paprikapulver, Knoblauch-Kümmel-Mischung, Lorbeerblätter, Zitronenschale und Tomatenmark dazugeben und etwa 2 Minuten mit anrösten. Den Fond dazugießen und aufkochen. Die Kartoffeln zugedeckt bei kleiner Hitze in etwa 15 Minuten weich garen. Dabei gelegentlich umrühren.
4 Inzwischen die Fleischwurst pellen und in mundgerechte Stücke schneiden. Fleischwurst und Sauerkraut unter die Kartoffeln mischen. Alles zugedeckt bei kleiner Hitze weitere 10–15 Minuten garen, bis die Kartoffeln weich sind.
5 Die Lorbeerblätter entfernen. Crème fraîche und Paprikapüree verrühren und unter das Gulasch rühren. Das Gulasch kräftig mit Paprikapulver abschmecken. Nach Belieben mit Majoranblättchen bestreut servieren.

VARIANTE

Für **Süßkartoffel-Chorizo-Gulasch** 250 g rote Zwiebeln und 2 Knoblauchzehen schälen und würfeln. ½ TL Kreuzkümmelsamen im Mörser zerstoßen und mit dem Knoblauch mischen. 300 g Chorizo pellen und würfeln. 1 kg Süßkartoffeln waschen, schälen und in mundgerechte Stücke schneiden. 50 g Butterschmalz in einem Bräter erhitzen, die Zwiebeln darin in etwa 5 Minuten goldbraun braten. 10 g edelsüßes Paprikapulver, Knoblauch-Kreuzkümmel-Mischung, 1 Msp. Zimtpulver, 1 Zweig Rosmarin, abgeriebene Schale von 1 Bio-Limette und 2 EL Tomatenmark dazugeben und etwa 2 Minuten mit anrösten. 250 g Sauerkraut unterrühren. 750 ml Rinderfond (siehe Seite 22 oder Glas) dazugießen und aufkochen, dann alles zugedeckt bei kleiner Hitze 10–15 Minuten garen. Dabei gelegentlich umrühren. Süßkartoffeln unterrühren und 8–10 Minuten mitgaren, bis sie weich sind. Rosmarin entfernen. Crème fraîche und Paprikapüree verrühren und unter das Gulasch rühren. Das Gulasch kräftig mit Paprikapulver abschmecken.

Tabouleh

Ob als kalte Beilage oder Salat, Tabouleh repräsentiert das aromatische Feingespür des arabischen Raums und eröffnet auf der Basis von Couscous oder Bulgur ein weites Feld verschiedener Spielarten. Die bissfesten Körnchen aus Hartweizengrieß geben fein gehackten Kräutern, frischem oder eingelegtem Gemüse, Saucen und Gewürzen im Gaumen einen nuancenreichen Entfaltungsraum.

Tabouleh

Für 4–6 Portionen: Salz | 250 g Instant-Bulgur | 60 g Pinienkerne | 300 g Eiertomaten | 1 Salatgurke | 1 rote Zwiebel | ½ Bund glatte Petersilie | ½ Bund Minze 6–8 EL Olivenöl | 2 EL Aceto balsamico bianco | ca. ½ Zitrone | Pfeffer aus der Mühle | 1 Prise Zimtpulver | 1 Prise Zucker

1 Alle Zutaten abwiegen, abmessen und bereitstellen.

2 300 ml Wasser und Salz in einen Topf geben und aufkochen. Den Bulgur dazugeben und offen bei kleiner Hitze etwa 8 Minuten köcheln lassen.

3 Die Pinienkerne in einer Pfanne ohne Fett goldbraun rösten, dann abkühlen lassen.

4 Die Tomaten waschen, vierteln und die Stielansätze entfernen. Die Tomatenviertel entkernen und würfeln.

9 2 EL Olivenöl in einer Pfanne erhitzen, die Zwiebel darin etwa 1 Minute dünsten.

10 Mit Essig ablöschen und den Essig in etwa 1 Minute einkochen lassen.

11 Die Zwiebel zum Bulgur in der Schüssel geben.

12 Pinienkerne, Gurken- und Tomatenwürfel hinzufügen.

»Experimentierfreudige bringen hin und wieder Bulgur auf den Tisch, denn er ist eine feine Alternative zu Kartoffeln, Reis oder Pasta und ebenso wandlungsfähig. Ob als Salat oder warme Beilage, Bulgur passt zu gegrilltem Fisch, Hühnchen- oder Schweinefleisch.«

5 Die Gurke schälen, längs vierteln und mit einem Löffel entkernen. Die Gurkenviertel in kleine Würfel schneiden.

6 Die Zwiebel schälen und in feine Würfel schneiden.

7 Petersilie und Minze waschen und trocken schütteln, die Blätter abzupfen und grob hacken.

8 Den gegarten Bulgur mit einer Gabel auflockern und in eine Schüssel geben.

13 Petersilie, Minze und restliches Olivenöl zum Bulgur in die Schüssel geben.

14 Den Salat mit zwei Esslöffeln gründlich mischen.

15 Den Saft der Zitronenhälfte auspressen. Den Salat mit Salz, Pfeffer, Zitronensaft und Zimtpulver kräftig würzen und etwa 1 Stunde ziehen lassen. Zum Servieren mit Salz, Pfeffer und Zucker abschmecken.

Tabouleh mit Zucchini, Feta und Minze

Für 4–6 Portionen: Salz | 250 g Instant-Bulgur | 2 schmale Zucchini | 150 g Feta (griech. Schafskäse) | 3 Stängel Minze | 2 Schalotten | 2 Knoblauchzehen | 6 EL Olivenöl 3 EL Aceto balsamico bianco | Pfeffer aus der Mühle

1 300 ml Wasser und Salz in einen Topf geben und aufkochen. Den Bulgur hinzufügen und offen bei kleiner Hitze etwa 8 Minuten köcheln lassen. Den gegarten Bulgur mit einer Gabel auflockern, in eine Schüssel geben und abkühlen lassen.
2 Inzwischen die Zucchini waschen, putzen, trocken tupfen und in Würfel schneiden. Den Feta zerbröckeln. Die Minze waschen und trocken schütteln, die Blätter hacken.
3 Schalotten und Knoblauch schälen und fein würfeln. 3 EL Öl in einer Pfanne erhitzen, Schalotten, Knoblauch und Zucchiniwürfel darin etwa 2 Minuten anbraten, dann mit dem Essig ablöschen. Zucchini, restliches Öl, Feta und Minze zum abgekühlten Bulgur in die Schüssel geben und untermischen. Den Salat mit Salz und Pfeffer abschmecken.

INFO Bulgur oder auch Burghul ist in der arabischen Welt als Beilage oder Salat sehr beliebt. Für den handelsüblichen Bulgur werden Hartweizenkörner gegart, getrocknet und grob gemahlen. Sie finden ihn, auch als Instant-Bulgur, in den Spezialitätenregalen gut sortierter Supermärkte oder in türkischen Lebensmittelgeschäften.

Tabouleh mit Safran und Granatapfel

Für 4–6 Portionen: Salz | 10–15 Safranfäden 250 g Instant-Bulgur | 1 rote Zwiebel | 1 Granatapfel 50 g Pinienkerne | 1 Orange | 6 EL Olivenöl 2–3 EL Aceto balsamico bianco | Pfeffer aus der Mühle 1 Prise Zimtpulver

1 300 ml Wasser, Salz und Safranfäden in einen Topf geben und aufkochen. Den Bulgur dazugeben und offen bei kleiner Hitze etwa 8 Minuten köcheln lassen. Den gegarten Bulgur mit einer Gabel auflockern, in eine Schüssel geben und abkühlen lassen.
2 Inzwischen die Zwiebel schälen und fein würfeln. Den Granatapfel aufbrechen und die Kerne mit einer Gabel herauslösen. Die Pinienkerne in einer kleinen Pfanne ohne Fett goldbraun rösten, dann abkühlen lassen. Die Orange mit einem scharfen Messer so schälen, dass die gesamte weiße Schale mit entfernt wird. Die Orange zuerst in Scheiben, dann in mundgerechte Stücke schneiden.
3 2 EL Öl in einer Pfanne erhitzen, die Zwiebel darin etwa 1 Minute dünsten, dann mit dem Essig ablöschen. Zwiebel, Granatapfel- und Pinienkerne, restliches Öl und Orangenstücke zum abgekühlten Bulgur in die Schüssel geben und untermischen. Den Salat mit Salz, Pfeffer und Zimtpulver kräftig abschmecken.

oben: Tabouleh mit Zucchini, Feta und Minze | unten: Tabouleh mit Safran und Granatapfel

Tajine mit Hähnchen

Weit davon entfernt, jeden Trend zu bedienen und die dazu passenden Küchenutensilien gleich zur Anschaffung zu empfehlen, halte ich die Tajine doch für eine Investition, die sich wirklich lohnt. Der marokkanische Schmortopf ermöglicht vitaminschonendes Garen von Fisch, Fleisch oder Gemüse im eigenen Saft und sorgt für Geschmack in höchster Konzentration.

Tajine mit Hähnchen

Für 4 Portionen: 50 g Rosinen | 100 ml Marsala (ersatzweise Apfelsaft oder schwarzer Tee) | 4–5 Strauchtomaten | 2 Zwiebeln | 3–4 Knoblauchzehen
2 Hähnchen (à ca. 800 g) | 2 Stangen Zimt | 2 kleine rote Chilischoten | 3 Möhren
Salz | Pfeffer aus der Mühle | 6 EL Olivenöl | 1 TL Safranfäden | 3–4 Zweige Thymian | 300 ml Geflügelfond (Glas) | 2–3 Lorbeerblätter | 2 TL Speisestärke
Außerdem: Tajine-Topf

1 Alle Zutaten abmessen, abwiegen und bereitstellen. Einen Tajine-Topf nach Angaben des Herstellers wässern.

2 Die Rosinen in eine Schüssel geben. Den Marsala erhitzen und über die Rosinen gießen. Die Rosinen darin etwa 3 Stunden einweichen.

3 Inzwischen die Tomaten auf der runden Seite kreuzweise einritzen. Die Tomaten in kochendem Wasser 20–30 Sekunden blanchieren, dann herausnehmen und kalt abschrecken.

4 Die Tomaten häuten, vierteln und entkernen. Die Stielansätze entfernen. Die Tomatenviertel grob würfeln.

9 Die Hähnchenstücke mit Salz und Pfeffer würzen. 2–3 EL Öl in einer großen Pfanne erhitzen, die Hähnchenstücke darin rundum braun anbraten. Dann die Hähnchenstücke in einen Tajine-Topf geben.

10 Das restliche Öl in derselben Pfanne erhitzen, Zwiebeln, Knoblauch und Möhrenstücke darin etwa 5 Minuten dünsten.

11 Die Safranfäden dazugeben. Die Thymianzweige waschen und trocken schütteln.

12 Dann den Geflügelfond unter Rühren zur Zwiebel-Möhren-Mischung gießen.

»Am besten gelingt das Gericht in einem speziellen Tajine-Topf. Doch wenn Sie keinen haben, kein Problem. Dann bereiten Sie die Tajine in einem gut gewässerten Römertopf zu.«

5 Zwiebeln und Knoblauch schälen. Die Zwiebeln halbieren und die Hälften in Streifen schneiden. Den Knoblauch in Scheiben schneiden.

6 Die Hähnchen kalt abbrausen und mit Küchenpapier trocken tupfen. Keulen und Brust von den Karkassen schneiden und jeweils halbieren.

7 Die Zimtstangen halbieren. Die Chilischoten waschen und längs halbieren.

8 Die Möhren putzen, schälen und in dicke Stifte schneiden.

13 Die Marsala-Rosinen-Mischung ebenfalls hinzufügen und alles aufkochen.

14 Tomatenwürfel, Zimtstangen, Chilihälften, Lorbeerblätter und Thymian dazugeben und unterrühren. Mit Salz und Pfeffer kräftig würzen.

15 Die Gemüsemischung auf den Hähnchenstücken im Tajine-Topf verteilen. Den Topf gut verschließen.

16 Den Topf auf den Boden des kalten Ofens stellen. Tajine bei 200° (Umluft 180°) in etwa 45 Minuten garen. Stärke mit wenig kaltem Wasser verrühren. Den Schmorsud abgießen, mit Stärke verrühren, aufkochen und über dem Fleisch verteilen. Dazu passt Couscous.

Lamm-Tajine mit Datteln und Gemüse

Für 4 Portionen: 1 kg Lammfleisch (aus der Schulter, ohne Knochen und Haut) | 3 rote Zwiebeln | 3–4 Knoblauchzehen | 6 EL Olivenöl | Salz | Pfeffer aus der Mühle | 1 EL Tomatenmark | 500 ml Lammfond (Glas) ½ TL Safranfäden | 150 ml Marsala (ersatzweise Lammfond) | 150 g frische Datteln (ersatzweise getrocknete Datteln) | 1 rote Paprikaschote | 1 gelbe Paprikaschote 1 mittelgroßer Zucchino | 1 mittelgroße Aubergine 10–12 Kirschtomaten | 4–5 Zweige Thymian | 2–3 Zweige Rosmarin | 3–4 Zweige Oregano
Außerdem: Tajine-Topf

1 Einen Tajine-Topf nach Angaben des Herstellers wässern. Das Lammfleisch kalt abbrausen, mit Küchenpapier trocken tupfen und in etwa 3 cm große Würfel schneiden. Zwiebeln und Knoblauch schälen und in dünne Scheiben schneiden.
2 2–3 EL Öl in einer großen Pfanne erhitzen, Lammfleisch Zwiebeln und Knoblauch darin in etwa 4 Minuten rundum braun anbraten. Mit Salz und Pfeffer kräftig würzen. Tomatenmark, Fond, Safranfäden und Marsala dazugeben und unterrühren. Alles in den gewässerten Tajine-Topf geben. Den Topf verschließen und auf den Boden des Backofens stellen. Den Backofen auf 225° (Umluft 200°) einschalten. Die Lamm-Tajine in etwa 1 Stunde garen.
3 Inzwischen die Datteln halbieren und entkernen. Die Paprikaschoten halbieren, putzen, waschen und die Hälften in Stücke schneiden. Zucchino und Aubergine waschen, putzen und je nach Größe halbieren oder vierteln. Dann Zucchino und Aubergine in etwa 1 cm dicke Scheiben schneiden. Die Tomaten waschen. Thymian, Rosmarin und Oregano waschen und trocken schütteln, die Blätter und Nadeln abzupfen und fein hacken.
4 Das übrige Öl in einer breiten Pfanne erhitzen, Gemüse und Tomaten darin 4–5 Minuten anbraten. Mit Salz und Pfeffer kräftig würzen. Kräuter und Datteln unter das Gemüse rühren. Die Tajine aus dem Backofen nehmen.
5 Das Gemüse unter das weich geschmorte Lammfleisch mischen. Den Topf verschließen, wieder auf den Boden des Backofens stellen und alles in weiteren 10–15 Minuten fertig garen. Die Tajine im Topf servieren. Dazu passt Couscous.

Tandoori-Chicken

Ein weiteres Beispiel für das exzellente
Gewürzverständnis der Inder:
Für dieses leckere Geflügelgericht wird
das Hühnchen in einer Paste mit Joghurt
und Gewürzen mariniert, die individuell variiert
auch anderes Fleisch innen saftig und außen
schön kross werden lässt.

Tandoori-Chicken

Für 4 Portionen: 1 küchenfertiges Hähnchen (ca. 1,2 kg) | 1 Limette | 1 TL Salz
½ TL schwarzer Pfeffer aus der Mühle
Tandoori-Paste: 2 Knoblauchzehen | 1 Zwiebel | 20 g frischer Ingwer
250 g Joghurt | 2 TL gemahlener Koriander | 2 TL gemahlener Kreuzkümmel
2 EL edelsüßes Paprikapulver | 1 TL Chilipulver | 1 EL Kurkumapulver
4–5 EL Weißweinessig | 2 EL Erdnussöl
Außerdem: Frischhaltefolie | Alufolie | Limettenviertel (nach Belieben)

1 Das Hähnchen kalt abbrausen und trocken tupfen. Anschließend die Keulen abtrennen, die Brüste von der Karkasse (Knochen) schneiden.

2 Die Hähnchenteile einmal halbieren. Die Haut mit einem Messer einritzen.

3 Den Saft der Limette auspressen. Den Limettensaft mit Salz und Pfeffer verrühren.

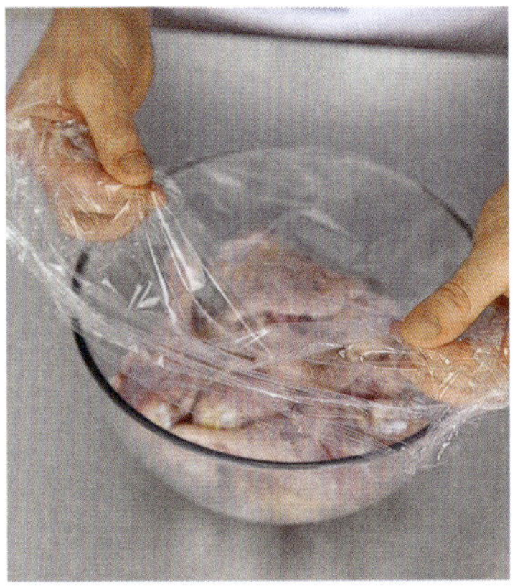

4 Die Hähnchenteile mit dem Limettensaft in einer Schüssel mischen, mit Frischhaltefolie abdecken und etwa 30 Minuten ziehen lassen.

9 Die Hähnchenteile trocken tupfen und in eine ofenfeste Form mit Deckel legen. Die Teile mit der Hälfte der Tandoori-Paste bestreichen.

10 Die Form mit Alufolie abdecken und das Fleisch etwa 12 Stunden (oder über Nacht) im Kühlschrank ziehen lassen. Zwischendurch mit der Hälfte der übrigen Paste bestreichen.

11 Die Hähnchenteile etwa 1 Stunde vor dem Garen aus dem Kühlschrank nehmen und mit der restlichen Paste bestreichen. Den Backofen auf 200° vorheizen.

12 Die Hähnchenteile zugedeckt im Ofen (Mitte, Umluft 180°) etwa 25 Minuten garen. Dann das Fleisch offen weitere 15–20 Minuten garen. Tandoori-Chicken nach Belieben mit Limettenvierteln garnieren. Dazu passt Naanbrot.

5 Inzwischen für die Tandoori-Paste alle Zutaten bereitstellen.

6 Knoblauch, Zwiebel und Ingwer schälen. Die Zwiebel sehr fein würfeln. Knoblauch und Ingwer fein reiben.

7 Den Joghurt mit gemahlenem Koriander, Kreuzkümmel, Paprikapulver, Chilipulver und Kurkumapulver in einer Schüssel verrühren. Zwiebel, Knoblauch und Ingwer dazugeben.

8 Essig und Erdnussöl hinzufügen und alles verrühren.

»Tandoori-Chicken können Sie mit Hähnchenkeulen oder Hähnchenunterschenkeln zubereiten, dann entfällt das für Ungeübte mühsame Ablösen der Fleischstücke. Egal, ob Sie ein ganzes Hähnchen oder fertige Hähnchenteile wählen, wichtig ist das Marinieren in Tandoori-Paste.«

Seeteufel-Tandoori mit Spargel und Spinat

Für 4–6 Portionen: 3 Knoblauchzehen | 1 Zwiebel 20 g frischer Ingwer | 125 g Joghurt | 1 TL gemahlener Koriander | 1 TL gemahlener Kreuzkümmel | 2 EL edelsüßes Paprikapulver | 1 TL Chilipulver | 1 TL Kurkumapulver | 3 EL Weißweinessig | 2 EL Erdnussöl | 2 Seeteufelfilets (à ca. 400 g, ohne Haut und Gräten) | 400 g Thai-Spargel | 200 g junger Blatt-Spinat | 2 Schalotten 1 TL helle Sesamsamen | 2 EL Sesamöl | Salz | Pfeffer aus der Mühle | Muskatnuss

1 Für die Würzpaste Knoblauch, Zwiebel und Ingwer schälen. Die Zwiebel sehr fein würfeln. 1 Knoblauchzehe und den Ingwer fein reiben. Den Joghurt mit gemahlenem Koriander, gemahlenem Kreuzkümmel, Paprika-, Chili- und Kurkumapulver in einer Schüssel verrühren. Weißweinessig und Erdnussöl dazugeben und unterrühren.
2 Die Seeteufelfilets kalt abbrausen, mit Küchenpapier trocken tupfen und rundum dick mit der Tandooripaste einpinseln. Die Filets in eine flache Auflaufform (ca. 20 x 30 cm) legen und abgedeckt 6–8 Stunden marinieren lassen.
3 Den Backofen auf 200° vorheizen. Den Seeteufel im Backofen (Mitte, Umluft 180°) in etwa 25 Minuten garen.
4 Inzwischen den Thai-Spargel waschen und die holzigen Enden abschneiden. Die Stangen schräg in Scheiben schneiden. Den Spinat putzen, waschen und trocken schleudern. Die Schalotten schälen und fein würfeln. Die übrigen Knoblauchzehen in Scheiben schneiden.
5 Die Sesamsamen in einer kleinen Pfanne ohne Fett rösten, dann abkühlen lassen. Das Sesamöl in einem Topf erhitzen, Schalotten, Knoblauch und Thai-Spargel darin etwa 2 Minuten andünsten. Den Spinat hinzufügen und zusammenfallen lassen. Den Topf beiseitestellen. Das Gemüse mit Salz, Pfeffer und frisch geriebener Muskatnuss würzen und auf Tellern anrichten. Den Seeteufel aus dem Backofen nehmen, in Scheiben schneiden und auf dem Gemüse anrichten. Mit Sesamsamen bestreut servieren.

Tofu-Tandoori mit Spitzkohl-Glasnudel-Salat

Für 4–6 Portionen: 2 Knoblauchzehen | 1 Zwiebel 20 g frischer Ingwer | 125 g Joghurt | 1 TL gemahlener Koriander | 1 TL gemahlener Kreuzkümmel | 2 EL edelsüßes Paprikapulver | 1 TL Chilipulver | 1 TL Kurkumapulver | 3 EL Weißweinessig | 2 EL Erdnussöl | 500 g neutraler Tofu | 1 kleiner Spitzkohl (ersatzweise Weißkohl) 3 EL Sonnenblumenöl | 2 EL Sesamöl | 2–3 EL Reisessig Salz | Pfeffer aus der Mühle | 1 Prise Zucker | 100 g Glasnudeln | 1 Baby-Ananas | 1 EL Honig | 1–2 EL helle Sojasauce | 1–2 Stängel Koriandergrün

1 Für die Würzpaste Knoblauch, Zwiebel und Ingwer schälen. Die Zwiebel sehr fein würfeln. Knoblauch und Ingwer fein reiben. Den Joghurt mit gemahlenem Koriander, gemahlenem Kreuzkümmel, Paprika-, Chili- und Kurkumapulver in einer Schüssel verrühren. Weißweinessig und Erdnussöl dazugeben und unterrühren.
2 Den Tofu in etwa 3 cm breite Stücke schneiden. Jedes Stück rundum mit der Paste einpinseln, in eine flache Auflaufform (ca. 20 x 30 cm) oder auf ein Blech legen und abgedeckt etwa 6 Stunden marinieren lassen.
3 Den Backofen auf 200° vorheizen. Den Tofu im Backofen (Mitte, Umluft 180°) in etwa 25 Minuten garen.
4 Inzwischen den Spitzkohl von den äußeren Blättern befreien. Den Kohl vierteln und den harten Strunk entfernen. Die Viertel in feine Steifen schneiden oder hobeln. Die Kohlstreifen in eine Schüssel geben. Beide Ölsorten mit Reisessig, Salz, Pfeffer und Zucker verrühren. Das Dressing zum Kohl geben und die Kohlstreifen kräftig durchkneten.
5 Die Glasnudeln in eine Schüssel geben und mit kochendem Salzwasser übergießen. Die Nudeln etwa 5 Minuten darin ziehen lassen, dann abgießen. Die Ananas schälen, vierteln und den harten Strunk entfernen. Die Viertel in kleine Würfel schneiden. Glasnudeln, Ananaswürfel, Honig und Sojasauce zum Kraut geben und untermischen.
6 Das Koriandergrün waschen und trocken schütteln, die Blätter grob zerzupfen und unter das Kraut mischen. Den Salat mit Salz und Pfeffer abschmecken und etwa 30 Minuten ziehen lassen. Den Tofu aus dem Ofen nehmen, in Scheiben schneiden und mit dem Glasnudel-Krautsalat servieren.

Tom yam gung

Ich bin geneigt zu sagen: die thailändische Suppe schlechthin! Ausdrücklich schärfe- und säurebetont, von einem ganzen Kanon an Zitrusaromen bestimmt und entsprechend nachhallend. Der Name nimmt jeweils auf die gewählte Fleischeinlage Bezug: »gung« steht beispielsweise für Garnelen, »gai« für Hühnchen und »pla« für Fisch.

Tom yam gung

Für 4 Portionen: 400 g mittelgroße rohe, ungeschälte Garnelen | 2 Stängel Zitronengras | 2 EL Sesamöl | 1 Bund Koriandergrün | 2 Knoblauchzehen | 1 TL schwarze Pfefferkörner | 4 Austernpilze | 4–6 kleine Shiitake-Pilze | 1 Stück Galgant (ca. 2 cm, ersatzweise frischer Ingwer) | 2–3 rote Chilischoten | 1 EL brauner Zucker
3–4 Kaffir-Limettenblätter | 2 Limetten | 3–4 EL Fischsauce | Salz
Außerdem: Mörser

1 Die Garnelen schälen, dabei die Köpfe durch Drehen abtrennen und das letzte Schwanzsegment belassen. Garnelenschalen und -kopf für den Sud beiseitestellen.

2 Die Garnelenschwänze mit einem Messer am Rücken entlang leicht einschneiden.

3 Mit einem spitzen Küchenmesser den Darm herausziehen. Die Garnelen kalt stellen. Das Zitronengras waschen, putzen und 1 Stange in grobe Stücke schneiden.

4 Das Sesamöl in einem großen Topf erhitzen. Die Garnelenschalen und Garnelenköpfe darin kurz anrösten.

9 Den Galgant schälen und in dünne Scheiben schneiden. Die Chilischoten waschen, putzen und mit Kernen in Ringe schneiden. Übriges Zitronengras waschen und den unteren Teil in feine Ringe schneiden.

10 Den Garnelensud durch ein Sieb gießen, auffangen und wieder in den Topf geben.

11 Galgantscheiben, Chili- und Zitronengrasringe dazugeben.

TIPP Galgant aus dem Asienladen wird wie Ingwer als frische Wurzel, gemahlen als Pulver oder eingelegt angeboten. Die Knollen riechen und schmecken fein-würzig.

12 Die Koriander-Gewürz-Paste unter den Sud rühren.

»Ich liebe den Geschmack von Kokosmilch, deshalb meine Empfehlung: Verfeinern Sie die Suppe einfach einmal mit 200 ml Kokosmilch – so schmeckt's unglaublich erfrischend.«

5 Die Zitronengrasstücke zu den Garnelenschalen und Garnelenköpfen geben.

6 1 l kaltes Wasser dazugießen und aufkochen. Die Garnelenschalen und die Garnelenköpfe zugedeckt bei mittlerer Hitze etwa 10 Minuten köcheln lassen.

7 Das Koriandergrün waschen und trocken schütteln. Die Hälfte der Blätter abzupfen, den Rest beiseitelegen. Den Knoblauch schälen und grob hacken. Mit der Hälfte der Korianderblätter und den Pfefferkörnern im Mörser zu einer feinen Paste zerstoßen.

8 Die Austernpilze putzen, trocken abreiben und je nach Größe halbieren oder in Stücke schneiden. Die Stiele der Shiitake-Pilze entfernen und die Kappen klein schneiden.

13 Zucker und Kaffir-Limettenblätter ebenfalls dazugeben.

14 Den Saft (50 ml) der Limetten auspressen. Limettensaft und Fischsauce dazugießen. Alles einmal aufkochen.

15 Die vorbereiteten Garnelen in den Sud legen.

16 Die Pilze unter die Suppe rühren. Die Suppe offen bei mittlerer Hitze etwa 4 Minuten köcheln lassen. Mit Salz abschmecken. Die Suppe anrichten, mit den übrigen Korianderblättern garnieren und servieren.

Tom yam gai

Für 4 Portionen: 2 Frühlingszwiebeln | 3 Stängel Zitronengras | 1 Stück Galgant (ca. 2 cm, ersatzweise frischer Ingwer) | 2 EL Sesamöl | 750 ml Geflügelfond (siehe Seite 21 oder Glas) | 3–4 Kaffir-Limettenblätter | 1–2 rote Chilischoten | 1 Bund Koriandergrün | 2 Knoblauchzehen 1 Bio-Limette | 8–10 mittelgroße Champignons 100 g neutraler Tofu | 4 Hähnchenbrüste (ohne Haut und Knochen, à ca. 100 g) | 3–4 EL Fischsauce 2–3 TL brauner Zucker

1 Die Frühlingszwiebeln putzen, waschen und in dünne Ringe schneiden. Das Zitronengras waschen, putzen, mit der flachen Messerseite anquetschen und in Stücke schneiden. Den Galgant schälen und in dünne Scheiben schneiden. Das Sesamöl in einem Topf erhitzen, Zitronengras und Galgant darin 1–2 Minuten andünsten, dann mit Fond ablöschen. Frühlingszwiebeln und Kaffir-Limettenblätter hinzufügen und alles zugedeckt bei kleiner Hitze etwa 30 Minuten sieden (nicht kochen) lassen.
2 Inzwischen die Chilischoten waschen, putzen, entkernen und in Ringe schneiden. Das Koriandergrün waschen und trocken schütteln, die Blättchen abzupfen und die Hälfte beiseitelegen. Den Knoblauch schälen. Knoblauch, Chilis und übrige Korianderblätter im Mörser zu einer feinen Paste zerstoßen. Die Limette heiß waschen und abtrocknen, die Schale fein abreiben und den Saft auspressen. Schale und Saft unter die Koriander-Chilipaste rühren.
3 Die Champignons putzen, trocken abreiben und je nach Größe halbieren oder vierteln. Den Tofu würfeln. Die Hähnchenbrüste kalt abbrausen, mit Küchenpapier trocken tupfen und in die heiße, aber nicht kochende Brühe geben und etwa 6 Minuten ziehen lassen. Die Pilze hinzufügen und etwa 5 Minuten mitgaren. Anschließend Fleisch und Pilze herausnehmen. Das Hähnchenfleisch kurz ruhen lassen, danach in Stücke schneiden. Fleischstücke, Pilze und Tofu in tiefen Tellern anrichten.
4 Die Brühe durch ein Sieb in einen Topf passieren, mit Fischsauce und Zucker abschmecken und erhitzen. Die heiße Brühe über Pilze, Tofu und Hühnchen schöpfen. Mit den übrigen Korianderblättchen bestreut servieren. Die Koriander-Chilipaste dazu reichen.

Tortilla mit Chorizo

Ein Omelett mit spanischem Temperament, das mit einem klassischen Bauernfrühstück oder Tiroler Gröstl im Ansatz vergleichbar ist. Viel Knoblauch und die feurig-rote Chorizo prägen jedoch die wesentlich intensivere Würze. Wer glaubt, den Magen damit am Morgen zu überfordern, verzichtet kurzerhand auf die Wurst und macht so mühelos eine vegetarische Variante daraus.

Tortilla mit Chorizo

Für 4–6 Portionen: 600 g mittelgroße festkochende Kartoffeln | Salz | 1 Zwiebel | 1–2 Knoblauchzehen | 250 g weiche Chorizo (spanische scharfe Paprikawurst) | 6 Eier | 100 ml Sahne | Pfeffer | Muskatnuss | 1–2 Zweige Oregano | 2–3 EL Butterschmalz

1 Alle Zutaten abwiegen, abmessen und bereitstellen.

2 Die Kartoffeln gründlich waschen und mit Schale in kochendem Salzwasser etwa 15 Minuten vorgaren.

3 Zwiebel und Knoblauch schälen. Die Zwiebel halbieren und die Hälften in dünne Streifen schneiden. Den Knoblauch fein würfeln.

4 Die Haut der Chorizo einschneiden und abziehen.

9 Den Oregano waschen und trocken schütteln, die Blätter abzupfen und fein hacken.

10 Die Kartoffeln abgießen, pellen und vollständig auskühlen lassen.

11 Anschließend die Kartoffeln in Würfel schneiden.

12 Den Backofen auf 200° vorheizen. Butterschmalz in einer ofenfesten beschichteten Pfanne erhitzen, Zwiebeln und Knoblauch darin unter Rühren 2–3 Minuten braten.

»Viel Knoblauch und Paprika verleihen der Chorizo ihren typischen, herzhaft-würzigen Geschmack. Wer es etwas weniger kräftig bevorzugt, kann auch eine Bratwurst verwenden, das ist allein eine Frage des persönlichen Geschmacks.«

5 Die Wurst in Würfel oder Scheiben schneiden.

6 Die Eier aufschlagen und in eine Schüssel geben.

7 Sahne dazugießen und mit einem Schneebesen verquirlen.

8 Die Eiermasse mit Salz, Pfeffer und frisch geriebener Muskatnuss kräftig würzen.

13 Die Kartoffeln hinzufügen und 4–5 Minuten mitbraten.

14 Chorizo und Oregano dazugeben und untermischen.

15 Die Eiermasse darübergießen und bei mittlerer Hitze etwa 5 Minuten stocken lassen.

16 Die Tortilla im Backofen (unten, Umluft 180°) etwa 20 Minuten backen. Die Tortilla herausnehmen, auf ein Brett gleiten lassen und in Stücke schneiden.

Veggie-Tortilla

Für 4 Portionen: 2 junge Möhren | 1 Petersilienwurzel 1 kleiner Kohlrabi | 1 rote Paprikaschote | 1 gelbe Paprikaschote | 1 Zucchino | Salz | 150 g TK-Erbsen 1 rote Zwiebel | 2 Knoblauchzehen | 5 Eier 100 ml Sahne | 1 TL Sambal oelek | 50 g fein geriebener Emmentaler Käse | Pfeffer aus der Mühle | Muskatnuss 1 EL Butterschmalz

1 Möhren, Petersilienwurzel und Kohlrabi putzen, schälen und in kleine Würfel schneiden. Die Paprikaschoten halbieren, putzen, waschen und klein würfeln. Den Zucchino waschen, putzen und ebenfalls würfeln.
2 Wasser und Salz in einen Topf geben und aufkochen. Möhren, Petersilienwurzel, Kohlrabi, Zucchino und die unaufgetauten Erbsen dazugeben und darin etwa 3 Minuten blanchieren. Das Gemüse mit einer Schaumkelle herausnehmen, kalt abschrecken und abtropfen lassen.
3 Inzwischen Zwiebel und Knoblauch schälen. Die Zwiebel in dünne Ringe schneiden. Den Knoblauch fein hacken. Die Eier mit Sahne und Sambal oelek verquirlen. Den Käse unterrühren. Die Eiermischung mit Salz, Pfeffer und frisch geriebener Muskatnuss kräftig würzen.
4 Den Backofen auf 200° vorheizen. Das Butterschmalz in einer ofenfesten beschichteten Pfanne erhitzen, Zwiebel und Knoblauch darin unter Rühren 2–3 Minuten braten.
5 Das Gemüse hinzufügen und etwa 4 Minuten mitbraten. Die Eiermasse darübergießen und bei mittlerer Hitze etwa 5 Minuten stocken lassen.
6 Die Tortilla im Backofen (unten, Umluft 180°) etwa 20 Minuten backen. Die Tortilla herausnehmen, auf ein Brett gleiten lassen und mit einem Sägemesser in Stücke schneiden.

INFO Sambal oelek ist eine Paste aus zerstoßenen roten Chilischoten, Essig und Salz und in kleinen Gläschen im Supermarkt erhältlich. Den feurigen Würzklassiker aus der asiatischen Küche sollten Sie möglichst nur in kleinen Mengen verwenden, entweder bei Tisch zum Nachwürzen oder wie hier in der Tortilla oder anderen scharfen Gerichten als Würzmittel.

Trifle

Kleiner Aufwand – große Wirkung; dieser Grundsatz trifft für diesen britischen Nachtisch unbedingt zu, weil die sichtbare Darbietung hinter Glas fester Bestandteil seiner Inszenierung und eine Paradevorlage für die eigene Kreativität ist. Meine Variation von grünem Apfel mit Sauerrahmmousse ist nur eine von unendlichen Möglichkeiten …

Trifle

Für 4 Portionen:
Biskuitteig: 3 Eier | 75 g Zucker | 50 g Mehl | 30 g Speisestärke | 4–5 EL Orangenlikör
Belag: 500 g Erdbeeren | ½ Zitrone | 75 g Gelierzucker 3:1
Creme: 1 Vanilleschote | 250 ml Milch | 3 Eigelb | 75 g Zucker | 25 g Speisestärke
Außerdem: 1 Springform (ca. 20 cm Ø) | Backpapier | Eiswasser (oder Frischhaltefolie)
3 EL Mandelblättchen (nach Belieben) | 200 ml Sahne | frische Minze zum Garnieren

1 Alle Zutaten für den Teig abwiegen und bereitstellen. Den Backofen auf 180° vorheizen. Den Boden einer Springform (ca. 20 cm Ø) mit Backpapier auslegen.

2 Eier und 75 g Zucker in einer großen Schüssel mit den Quirlen des Handrührgeräts in etwa 5 Minuten schaumig-steif aufschlagen.

3 Mehl und Speisestärke in einer Schüssel mischen, über den Eierschaum sieben und behutsam unterheben.

4 Den Biskuitteig in die Form füllen und im Backofen (Mitte, Umluft 160°) in etwa 30 Minuten goldbraun backen. Biskuit herausnehmen, aus der Form nehmen und auf einem Kuchengitter abkühlen lassen. Den Biskuitboden in etwa 1,5 cm große Würfel schneiden.

9 Eigelbe und 75 g Zucker in einer Schüssel mit einem Schneebesen schaumig schlagen.

10 Die Speisestärke dazugeben und unterrühren.

11 Die heiße Vanillemilch unter Rühren dazugießen.

12 Die Mischung in einen Topf geben und bei kleiner Hitze so lange rühren, bis eine dicke, puddingartige Creme entsteht.

»Trifle müssen Sie nicht unbedingt mit frisch gebackenem Biskuit schichten. Mit anderem Gebäck wie Amarettini, Cantuccini, Zwieback, Rührkuchenresten oder Weihnachtsplätzchen schmeckt Trifle genauso fein.«

5 Inzwischen die Erdbeeren waschen, putzen und je nach Größe halbieren, vierteln oder grob würfeln. Den Saft der Zitronenhälfte auspressen. Die Hälfte der Erdbeeren mit Gelierzucker und Zitronensaft in einem hohen Mixbecher mit einem Pürierstab pürieren.

6 Das Erdbeerpüree in einen Topf geben und offen bei mittlerer Hitze etwa 5 Minuten sprudelnd kochen lassen. Anschließend das Püree vollständig abkühlen lassen. Die restlichen Erdbeeren kalt stellen.

7 Die Zutaten für die Creme abwiegen, abmessen und bereitstellen. Die Vanilleschote längs aufschneiden und das Mark mit dem Messerrücken herauskratzen.

8 Milch und Vanillemark in einem Topf aufkochen.

13 Die Creme in einen Schüssel geben und auf Eiswasser kalt rühren. Oder mit Frischhaltefolie luftdicht abdecken und in den Kühlschrank stellen.

14 Nach Belieben die Mandelblättchen ohne Fett goldbraun rösten und abkühlen lassen. Die Biskuitwürfel als unterste Schicht in eine große Glasschüssel füllen und mit Orangenlikör beträufeln.

15 Die Erdbeerstücke, das Erdbeerpüree und die Vanillecreme abwechselnd daraufgeben, bis alles verbraucht ist.

16 Die Sahne steif schlagen und als oberste Schicht auf dem Erdbeerpüree verteilen. Nach Belieben mit Mandelblättchen und Minze bestreuen.

Pfirsich-Trifle mit Rosmarincreme

Für 4–6 Gläser:
Biskuitteig: 3 Eier | 75 g Zucker | 50 g Mehl | 25 g Speisestärke
Gelee: 2 Pfirsiche | 250 g Himbeeren | ½ Zitrone
200 ml Pfirsichsaft | 75 g Gelierzucker 3:1
Creme: 3 Zweige Rosmarin | 250 ml Milch | 3 Eigelb
75 g Zucker | 25 g Speisestärke
Außerdem: 1 Springform (ca. 20 cm Ø) | Backpapier
4–5 EL Mandellikör (z. B. Amaretto, nach Belieben)
150 ml Sahne | 50 g Amarettini

1 Den Backofen auf 180° vorheizen. Den Boden der Form mit Backpapier auslegen. Für den Biskuit Eier und Zucker mit den Quirlen des Handrührgeräts in etwa 5 Minuten schaumigsteif schlagen. Mehl und Speisestärke mischen, über den Eierschaum sieben und behutsam unterheben. Den Teig in die Form füllen und im Backofen (Mitte, Umluft 160°) in etwa 30 Minuten goldbraun backen. Den Biskuit herausnehmen und auf einem Kuchengitter abkühlen lassen.
2 Inzwischen die Pfirsiche waschen, halbieren, entsteinen und würfeln. Die Himbeeren verlesen. Mit den Pfirsichwürfeln in 4–6 Gläser geben. Den Saft der Zitronenhälfte auspressen. Pfirsichsaft mit Gelierzucker und Zitronensaft in einen Topf geben und bei mittlerer Hitze etwa 4 Minuten sprudelnd kochen lassen. Das heiße Gelee über die Pfirsichwürfel gießen und vollständig abkühlen lassen.
3 Den Rosmarin waschen und trocken schütteln, die Nadeln hacken. Die Milch mit Rosmarin in einem Topf aufkochen. Den Topf beiseitestellen und die Milch etwa 15 Minuten ziehen lassen. Eigelbe und Zucker schaumig schlagen. Die Speisestärke unterrühren. Die Rosmarinmilch durch ein Sieb unter Rühren dazugießen. Die Mischung in einen Topf geben und so lange bei kleiner Hitze rühren, bis eine dicke, puddingartige Konsistenz erreicht ist. Die Creme in eine Schüssel geben und im Kühlschrank abkühlen lassen.
4 Den Biskuit in etwa 1,5 cm große Würfel schneiden, auf das Pfirsichgelee geben und nach Belieben mit Mandellikör beträufeln. Die Sahne steif schlagen und unter die Rosmarincreme heben. Die Creme mit einem Löffel auf die Biskuitwürfel geben. Die Amarettini zerbröseln und darüberstreuen.

Apfel-Trifle mit Sauerrahmmousse

Für 4–6 Gläser:
Biskuitteig: 3 Eier | 75 g Zucker | 50 g Mehl | 30 g Speisestärke | 1 TL Zimtpulver
Apfelgelee: 2 grüne Äpfel (z. B. Granny Smith) | 1 Zitrone
75 g Gelierzucker für Fruchtaufstrich ohne Kochen (Gelierzauber)
Mousse: 2 Eiweiß | 1 Prise Salz | 50 g Zucker
250 g Sauerrahm | 2–3 EL saurer Apfellikör (nach Belieben, ersatzweise Apfelsaft)
Außerdem: 1 Springform (ca. 20 cm Ø) | Backpapier
2 EL Zucker | 1–2 TL Zimtpulver

1 Den Backofen auf 180° vorheizen. Den Boden der Form mit Backpapier auslegen. Für den Biskuit Eier und 75 g Zucker mit den Quirlen des Handrührgeräts in etwa 5 Minuten schaumigsteif schlagen. Mehl, Speisestärke und Zimtpulver mischen, über den Eierschaum sieben und behutsam unterheben. Den Teig in die Form füllen und im Backofen (Mitte, Umluft 160°) in etwa 30 Minuten goldbraun backen. Den Biskuit herausnehmen und auf einem Kuchengitter abkühlen lassen.
2 Inzwischen für das Apfelgelee die Äpfel waschen und schälen. Die Apfelschalen beiseitelegen. Die Äpfel vierteln, entkernen und klein würfeln. Den Saft der Zitrone auspressen. Apfelwürfel und 1 EL Zitronensaft mischen und in 4 Gläser geben. Die Apfelschalen grob zerkleinern. Mit Gelierzucker, restlichem Zitronensaft und 75 ml Wasser in einen Mixer geben und in 2–3 Minuten fein pürieren. Das Gelee sollte eine leuchtend grüne Farbe haben. Die Mischung über die Apfelwürfel gießen. Die Gläser 1–2 Stunden in den Kühlschrank stellen.
3 Für die Mousse Eiweiße und Salz mit den Quirlen des Handrührgeräts steif schlagen. Dabei 50 g Zucker einrieseln lassen. Den Sauerrahm glatt rühren. Den Eischnee behutsam unterheben. Den Biskuit in etwa 2 cm große Würfel schneiden, auf dem Apfelgelee verteilen und nach Belieben mit Apfellikör beträufeln. Die Mousse mit einem Löffel daraufgeben. Zucker und Zimtpulver mischen und die Mousse damit bestreuen.

Pfirsich-Trifle mit Rosmarincreme

Apfel-Trifle mit Sauerrahmmousse

Kirsch-Chili-Trifle mit Schokocreme

Für 4–6 Gläser:
Biskuitteig: 3 Eier | 75 g Zucker | 50 g Mehl | 25 g Speisestärke
Kirschgelee: 1 kleine rote Chilischote | ½ Zitrone
200 g entsteinte Sauerkirschen | 50 g Gelierzucker 3:1
Creme: 250 ml Milch | 2–3 EL Kakaopulver | 3 Eigelb
75 g Zucker | 25 g Speisestärke
Außerdem: 1 Springform (ca. 20 cm Ø) | Backpapier
4–5 EL Kirschgeist (nach Belieben) | 175 ml Sahne
Spritzbeutel mit großer Lochtülle | gehobelte Schokolade (nach Belieben)

1 Den Backofen auf 180° vorheizen. Den Boden der Form mit Backpapier auslegen. Für den Biskuit Eier und Zucker mit den Quirlen des Handrührgeräts in etwa 5 Minuten schaumig-steif schlagen. Mehl und Speisestärke mischen, über den Eierschaum sieben und behutsam unterheben. Den Teig in die Form füllen und im Backofen (Mitte, Umluft 160°) in etwa 30 Minuten goldbraun backen. Den Biskuit herausnehmen und auf einem Kuchengitter abkühlen lassen.
2 Inzwischen die Chilischote längs halbieren, entkernen, waschen und fein hacken. Den Saft der Zitronenhälfte auspressen. Chili, Kirschen, Gelierzucker und Zitronensaft in einen Topf geben und aufkochen, dann bei mittlerer Hitze etwa 4 Minuten sprudelnd kochen lassen. Die Kirschen in 4–6 Gläser geben und vollständig abkühlen lassen.
3 Für die Creme Milch und Kakaopulver in einem Topf verrühren und aufkochen. Eigelbe und Zucker mit den Quirlen des Handrührgeräts schaumig schlagen. Die Speisestärke unterrühren. Die Kakaomilch unter Rühren dazugießen. Die Mischung in einen Topf geben und so lange bei kleiner Hitze rühren, bis eine dicke, puddingartige Konsistenz erreicht ist. Die Creme in eine Schüssel geben und im Kühlschrank abkühlen lassen.
4 Den Biskuit in etwa 1,5 cm große Würfel schneiden, auf das Kirschgelee geben und nach Belieben mit Kirschgeist beträufeln. Die Sahne steif schlagen und unter den Schokopudding heben. Die Creme in einen Spritzbeutel mit großer Lochtülle geben und auf die Biskuitwürfel spritzen. Nach Belieben mit gehobelter Schokolade bestreuen.

Passionsfrucht-Trifle mit Kokoscreme

Für 4–6 Gläser:
Biskuitteig: 3 Eier | 75 g Zucker | 50 g Mehl | 20 g Kakaopulver | 10 g Speisestärke
Gelee: 1 Mango | 2 Passionsfrüchte | 150 ml Maracujasaft
75 g Gelierzucker 3:1
Creme: 250 ml Kokosmilch (Dose) | 3 Eigelb | 75 g Zucker
25 g Speisestärke
Außerdem: 1 Springform (ca. 20 cm Ø) | Backpapier
Kokoschips (nach Belieben) | 4–5 EL Kokoslikör (nach Belieben) | 150 ml Sahne | Spritzbeutel mit großer Lochtülle

1 Den Backofen auf 180° vorheizen. Den Boden der Form mit Backpapier auslegen. Für den Biskuit Eier und Zucker mit den Quirlen des Handrührgeräts in etwa 5 Minuten schaumig-steif schlagen. Mehl, Kakaopulver und Speisestärke mischen, über den Eierschaum sieben und behutsam unterheben. Den Teig in die Form füllen und im Backofen (Mitte, Umluft 160°) in etwa 30 Minuten goldbraun backen. Den Biskuit herausnehmen und auf einem Kuchengitter abkühlen lassen.
2 Inzwischen die Mango schälen. Das Fruchtfleisch vom Stein schneiden, würfeln und in 4–6 Gläser geben. Die Passionsfrüchte halbieren. Das Mark herauslösen, mit Maracujasaft und Gelierzucker in einen Topf geben und bei mittlerer Hitze etwa 4 Minuten sprudelnd kochen lassen. Das heiße Gelee über die Mangowürfel gießen und vollständig auskühlen lassen.
3 Die Kokosmilch aufkochen. Eigelbe und Zucker mit den Quirlen des Handrührgeräts schaumig schlagen. Die Speisestärke unterrühren. Die Kokosmilch unter Rühren dazugießen. Die Mischung in einen Topf geben und so lange bei kleiner Hitze rühren, bis eine dicke, puddingartige Konsistenz erreicht ist. Die Creme in eine Schüssel geben und im Kühlschrank abkühlen lassen.
4 Nach Belieben Kokoschips ohne Fett rösten. Den Biskuit in etwa 1,5 cm große Würfel schneiden, auf das Passionsfruchtgelee geben und nach Belieben mit Kokoslikör beträufeln. Die Sahne steif schlagen und unter den Kokospudding heben. Die Creme in einen Spritzbeutel mit großer Lochtülle geben und auf die Biskuitwürfel spritzen. Nach Belieben mit Kokoschips bestreuen.

Vietnamesische Reisröllchen

Die elegante Variante der chinesischen Frühlingsrolle kommt deutlich feiner und leichter daher; die zarte Hülle aus hauchdünnem Reisteig überlagert den Geschmack der Füllungen nicht. Die Röllchen lassen sich warm oder kalt servieren, als Fleisch-, Gemüse- oder Salatbündel ausstaffieren und immer wieder abwandeln. Stilecht mit Stäbchen und raffinierten Saucen gereicht, offenbart sich Asiafeeling pur!

Vietnamesische Reisröllchen

Für 4 Portionen: 50 g Glasnudeln | 3 Frühlingszwiebeln | 1 Möhre mit Grün
100 g Riesengarnelen | 4 Stängel Koriandergrün | 150 g Schweinehackfleisch
5 EL Fischsauce | Salz | Pfeffer aus der Mühle | 16 runde Reisteigblätter
(Asienladen) | 3 kleine rote Chilischoten | 2 Knoblauchzehen | 2 EL brauner
Rohrzucker | 2 Bio-Limetten
Außerdem: Mörser | Topf mit Dämpfeinsatz

1 Die Glasnudeln in einem Sieb in eine Schüssel hängen. Mit heißem Wasser übergießen und etwa 10 Minuten einweichen lassen. Die Nudeln aus dem Wasser heben, abtropfen lassen und mit einer Küchenschere klein schneiden.

2 Die Frühlingszwiebeln putzen, waschen und schräg in dünne Ringe schneiden. Die Möhre putzen und schälen.

3 Die Möhre erst in dünne Scheiben, anschließend in feine Streifen schneiden.

4 Die Garnelen abbrausen. Den Kopf durch Drehen abtrennen. Die Schwänze schälen, am Rücken entlang einschneiden und den Darm entfernen. Die Garnelen fein hacken. Das Koriandergrün waschen und trocken schütteln, die Blätter fein hacken.

9 Zum Füllen je 1 Reisblatt vorsichtig auf ein trockenes Küchentuch legen.

10 Dann 1–2 EL Füllung in die Mitte des Reisblattes geben, die Seiten einschlagen. Das Reisblatt aufrollen. Die übrigen Reisblätter genauso vorbereiten und füllen, bis Reisblätter und Füllung aufgebraucht sind.

11 Für den Dip die Chilischoten waschen, putzen und klein würfeln. Je nach gewünschter Schärfe die Kerne vorher entfernen. Den Knoblauch schälen und in Scheiben schneiden.

12 Beides mit dem Zucker in einen Mörser geben und mit dem Stößel zerstoßen.

»Die gefüllten Teigröllchen schmecken auch gebraten sehr fein. Dafür die Röllchen nach dem Dämpfen einfach in heißem Sesamöl in wenigen Minuten rundum goldbraun und knusprig braten.«

5 Eingeweichte Glasnudeln, Hackfleisch, gehackte Garnelen, Möhrenstreifen und Koriandergrün in eine Schüssel geben.

6 Die Mischung mit 2 EL Fischsauce, Salz und Pfeffer kräftig würzen.

7 Alle Zutaten für die Füllung gründlich vermischen.

8 Vor dem Füllen der Reisröllchen 1–2 Reisteigblätter einzeln auf ein feuchtes Küchentuch legen und etwa 5 Minuten darin aufweichen.

13 Die Limetten heiß waschen und abtrocknen, die Schale fein abreiben. Das Püree mit der Limettenschale würzen.

14 Den Saft der Limetten auspressen und unterrühren.

15 Den Dip mit der übrigen Fischsauce und 1–2 EL kaltem Wasser verrühren und in ein Schälchen füllen.

16 Die Röllchen nebeneinander in einen Dämpfeinsatz legen und zugedeckt über leicht kochendem Wasser 6–8 Minuten dämpfen. Die Röllchen herausnehmen und anrichten. Den Dip extra dazu servieren.

Gefüllte Reisröllchen

Für 4 Portionen: 16 runde Reisteigblätter (Asienladen)
Füllung und Dip: nach Wahl (siehe Rezepte auf dieser Seite)
Außerdem: Mörser | Topf mit Dämpfeinsatz | neutrales Pflanzenöl zum Einfetten

1 Die Reisteigblätter in eine flache Schale mit Wasser legen und etwa 2 Minuten einweichen. Dann die Reisteigblätter herausnehmen und einzeln zwischen ein feuchtes Küchentuch legen, damit sie nicht trocken werden.
2 Inzwischen die Füllung und den Dip nach Wahl zubereiten.
3 Dann zum Füllen je 1 Reisteigblatt vorsichtig auf ein trockenes Küchentuch legen. 1–2 EL Füllung in die Mitte des Reisteigblattes geben, anschließend die Seiten einschlagen. Das Reisteigblatt aufrollen. Die übrigen Reisteigblätter genauso vorbereiten und füllen, bis die Teigblätter und Füllung aufgebraucht sind.
4 Den Dämpfeinsatz mit Öl einfetten, die Röllchen nebeneinander hineinlegen und über leicht kochendem Wasser 6–8 Minuten dämpfen.
5 Den passenden Dip jeweils in Schälchen füllen und extra zu den gefüllten Reisröllchen servieren.

4 x anders gefüllt

Reisröllchen mit Hähnchen, Ananas und Erdnüssen
200 g Hähnchenbrustfilet zuerst in dünne Streifen schneiden, dann fein hacken. ¼ Ananas schälen, vom Strunk befreien und klein würfeln. 50 g ungesalzene Erdnüsse grob hacken und in einer Pfanne ohne Fett goldbraun rösten. 1 Knoblauchzehe schälen und hacken. 1 rote Chilischote längs halbieren, entkernen, waschen und fein hacken. ½ TL Korianderkörner im Mörser zerstoßen. Alles mit dem Fleisch mischen, mit Salz, Pfeffer und Koriander würzen. Für den Dip 1 Bio-Limette heiß waschen und abtrocknen, die Schale fein abreiben und den Saft auspressen. 10 g frischen Ingwer schälen und fein reiben. 30 g Kokosraspel in einer Pfanne rösten. 100 g Crème fraîche mit Limettensaft, -schale, Ingwer, Kokosraspeln und Ahornsirup verrühren, mit Salz und Pfeffer abschmecken.

Reisröllchen mit Reis, Chili und Ingwer
100 g Basmatireis kalt waschen und mit 250 ml Wasser und ½ TL Salz aufkochen, dann bei kleiner Hitze in etwa 15 Minuten ausquellen lassen. 2 EL helle Sesamsamen in einer Pfanne ohne Fett rösten, dann abkühlen lassen. 20 g frischen Ingwer und 1 Knoblauchzehe schälen und hacken. 1 rote Chilischote längs halbieren, entkernen, waschen und klein würfeln. 250 g Pak Choi putzen, waschen und in Streifen schneiden. 2 EL geröstetes Sesamöl in einer Pfanne erhitzen, den Pak Choi darin etwa 1 Minute anbraten. Dann mit Sesamsamen, Ingwer, Knoblauch und Chili unter den Reis mischen, salzen und pfeffern. Für den Dip 1 Bio-Limette heiß waschen und abtrocknen, die Schale fein abreiben und den Saft auspressen. Je ½ Bund Koriandergrün und glatte Petersilie waschen und trocken schütteln, die Blätter abzupfen. Alles mit 50 ml Rapsöl und 1 TL Honig im Mixer fein pürieren. Mit Salz und Pfeffer würzen.

Reisröllchen mit Chinakohl, Gurke und Thunfisch
250 g Chinakohl (oder Romanasalat) putzen, in feine Streifen schneiden, waschen und trocken schleudern. ½ Salatgurke und 1 Bund Radieschen waschen, putzen und ebenfalls in feine Streifen schneiden. 200 g frisches Thunfischfilet in Sushiqualität klein würfeln. Alles in einer Schüssel mischen. 2 EL Reisessig, 1 EL Mirin, 3 EL geröstetes Sesamöl, 2 EL Sojasauce und 1 EL Honig verrühren. Mit Salz und Pfeffer aus der Mühle würzen. Die Marinade mit Chinakohl, Gurke, Radieschen und Thunfisch mischen. Für den Dip 2–3 TL Wasabipaste, 100 ml Sahne, Saft von ½ Zitrone, 1 TL Zucker, Salz und Pfeffer aus der Mühle verrühren. ¼ Bund Schnittlauch waschen, trocken schütteln und in Röllchen schneiden. Die Röllchen unter den Dip rühren.

Reisröllchen mit Tomaten, Tofu und Sprossen
100 g Sojasprossen waschen und abtropfen lassen. 250 g Tomaten waschen und die Stielansätze entfernen. 250 g neutralen Tofu und die Tomaten klein würfeln. 1 Bund Basilikum waschen und trocken schütteln, die Blätter in feine Streifen schneiden. Je 3 EL weißen Aceto balsamico bianco und Olivenöl verrühren, mit Sprossen, Tomaten, Tofu und Basilikum mischen. Für den Dip 1 Knoblauchzehe schälen und klein würfeln. 2 Frühlingszwiebeln putzen, waschen und fein hacken. 50 g Feta (griech. Schafskäse) mit einer Gabel zerdrücken. Mit 150 g Naturjoghurt, 1 TL Honig, Knoblauch, Frühlingszwiebeln und dem Saft von ½ Zitrone verrühren. Mit Salz und Pfeffer aus der Mühle würzen.

von oben nach unten: Reisröllchen mit Hähnchen, Ananas und Erdnüssen | Reisröllchen mit Reis, Chili und Ingwer
Reisröllchen mit Chinakohl, Gurke und Thunfisch | Reisröllchen mit Tomaten, Tofu und Sprossen

Vindalho

Koriander-, Kreuzkümmel-, Fenchel- und Senfsamen, Nelken, Zimt und schwarzer Pfeffer nehmen uns mit nach Indien und laden Sie zu einem exorbitanten Gaumenkitzel ein. Um es gleich vorwegzunehmen: Hier sind die Geschmacksknospen auf allen Ebenen gefordert und es ist Mut zur Schärfe gefragt. Aber wen wundert es, dass man in der Heimat der Gewürze mit beispielloser Bravour damit umzugehen weiß.

Vindalho

Für 4 Portionen: 1 EL Koriandersamen | 1 EL Kreuzkümmelsamen | 4 Gewürznelken
1 Stange Zimt | 1 ½ TL schwarze Pfefferkörner | 1 TL Fenchelsamen | 1 EL Bockshornkleesamen | ½ TL Senfsamen | 1 TL Palmzucker (ersatzweise brauner Zucker) | 50 ml Reisessig
1 kg Schweinefleisch (aus der Keule) | 1 Zwiebel | 4 Knoblauchzehen | 20 g frischer Ingwer
2–3 rote Chilischoten | 250 g Tomaten | 50 g Butterschmalz | 2 Lorbeerblätter | 500 ml Rinderfond (siehe Seite 22 oder Glas) | Salz | Pfeffer aus der Mühle | 1 EL Speisestärke | griechischer Sahnejoghurt (10 % Fett, nach Belieben) | frisch gezupftes Koriandergrün (nach Belieben)

1 Koriandersamen, Kreuzkümmelsamen, Nelken, Zimtstange, Pfefferkörner, Fenchelsamen, Bockshornkleesamen und Senfsamen jeweils in einem Schälchen bereitstellen. Die Zimtstange halbieren.

2 Die Gewürze in einer Pfanne ohne Fett unter Rühren anrösten, bis sie zu duften beginnen.

3 Die Gewürzmischung beiseitestellen und abkühlen lassen. Dann die Mischung mit dem Palmzucker im Blitzhacker fein zermahlen.

4 Die gemahlene Gewürzmischung in eine Schüssel umfüllen und mit dem Essig zu einer Paste verrühren.

9 Die Tomaten waschen, von den Stielansätzen befreien und in Würfel schneiden.

10 Das Butterschmalz in einer breiten Schmorpfanne erhitzen. Das Fleisch darin portionsweise kräftig anbraten, dann aus der Pfanne nehmen.

11 Zwiebel, Ingwer, Knoblauch und Chili in die Schmorpfanne geben und 3–4 Minuten braten.

12 Die Lorbeerblätter dazugeben und den Fond dazugießen.

»Ist das Vindalho ausnahmsweise mal zu scharf geraten, können Sie das mit einem Esslöffel Joghurt oder einem Schuss Kokosmilch aus der Dose wieder ausgleichen.«

5 Das Schweinefleisch in etwa 3 cm große Würfel schneiden und in die Schüssel mit der Gewürzpaste geben.

6 Das Fleisch mit der Gewürzpaste gut vermischen.

7 Die Schüssel mit Frischhaltefolie abdecken und das Fleisch 5–6 Stunden durchziehen lassen.

8 Inzwischen Zwiebel, Knoblauch und Ingwer schälen und fein würfeln. Die Chilischoten längs halbieren, entkernen, waschen und grob hacken.

13 Anschließend das Fleisch ebenfalls in die Pfanne geben.

14 Die Tomatenwürfel hinzufügen und untermischen.

15 Fleisch zugedeckt bei kleiner Hitze etwa 1 Stunde köcheln lassen. Mit Salz und Pfeffer würzen. Stärke mit 2 EL kaltem Wasser anrühren, unter das Fleisch rühren und aufkochen. Nach Belieben mit Joghurt und Koriandergrün anrichten. Dazu passt Basmatireis.

Vindalho mit Riesengarnelen und Ananas

Für 4–6 Portionen: 24 Riesengarnelen | 1 Vanilleschote 1 EL Koriandersamen | 1 EL Kreuzkümmelsamen 4 Gewürznelken | 1 ½ TL weiße Pfefferkörner 1 TL Fenchelsamen | 1 EL Bockshornkleesamen ½ TL Senfsamen | 1–2 TL Palmzucker (ersatzweise brauner Zucker) | 50 ml Aceto balsamico bianco 1 rote Zwiebel | 3–4 Knoblauchzehen | 20 g frischer Ingwer | 2 rote Chilischoten | 500 g Kirschtomaten 1 Baby-Ananas | 50 g Butterschmalz | 3–4 Zweige Thymian | 250 ml Geflügelfond (siehe Seite 21 oder Glas) | Salz | 1 TL Speisestärke | Basilikumblätter (nach Belieben)

1 Die Riesengarnelen kalt abbrausen. Den Kopf durch Drehen abtrennen und die Schwänze schälen. Die Garnelenschwänze am Rücken entlang einschneiden und den Darm entfernen. Die Garnelenschwänze waschen und trocken tupfen.
2 Die Vanilleschote längs halbieren. Mit Koriandersamen, Kreuzkümmelsamen, Gewürznelken, Pfefferkörnern, Fenchelsamen, Bockshornkleesamen und Senfsamen in einer Pfanne ohne Fett unter Rühren 4–5 Minuten rösten. Die Gewürzmischung abkühlen lassen.
3 Die Gewürzmischung mit Palmzucker im Blitzhacker fein zermahlen, in eine Schüssel geben und mit dem Essig verrühren. Die Riesengarnelen unter die Gewürzpaste rühren und abgedeckt etwa 3 Stunden ziehen lassen.
4 Inzwischen Zwiebel, Knoblauch und Ingwer schälen. Zwiebel und Ingwer fein würfeln. Den Knoblauch in Scheiben schneiden. Die Chilischoten längs halbieren, entkernen, waschen und in feine Streifen schneiden.
5 Die Tomaten waschen und je nach Größe halbieren. Die Stielansätze entfernen. Die Baby-Ananas schälen, vierteln und den harten Strunk entfernen. Die Viertel längs halbieren und in etwa 0,5 cm dicke Scheiben schneiden.
6 Das Butterschmalz in einer breiten Pfanne erhitzen, die Riesengarnelen darin etwa 3 Minuten anbraten, dann aus der Pfanne nehmen. Zwiebel, Ingwer, Knoblauch, Chili, Tomaten und Ananas in dieselbe Pfanne geben und 2–3 Minuten braten. Den Thymian waschen und trocken schütteln. Garnelen, Thymian und Fond hinzufügen und aufkochen, dann bei kleiner Hitze etwa 10 Minuten köcheln lassen.
7 Das Vindalho salzen. Die Speisestärke mit 1 EL kaltem Wasser verrühren und das Vindalho damit leicht binden. Nach Belieben Basilikumblätter zerzupfen und darüberstreuen. Dazu passt gedämpfter Basmatireis.

Vitello Tonnato

Einfach unverbesserlich in der Zusammensetzung und auf dem Teller von höchster Eleganz: hauchdünn geschnittenes Kalbfleisch mit einer hochfeinen Saucenglasur aus Thunfisch, Sardellen und Kapern. Ich präsentiere Ihnen mein Lieblingsrezept nach Piemonteser Art sowie einige fantastische Spielarten davon.

Vitello Tonnato

Für 4–6 Portionen: ca. 1 kg Kalbsrücken (ohne Haut und Sehnen)
200 ml Olivenöl | 3–4 Knoblauchzehen | 4–5 Zweige Thymian
2–3 Zweige Rosmarin | Salz | Pfeffer aus der Mühle | 1 Dose Thunfisch im eigenen Saft (ca. 185 g Inhalt) | ½ Bio-Zitrone | 3 Sardellenfilets (in Öl) | 2 Eigelb | 2 EL kleine Kapern | 2 EL Weißweinessig
100 g große Kapernäpfel | Brunnenkresse (nach Belieben)
Außerdem: Küchengarn | Alufolie

1 Den Ofen auf 150° vorheizen. Den Kalbsrücken mit Küchengarn etwas in Form binden.

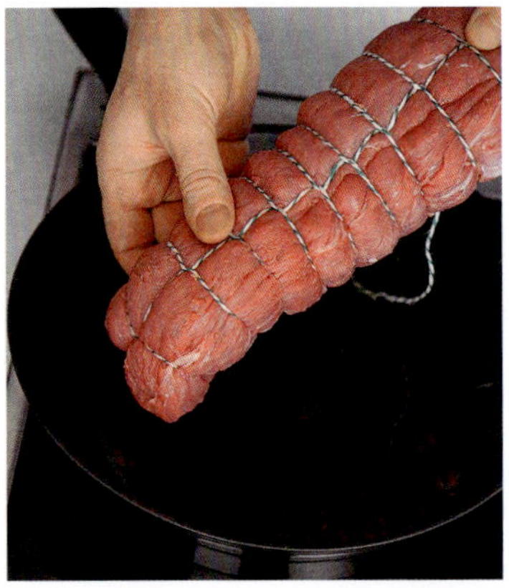

2 2–3 EL Olivenöl in einer Pfanne erhitzen, das Fleisch darin in 2–3 Minuten von allen Seiten anbraten.

3 Den Knoblauch schälen und mit dem Messerrücken etwas andrücken. Thymian und Rosmarin waschen und trocken schütteln. Knoblauch und Kräuter zum Braten geben.

4 Das angebratene Fleisch mit den Kräutern und dem Knoblauch auf ein Backblech geben, dann mit Salz und Pfeffer kräftig würzen.

9 Das übrige Olivenöl in einem dünnen Strahl untermixen. Die Sauce eventuell mit etwas Thunfischsud verdünnen. Mit Salz und Pfeffer abschmecken.

10 Das Fleisch mit einem scharfen Messer in dünne Scheiben schneiden, auf einer Platte auslegen. Etwas Sauce darauf verteilen. Mit Zitronenschale, Kapernäpfeln und nach Belieben mit Brunnenkresse garnieren. Die restliche Sauce dazu reichen.

»Das Fleisch muss hauchdünn sein. Das gelingt mit der Aufschnittmaschine natürlich am besten. Wenn keine da ist, das Fleisch in Frischhaltefolie wickeln, 2 Stunden in den Kühlschrank legen und anschließend mit Folie in Scheiben schneiden. Nicht vergessen: Folienreste entfernen!«

5 Das Fleisch im Backofen (Mitte, Umluft 130°) in etwa 35 Minuten rosa braten. Dabei das Fleisch gelegentlich wenden. Danach den Kalbsrücken mit den Kräutern und dem Knoblauch in Alufolie wickeln und auskühlen lassen.

6 Alle Zutaten für die Sauce abwiegen, abmessen und bereitstellen.

7 Den Thunfisch gut abtropfen lassen (Sud auffangen). Die Zitronenhälfte heiß waschen und abtrocknen, die Schale abreiben und den Saft auspressen. Thunfisch mit Sardellen, Eigelben, Kapern, Essig und Zitronensaft in einen hohen Mixbecher geben.

8 Alle Zutaten mit einem Pürierstab fein pürieren.

Pollo Tonnato auf Crostini mit Grillgemüse

Für 6 Portionen: 1 Eigelb | ½ TL mittelscharfer Senf 100 ml Sonnenblumenöl | 3 Stängel glatte Petersilie 1 EL kleine Kapern | 250 g Thunfisch im eigenen Saft (Dose) | ½ Zitrone | Salz | Cayennepfeffer | 1 Prise Zucker 1 rote Paprikaschote | 1 gelbe Paprikaschote | 1 Zucchino 1 kleine Aubergine | 2 EL + 75 ml Olivenöl | 2 EL Paprikapüree (z. B. Ajvar) | 3 Hähnchenbrüste (à ca. 200 g, mit Haut und ohne Knochen) | Pfeffer aus der Mühle 2 Knoblauchzehen | 1 Baguette | 150 g Kapernäpfel
Außerdem: 3–4 EL Olivenöl für das Backblech Backpapier

1 Eigelb und Senf in eine große Rührschüssel geben und mit einem Schneebesen verrühren. Die Hälfte des Sonnenblumenöls zuerst tröpfchenweise unterschlagen. Die zweite Hälfte unter Rühren in einem dünnen Strahl dazugeben, bis eine dick-cremige Mayonnaise entstanden ist.
2 Die Petersilie waschen und trocken schütteln. Petersilie und Kapern fein hacken. Den Thunfisch abtropfen lassen, dann mit einer Gabel fein zerpflücken. Mit der Petersilien-Kapern-Mischung unter die Mayonnaise rühren. Den Saft der Zitronenhälfte auspressen. Die Thunfischsauce mit Salz, Cayennepfeffer, Zucker und 1 Spritzer Zitronensaft würzen.
3 Den Backofengrill vorheizen. Ein Backblech mit 3–4 EL Olivenöl einfetten. Die Paprikaschoten halbieren, putzen und waschen. Die Hälften auf das Blech legen und unter dem Backofengrill (Mitte) etwa 15 Minuten rösten. Paprikahälften herausnehmen und etwas abkühlen lassen. Dann die Haut abziehen und die Hälften in feine Streifen schneiden.
4 Zucchino und Aubergine waschen, putzen und längs in etwa 0,5 cm dicke Scheiben schneiden. Die Gemüsescheiben mit 2 EL Olivenöl bestreichen, salzen und pfeffern. Das Gemüse auf dem heißen Grill (oder in einer Grillpfanne) auf beiden Seiten jeweils 2 Minuten braten. Anschließend ebenfalls in Streifen schneiden. Zucchino- und Auberginenstreifen mit Paprikastreifen und Paprikapüree mischen.
5 Die Hähnchenbrüste kalt abbrausen und mit Küchenpapier trocken tupfen. Mit Salz und Pfeffer würzen. Das Fleisch auf dem heißen Grill (oder in der Grillpfanne) auf jeder Seite 2–3 Minuten braten. Dann unter dem heißen Backofengrill in etwa 5 Minuten fertig garen.
6 Den Knoblauch schälen, fein reiben und mit 75 ml Olivenöl verrühren. Ein Backblech mit Backpapier auslegen. Das Baguette schräg in 18 Scheiben schneiden. Die Brotscheiben nebeneinander auf das Backblech legen und gleichmäßig mit dem Knoblauchöl beträufeln. Die Baguettescheiben unter dem heißen Backofengrill (Mitte) etwa 2 Minuten rösten, die Scheiben wenden und auf der anderen Seite in etwa 2 Minuten goldbraun und knusprig rösten.
7 Die Hähnchenbrüste in etwa 1 cm dicke Scheiben schneiden. Die Thunfischcreme auf die gerösteten Brotscheiben streichen. Je 1 Scheibe Fleisch, 1–2 Kapernäpfel und die Gemüsemischung auf den Crostini verteilen. Sofort servieren.

Johann Lafers Profi-Tipps

Gut zu kochen ist eigentlich gar nicht so schwierig: Mit guten Zutaten, etwas Leidenschaft und dem richtigen Know-how ist die beste Basis geschaffen. Hier die wichtigsten Grundlagen und Geheimtipps direkt vom Profi fürs perfekte Garen, Würzen und mehr.

Meine Tipps fürs Braten

Braten oder Kurzbraten in der Pfanne ist eine der beliebtesten Garmethoden für Fleisch, Fisch oder auch Gemüse. Das Lebensmittel wird dabei zunächst in heißem Fett angebraten, sodass sich Röststoffe bilden, und anschließend bei reduzierter Temperatur fertig gebraten. Eine Sonderform ist das sogenannte Niedertemperaturgaren: Hier kommt das Fleisch nach dem Anbraten bei 80° in den Ofen, wo es schonender, aber auch wesentlich länger gart.

Braten in der Pfanne: Schnitzel, Steaks, Medaillons oder Fischfilet werden in der Pfanne in wenig Fett bei mittlerer Hitze gebraten. Dabei entsteht eine schöne Kruste. Würzen Sie Fleisch und Fisch zum Kurzbraten erst kurz bevor es in die Pfanne kommt, da das Salz sonst den Fleischfasern Wasser entzieht. Verwenden Sie zum Anbraten ein hoch erhitzbares Fett. Am Ende der Bratzeit geben Sie zur Aromaabrundung ein Stück Butter oder einige Tropfen hochwertiges Öl dazu.

Braten im Wok wird auch Pfannenrühren genannt, weil die Zutaten in der Wokpfanne hin und her bewegt werden, damit sie bei der starken Hitze im heißen Fett oder Öl möglichst schnell und gleichmäßig garen. Es ist ideal zum Garen von mundgerecht geschnittenen Gemüse-, Fleisch- oder Fischstücken. Zarte Fleischteile wie Filet und Geflügelbrust eignen sich besonders gut zum Pfannenrühren.

Braten im Ofen: Große Fleischstücke wie Rinder- oder Schweinebraten, die im Ofen gebraten werden, sollten Sie zuvor rundherum Anbraten, und erst dann in den Ofen schieben. Übergießen Sie während der Bratzeit große Bratenstücke immer wieder mit Bratfett oder Bratsaft, je nach Rezept auch mit Fleischfond oder Bier. Kleinere Bratenstücke zwischendurch wenden. Lassen Sie das Fleisch vor dem Anschneiden in Alufolie etwa 10 Minuten ruhen, damit sich der Fleischsaft im Inneren verteilen kann und beim Aufschneiden nicht ausläuft.

Meine Tipps fürs Dämpfen

Dämpfen ist sanftes Garen im Wasserdampf. Man verwendet entweder einen Topf mit passendem Dämpfeinsatz und Deckel, einen speziellen Dämpftopf oder einen Dampfgarer. Durch den aufsteigenden Dampf wird das Aroma in zartem, feinfaserigem Fleisch, Fisch und Gemüse eingeschlossen und damit intensiver als beim Garen in Wasser. Für Gesundheitsbewusste ist Dämpfen eine vitaminschonende sowie fettsparende Garmethode.

Dämpfflüssigkeit: Je intensiver Sie die Dämpfflüssigkeit aromatisieren, umso würziger und kräftiger schmeckt Gedämpftes. Gut geeignet sind Brühen oder Fonds, die sich mit Kräutern, Gewürzen, Wein, Würzpasten und Würzsaucen verfeinern lassen. Verwenden Sie die Dämpfflüssigkeit anschließend als Basis für aromatische Suppen oder Saucen.

Optimale Temperatur: Die otimale Temperatur beim Dämpfen von Fisch liegt im Topf bei etwa 70°, bei Fleisch sollte die Temperatur im Topf zwischen 70 und 80° erreichen und bei Gemüse zwischen 80 und 90°.

Meine Tipps fürs Dünsten

Dünsten ist Garen im eigenen Saft mit wenig Fett und Flüssigkeit, dabei sollte das gesamte Gargut mit der Dünstflüssigkeit in Berührung kommen. Dünsten geht blitzschnell und schont zudem Vitamine und Mineralstoffe. Verwenden Sie die aromatische Dünstflüssigkeit unbedingt für die Zubereitung von Saucen. Zum Dünsten eignet sich am besten ein flacher, weiter Topf mit Deckel oder auch eine flache Pfanne mit möglichst breitem Boden sowie passendem Deckel. Zum Dünsten gut geeignet sind neben Gemüse auch Fisch oder Geflügel. Schneiden Sie das Gargut Ihrer Wahl in gleich große Stücke, damit alles dieselbe Garzeit hat.

Dünstflüssigkeit: Je nachdem, was gedünstet wird, eignet sich wenig Brühe oder Fond sowie ein Schuss Wein. Bei wasserreichen Lebensmitteln (vor allem Gemüse) ist meist keine zusätzliche Zugabe von Flüssigkeit notwendig.

Meine Tipps fürs Frittieren

Frittieren ist Garen in heißem Fett bei gleich bleibender Temperatur (z. B. in einer Fritteuse, in einem Edelstahltopf oder auch in einer Pfanne mit hohem Rand). Das Garverfahren wird insbesondere für Kartoffelbeilagen (z. B. Pommes frites), Portionsstücke von Fleisch, Fisch und Geflügel oder für Gebäck (z. B. Berliner bzw. Krapfen) angewendet. Beim Frittieren von Paniertem wenden Sie Fleisch, Fisch oder Gemüse erst kurz vorher in Mehl, verquirltem Ei und Paniermehl, damit die Panade nicht aufweicht und sich im Fett ablöst. Geben Sie das Gargut portionsweise ins heiße Fett, damit es genug Platz zum Garen hat und das Fett nicht zu schnell abkühlt.

Frittierfett: Wählen Sie ein hoch erhitzbares neutrales Pflanzenöl oder Butterschmalz. Wenn nicht anders angegeben, sollte so viel Fett im Frittiertopf sein, dass das Gargut darin schwimmen kann.

Optimale Temperatur: Sie liegt bei 160 bis 170°. Die Temperatur überprüfen Sie am besten mithilfe eines digitalen Thermometers.

Meine Tipps fürs Pochieren

Pochieren bedeutet langsames Garziehen in Flüssigkeit bei einer Temperatur unterhalb des Siedepunkts. Zum Pochieren am besten geeignet ist ein ausreichend großer Topf möglichst aus Edelstahl. Zum Pochieren gut geeignet sind neben Eiern ganze Fische mit Haut, Krustentiere wie Krebse, zarte magere Fleischstücke, Gemüse sowie Klöße.

Pochierflüssigkeit: Als Pochierflüssigkeit eignet sich Salz- oder Essigwasser, Fond bzw. Brühe, Wein, Kokosmilch oder auch Wasser mit Gewürzen und Aromazutaten wie Zitronengras, Ingwer, Knoblauch oder Kräutern. Im Trend liegt das Pochieren in Öl. Dafür wird beispielsweise Olivenöl mit Kräutern, Knoblauch und Gewürzen auf 65 bis 70° erwärmt, dann kann auch ein Fischfilet darin sanft garen.

Meine Tipps fürs Schmoren

Schmoren ist eine kombinierte Garmethode, bei der das Fleisch – entweder im Ganzen oder als Ragout – zunächst offen in heißem Fett angebraten wird, bevor es dann unter Zugabe von etwas Flüssigkeit zugedeckt bei reduzierter Hitze langsam fertig gegart wird. Das Gargut soll dabei nur mit der Unterseite in der aufgegossenen Flüssigkeit liegen, sodass es vor allem im Dampf gart, der sich während der Garzeit im Topf bildet. Man verwendet zum Schmoren am besten einen schweren Bräter aus Gusseisen mit einem gut schließenden Deckel oder einen entsprechenden weiten Topf.
Perfekt zum Schmoren geeignet sind Schulter, Nacken, Hals, Rippe, Bauch, Keule, Schwanzstücke oder Bein. Je durchwachsener, also mit Fett durchzogener, ein Fleischstück ist, umso saftiger ist es nach dem Schmoren. Wenig durchwachsene Stücke wie Geflügel umwickeln Sie mit Speckscheiben. Oder bitten Sie den Metzger, das Fleisch Ihrer Wahl mit Speckstreifen zu spicken (durchziehen).
Schmoren Sie Fleischstücke mit Knochen (z. B. Lammkeule), bekommen Fleisch und Sauce einen noch intensiveren Geschmack. Beim Berechnen der Fleischmenge beachten Sie, dass der Knochen 30–50 % des Gesamtgewichts ausmacht!

Schmorsauce: Durch kräftiges Anbraten des Fleisches und Anrösten von Zwiebeln und Gemüse schaffen Sie die Basis für eine kräftige Sauce. Dabei ist Geduld gefragt, also nicht zu früh mit Wasser, Fond oder Wein ablöschen. Je mehr Fleisch man anbrät, desto aromatischer wird die Sauce. Oder einfach eine Extra-Portion Knochen mitanbraten, um das Aroma der Sauce zu verstärken.

Meine Tipps für Kräuter und Gewürze

Kräuter und Gewürze sind voller Aromen, die sich schnell verflüchtigen. Deshalb **Kräuter** so frisch wie möglich verwenden – ob als Bund vom Markt, frisch geerntet von der Fensterbank oder aus dem eigenen Garten. Eher harte, holzige Kräuter wie Thymian und Rosmarin geben ihr Aroma beim Mitgaren am besten ab. Zartblättrige Kräuter wie Petersilie, Basilikum oder Schnittlauch eignen sich nicht zum Mitgaren. Sie werden erst kurz vor dem Anrichten untergemischt. Dazu schneidet man sie mit einem scharfen Messer. Nicht hacken, denn beim Hacken werden die Kräuterblätter gequetscht. Dadurch tritt Zellsaft aus und die Kräuter werden leicht bitter.

Kräuter haltbar machen: Frische Kräuter lassen sich entweder in hochwertigem Öl, das selbst wenig Eigengeschmack haben sollte, einlegen oder ähnlich wie Pesto fein pürieren. Kräuteröle und pürierte Kräuter in dicht schließende Flaschen oder Gläser füllen, dann kühl und dunkel aufbewahren. So bleibt der volle Kräutergeschmack erhalten. Kräuteröl hält sich etwa 1 Woche im Kühlschrank.

Gewürze sollten Sie nur in kleinen Mengen und möglichst unzerkleinert kaufen. Für mehr Aroma rösten Sie die Gewürze erst kurz in einer Pfanne ohne Fett an, dann werden sie im Mörser mit einem Stößel zerstoßen oder in der Gewürzmühle gemahlen. Beim Mitgaren geben Gewürze ihr Aroma ab – je länger die Garzeit, desto intensiver ist in der Regel das Aroma.

Mein Tipps für exotische Zutaten

Einkaufen: Die Auswahl an Lebensmitteln und Gewürzen aus aller Welt ist riesengroß. Die eine oder andere Zutat gibt es mittlerweile im gut sortierten Supermarkt oder auch auf dem Wochenmarkt. Darüber hinaus gibt es in vielen Städten neben italienischen, türkischen oder asiatischen Geschäften auch afrikanische, orientalische oder amerikanische Feinkostläden mit einem speziellen Sortiment. Die Suche lohnt sich!

Internetshop: Eine noch größere Vielfalt bietet das Internet mit zahlreichen Web-Shops. Hier können Sie schon kleinste Mengen an außergewöhnlichen Produkten bestellen. Hier nur ein paar Anregungen, wo Sie bestimmt fündig werden:
Spezialitäten: www.lafer.gourvita.com
Bio-Kräuter: www.olerum.de
Kochgeschirr: www.wmf.de
Lebensmittel: www.bosfood.de und www.otto-gourmet.de

Meine Suppen-Tipps

Setzen Sie **Suppen** nicht mit Wasser, sondern mit einem Grundfond an, weil Wasser zu viel Aroma »schluckt«. Als Basis für feine Suppen eignen sich gut Brühen, selbst gemachte Fonds (S. 20 ff.), Kochwasser von blanchiertem Gemüse oder auch übrig gebliebene Dämpfflüssigkeit. Und: Brühen oder Fonds sollten Sie bis zum finalen Abschmecken nur leicht würzen, denn durch das Einkochen verstärken sich die Aromen und vor allem der Salzgehalt.

Beim **Ansetzen** einer Brühe oder eines Fonds geben Sie gleich von Anfang an etwas Salz und Zucker dazu, so können Fleisch, Fisch und Gemüse besonders gut auslaugen und ihr ganzes Aroma an die Flüssigkeit abgeben.

Meine Tipps für Saucen und Vinaigrettes

Eine gute **Sauce** ist das A und O bei einem Braten oder einem Schmorgericht. Rösten Sie für eine Sauce Fleischabschnitte, Knochen und frisches Gemüse kräftig an, dann gießen Sie nach und nach etwas Flüssigkeit an, zum Beispiel Fond oder Wein. Lassen Sie alles so lange offen einkochen, bis die Sauce kräftig und aromatisch schmeckt. Zur Aroma-Unterstützung können Sie am Ende etwas Butter untermixen und die Sauce mit wenig Salz, Pfeffer und 1 Prise Zucker abschmecken. Zum **Abrunden** der Sauce eignet sich etwas Schärfe oder Säure, z. B. in Form von Zitronen- oder Limettensaft oder Balsam-Essig. Letzteren kann man nach Belieben wie ein hochwertiges Öl pur über die Sauce oder das Gericht träufeln.

Eine gute **Vinaigrette** zu machen, ist gar nicht so schwierig. Man mischt qualitativ hochwertigen Essig mit einem ebenfalls hochwertigen Öl im Verhältnis 1:1. Zum **Verfeinern** werden je 1 Teelöffel Honig und Senf dazugegeben, beide machen die Vinaigrette schön sämig und geschmeidig. Mit frisch gehackten Kräutern der Saison und/oder Zwiebel lässt sich jede Basis-Vinaigrette leicht variieren. Wenn Sie gerne und viel Salat essen, bereiten Sie gleich die doppelte Menge zu. In einem sauberen Schraubglas hält sich die Vinaigrette im Kühlschrank ein paar Tage. Vor dem Anmachen das Glas kräftig schütteln, damit sich alle Zutaten wieder miteinander verbinden.

Rezeptregister

Damit Sie die Rezepte mit bestimmten Zutaten schneller finden, sind diese **hervorgehoben.** Darunter stehen alphabetisch geordnet die dazugehörigen Rezepte.

S

T

V

Sachregister

Liebe Leserinnen und Leser,

vielen Dank, dass Sie sich für dieses Buch entschieden haben. Ihre Meinung ist uns wichtig – bitte senden Sie uns Ihre Fragen, Anregungen, Kritik oder Ihr Lob.
Wir freuen uns auf Ihre Nachricht.

GRÄFE UND UNZER VERLAG
Leserservice
Postfach 86 03 13
81630 München
Wir sind für Sie da:
Montag–Donnerstag: 8.00–18.00 Uhr
Freitag: 8.00–16.00 Uhr
Tel.: 0800/7 23 73 33*
Fax: 0800/5 01 20 54*
E-Mail: leserservice@graefe-und-unzer.de
* Kostenfreie Servicenummer

Impressum

Konzeption: Johann Lafer, Michael Wissing, Andreas Neubauer
Konzeption Design/Grafik: Michael Wissing, Joss Andres
Umschlaggestaltung: Sabine Krohberger
Titelfoto: Johann Lafer privat/Jan C. Brettschneider
Fotografie/Styling: Michael Wissing
Fotoassistenten: Joss Andres, Yasemin Aus dem Kahmen
Post Produktion: Joss Andres
Koch im Studio/Foodstyling: Andreas Neubauer
Begleitende Texte/Editorial: Ute Battig
Theorietexte/Rezepte: Susann Kreihe, Andreas Neubauer

Projektleitung Gräfe und Unzer: Sonja Ott-Dörfer
Lektorat: Maryna Zimdars
Korrektorat: Petra Bachmann
Herstellung: Susanne Mühldorfer
Satz: Liebl Satz+Grafik, Emmering
Reproduktion: Longo AG, Bozen
Druck: Firmengruppe APPL, aprinta druck, Wemding
Bindung: Firmengruppe APPL, m. appl GmbH, Wemding
Papier: Gedruckt auf Condat matt Périgord 135g/qm mit 1,1-fachem Volumen. Condat matt Périgord gibt es bei der Papier Union

ISBN 978-3-8338-3517-9

1. Auflage 2013

Johann Lafer finden Sie unter
Johann Lafers Stromburg, 55442 Stromberg
Telefon +49-6724-93100
E-Mail stromburghotel@johannlafer.de
www.johannlafer.de

Alles für die gute Küche finden Sie unter
www.johannlaferonlineshop.de

Mein Dank ...

... gilt allen, die an diesem Buch mitgewirkt und es zu dem gemacht haben, was es ist.

Michael Wissing für seine Fotografie und Freundschaft, die uns verbindet. Deine Originalität und dein Anspruch, deine unnachahmliche Klarheit in der Sicht auf die Dinge und deine Perfektion sind mir stets aufs Neue eine Bereicherung. Obgleich wir uns nun schon so lange kennen und so viele schöne Bücher zusammen umgesetzt haben, überraschst du mich immer wieder mit deinen Ideen.

Andreas Neubauer für seine Fantasie, Detailgenauigkeit und Vielseitigkeit als Food-Creator sowie das blinde Verständnis, das unsere Zusammenarbeit und persönliche Verbundenheit ausmacht. Der Austausch und das Fachsimpeln mit dir ist mir unermesslich wertvoll und du bist mir über all die Jahre unersetzlich geworden.

Susann Kreihe für ihre Initiativkraft, Begeisterungsfähigkeit und unermüdliche Einsatzbereitschaft als persönliche Assistentin, sachkundige Rezeptredakteurin und vertraute Impulsgeberin. Sie ist exakt, offen und unbestechlich in Lob und Kritik.

Joss Andres für seine Genauigkeit und Akribie, für das Feingespür und die Probierfreude in Fotoassistenz und Post-Produktion.

Ute Battig für ihre Anregung, das Zuspiel und die inhaltliche Begleitung als Redakteurin und Texterin.

Sonja Ott-Dörfer für ihre professionelle verlagsseitige Betreuung, die Gesamtkoordination und Steuerung als Projektleiterin.

Maryna Zimdars für ihre verlässliche Erfahrung und Übersicht als Lektorin und allerletzte Instanz.

Johann Lafer

GRÄFE UND UNZER
Ein Unternehmen der
GANSKE VERLAGSGRUPPE